일본 문화로 알아보는
일본어의 속성

일본 문화로 알아보는 일본어의 속성

발행일   2024년 5월 7일

지은이   이은도
펴낸이   손형국
펴낸곳   (주)북랩
편집인   선일영   편집   김은수, 배진용, 김다빈, 김부경
디자인   이현수, 김민하, 임진형, 안유경, 한수희   제작   박기성, 구성우, 이창영, 배상진
마케팅   김회란, 박진관
출판등록 2004. 12. 1(제2012-000051호)
주소   서울특별시 금천구 가산디지털 1로 168, 우림라이온스밸리 B동 B113~115호, C동 B101호
홈페이지 www.book.co.kr
전화번호 (02)2026-5777   팩스   (02)3159-9637

ISBN   979-11-7224-093-6 03730 (종이책)   979-11-7224-094-3 05730 (전자책)

(주)북랩 성공출판의 파트너

북랩 홈페이지와 패밀리 사이트에서 다양한 출판 솔루션을 만나 보세요!

홈페이지 book.co.kr   •   **블로그** blog.naver.com/essaybook   •   **출판문의** book@book.co.kr

작가 연락처 문의 ▸ ask.book.co.kr

작가 연락처는 개인정보이므로 북랩에서 알려드릴 수 없습니다.

일본으로 떠나기 전, 꼭 읽어야 하는
문화와 언어 이야기

일본 문화로 알아보는
일본어의 속성

이은도 지음

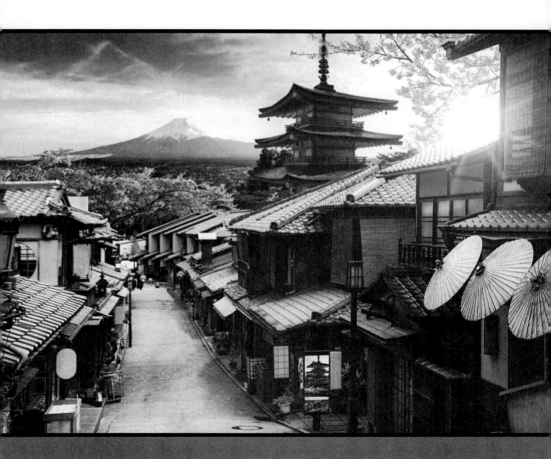

북랩

영어, 중국어와 달리 일본어는 한글과 어순이 같고 동일한 한자어 사용 비율이 높기 때문에 일정 수준의 단어를 이해하는 것만으로도 의사 표현이 가능하므로, 다른 언어보다 단어 이해의 중요성이 높습니다.

반면, 순수 일본어의 경우 한자어의 부수나 영어의 어근처럼 단어의 의미를 빠르게 이해할 수 있는 속성이나 요소가 없어서 암기 외에 의미를 파악할 수 있는 방법은 사실상 존재하지 않습니다.

저자는 이러한 점에 착안하여 순수 일본어의 오십음도 각 글자가 가지고 있는 공통된 속성(屬性)을 발견하여 이에 대한 학습법을 제시한 것으로서 새로운 개념의 단어 연상 방법이라고 할 수 있습니다.

あ(아)행은 '앞'의 속성, か(가)행은 '칼'의 속성, さ(사)행은 '삭히다'의 속성, た(다)행은 '다리(손)'의 속성, な(나)행은 '느낌'의 속성, は(하)행은 '바깥'의 속성, ま(마)행은 '말다(둥글게)'의 속성, や(야)행은 '어둠'의 속성이라는 점을 이해한다면 상당한 단어들의 의미를 쉽게 이해할 수 있습니다.

또한, 언어와 문화는 상호 보완적이며, 불가분의 관계성을 가지고 있습니다. 따라서, 일본어를 통해 일본 문화를 이해하고 일본 문화를 통해서 일본어를 이해하게 되는 공존의 관계성을 갖고 있기에 일본 문화의 이해는 일본어의 이해에도 매우 중요합니다.

수많은 문화적 특성과 언어의 특성상 본 저서의 내용도 언어 문화 해석의 색다른 방법론의 하나이긴 하지만, 이왕 일본어를 학습하고 일본 문화의 이해도를 높이기 위해서라면 보다 다양한 분야에서 사용되고 있는 일본어와 광범한 범주의 일본 문화에 대한 접근도 필요하다고 판단되어 저자는 가급적 빈틈없는 일본어 표현이 가능하도록 다소 많은 이야기 소재들을 다루었습니다.

이는 흥미로운 요소도 고려하였지만 궁극의 목적은 일본어와 일본 문화에 관심 있는 독자들에게 일본어 학습에 소요되는 시간적 낭비가 없이 보다 효율적이고 조금이라도 쉽게 일본어를 배울 수 있는 방법을 공유하기 위함입니다.

또한, 일본 문화에 대한 이해를 통해서 일본 여행에서부터 일본 관련 비즈니스에 이르기까지 독자들이 얻고자 하는 즐거움, 유익함, 문제 해결 등에 도움이 되기를 바라면서 즐거운 여행을 떠나는 가벼운 마음으로 본 저서를 읽어주시기를 기대합니다.

か(가)행

— かきくけこ(가기구게고)로 이해하는 일본 문화

さ(사)행
─ さしすせそ(사시스세소)로 이해하는 일본 문화

た(다)행
— たちつてと(다치쯔데도)로 이해하는 일본 문화

な(나)행

― なにぬねの(나니누네노)로 이해하는 일본 문화

は(하)행

― はひふへほ(하히후헤호)로 이해하는 일본 문화

ま(마)행

― まみむめも(마미무메모)로 이해하는 일본 문화

や(야)행

― やゆよ(야유요)로 이해하는 일본 문화

ら(라)행

― らりるれろ(라리루레로)로 이해하는 일본 문화

わ(와)행

― わんを(와응오)로 시작하는 일본 문화

あ(아)행

あいうえお(아이우에오)로
이해하는 일본 문화

あ(아)행 (あいうえお,아이우에오)으로 시작하는 단어들은
앞, 뒤, 위, 아래, 미각, 생각, 밝음의 속성을 가지고 있다

언어 문화(언어의 기초)

일본어의 기초는 모음 아이우에오(あいうえお)부터 (1)

일본어의 기본은 오십음도입니다. 언어로서의 일본어를 배우려면 우선은 모음, 자음표인 아래 오십음도(실제는 46자)를 반드시 숙지해야 합니다.

あいうえお	(아이우에오)	모음
かきくけこ	(가기구게고)	자음
さしすせそ	(사시스세소)	자음
たちつてと	(타찌쯔테토)	자음
なにぬねの	(나니누네노)	자음
はひふへほ	(하히후헤호)	자음
まみむめも	(마미무메모)	자음
やゆよ	(야유요)	반모음
らりるれろ	(라리루레로)	자음
わをん	(와오응)	わ(와)는 반모음, を(오)는 모음 お(오)로 취급,ん(응)은 받침 비음

각 행의 맨 앞 자만 따면 '아가사타 나하마 야라와'입니다. 우선 あ(아)행부터 ま(마)행까지 외우시기 바랍니다. '아가사타 나하마'는 '아가사탕 나한(개)만'으로 외우면 절대 안 잊어버리고 오십음도 순서대로

쉽게 머릿속에 기억할 수 있습니다.

"아가사탕 나한개만"

언어 문화(언어의 속성)
일본어의 속성은 모음 아이우에오(あいうえお)부터 (2)

일본어 학습의 시작은 모음 아이우에오(あいうえお)를 외우는 것부터 시작합니다. 동시에 발음적 암기 외에 모음 あいうえお(아이우에오)가 앞, 뒤, 위, 아래, 미각, 생각, 밝음의 속성을 가지고 있다는 점을 이해하면 좋습니다.

'일본어는 쉽다'라는 생각에서 출발해야 오랫동안 동기부여가 되고, 지속적인 학습을 통해 실력이 향상될 수 있습니다.

あ(아)행 (あいうえお, 아이우에오)은 사람이 언어로 활용하는 글자(오십음도) 중에서 가장 중요한 글자들이므로, 사람과 물건의 존재(있다)를 의미하는 것부터 우선적으로 활용되고 있습니다.

❖ **ある(有る, 아루): (앞에) 있다**

- 물건이 있다

❖ **いる(居る, 이루): (앞에) 있다**

- 사람이나 동물이 있다

❖ **うる(売る, 우루): (앞에서) 팔다**

- 물건을 팔다

❖ **える(得る, 에루): 얻다**

- 돈을 얻다

- うる(우루, 팔다) 즉, 팔았으니 돈을 얻게 되는 것입니다

❖ **おる(居る, 오루): (앞에) 있다**

- '있다'라는 의미의 おる(오루)는 지금은 거의 사용되지 않는 고어

모음을 두 개 이상 복합해도 여전히 앞, 뒤, 위, 아래의 속성은 유지되고 있습니다

❖ **あえる(和える, 아에루): (앞, 뒤, 위, 아래) 섞다, 버무리다**

❖ **うえる(植える, 우에루): (위에) 심다**

- 上(うえ, 우에)는 위의 속성

❖ **あおる(煽る, 아오루): (뒤에서 앞으로 가라고) 부추기다**

도로상에서 뒤에 있는 차가 앞 차에게 경적을 울리면서 빨리 가라고 하면서 위협을 하는 난폭 운전행위를 煽り運転(あおり うんてん, 아오리 운텐)이라고 합니다. 煽る(あおる, 아오루)는 부추기다, 선동하다라는 의미입니다.

언어 문화(모음의 중요성)

모음 아이우에오(あいうえお)의 힘 (3)

다시 반복해서 일본어에서 모음은 あいうえお(아이우에오)입니다. 모음은 소리를 낼 때 목부터 입안에서 방해를 거의 받지 않고 그대로 나는 소리이기 때문에 부드러운 소리를 내지만, 흩어져 있는 자음을 연결하고 묶어주는 중요한 글자들이므로 힘과 중요성의 측면에서는 가장 강한 글자들입니다.

한마디로 あ(아)행의 あいうえお(아이우에오) 모음 글자들은 외유내강(모음으로서 발음적으로는 부드러운 발음들이나, 의미적으로 중요도는 매우 강하다는 의미)의 글자들입니다.

더욱이 모음 한 글자도 강한데 모음 두 글자가 함께 붙어 있다면 그 자체로 강력하고 중요한 의미가 되는 것입니다.

❖ **あう(合う, 아우): 만나다**
❖ **いう(言う, 유): 말하다**
  - いう(이우)를 짧게 '유'로 발음
❖ **おう(追う, 오우): 쫓다, 추구하다**
❖ **おおい(多い, 오오이): (아주) 많다**
❖ **おおきい(大きい, 오오키이): (아주) 크다**

❖ おいしい(美味しい, 오이시이): (아주) 맛있다

이 중에서도 いう(유)는 '일본어의 어머니'로 불리울 만큼 중요성이 있는 단어이며, 모음(母音) 두 글자가 합해져 있습니다.개념적 의미에서 언어의 가장 기본적 의미라고 할 수 있는 '말하다' 또는 '~라고 하다'라는 의미를 갖고 있기 때문입니다.

❖ ぞくに(俗に) いう(조쿠니 유): 흔히 말하다
❖ とおまわしに(遠回しに) いう(도오마와시니 유): 돌려서 말하다, 간접적으로 말하다
❖ あっと いう まに(あっと いう 間に, 앗또 유 마니): '앗(あっ)'이라고 하는 사이(눈 깜짝할 사이에)

'いう(言う, 유)'라는 동사는 과거형 등으로 변하면 いった(言った, 잇따, 말했다)가 되는데 いく(行く, 이쿠, 가다)의 과거형 いった(行った, 잇따, 갔다)와 같은 형태와 발음이 되서 혼선을 방지하기 위해 いう(言う, 유) 대신에 ゆう(言う, 유)를 사용하는 경우도 많이 있습니다.

언어 문화(모음의 인류성)

모음 아이우에오(あいうえお)는 호모 사피엔스다 (4)

인간과 동물의 차이점 중 가장 대표적인 점은 생각하는 동물이라고 하는 호모 사피엔스(생각, 언어, 교류, 예술)입니다. 이런 점들은 동물과 다른 사람의 특징 중 하나이므로 사람의 독보적 속성(특히 생각)을 가진 단어들이 일본어 언어의 핵심을 이루고있는 모음(あ, い, う, え, お, 아이우에오) 또는 반모음(や, ゆ, よ, 아유요)에 특히 많습니다.

❖ **あう(合う, 아우): 만나다(교류)**
   - 대인관계를 위해 약속을 하고 만나다

❖ **いう(言う, 이우, 유): 말하다(언어)**
   - 언어를 사용하는 유일한 동물

❖ **うたう(歌う, 우타우): 노래하다(예술)**
   - 인간은 유희(놀이)의 동물(호모 루덴스)

❖ **える(獲る, 에루): 사냥이나 채집으로 얻다**
   - 인간은 도구의 동물(호모 파베르)

❖ **おもう(思う, 오모우): 생각하다**
   - 인간은 생각의 동물(호모 사피엔스)
   - われ おもう ゆえに われ あり (와레 오모우 유에니 와레 아리) = 나는 생각한다, 고로 존재한다(Cogito ergo sum, 고기토 에르고섬)

あそぶ(아소부, 놀다), おどる(오도루, 춤추다) 등도 사람만의 할 수 있는 특징으로 가장 기초적인 모음(あいうえお, 아이우에오)을 활용하고 있습니다.

언어 문화(모음의 긍정성)

모음 아이우에오(あいうえお)는 밝음이다 (5)

사물의 현상이나, 특정 주제의 해석에도 찬반 대립이 있으며, 언어에도 반대말이 있듯이 상반되거나, 대립되는 개념(예를 들어 밝음과 어둠, 앞과 뒤)이 있어 언어를 사용하는 사람의 필요에 의해 만들어진 연유를 이해할 수 있습니다. 일본어 문자(오십음도) 중 가장 먼저 나오는 모음 글자인 あ(아)는 대체적으로 밝음의 기운과 속성을 가지고 있습니다. 따라서, あ(아)로 시작하는 단어들은 대체로 밝고 긍정적인 단어(남성성)의 그룹을 형성하고 있습니다.

❖ **明るい(あかるい, 아까루이): 밝다**

❖ **赤い(あかい, 아까이): 빨갛다**

❖ **赤ちゃん(あかちゃん, 아까짱): 아기, 아가**
    - 우리말 아가와도 비슷한 발음입니다

❖ **青い**(あおい, 아오이): 파랗다

❖ **甘い**(あまい, 아마이): 달다

❖ **朝**(あさ, 아사): 아침

이와 같이 あ(아)행은 대체로 밝고 컬러풀한 느낌의 의미를 주는 단어가 많습니다.

반대로 일본어 문자(오십음도) 최하단에 위치한 や(야), ゆ(유), よ(요)는 어둠의 기운이나 속성을 가지고 있습니다. 그래서 어둡다는 속성와 함께 다소 여성적 느낌의 속성이 있습니다.

❖ **闇**(やみ, 야미): 어둠, 뒤
  - '문신을 야매로 했다', '점 빼는것을 야매로 했다'는 말의 야매는 やみ(야미, 어둠), やみ とりひき(야미 도리히키, 뒷거래)에서 유래된 말입니다.

❖ **柔らかい**(やわらかい, 야와라카이): 부드러운

❖ **夢**(ゆめ, 유메): 꿈(밤에 꾼다)

❖ **夜**(よる, 요루): 밤
  - 그리스·로마 신화에 나오는 밤의 여신이 Nyx(닉스)인 것처럼 や(야)로 시작하는 단어들은 밤과 여성적 느낌을 주는 글자가 많다고 보면 됩니다. 언어의 속성을 밝음과 어둠, 남성성과 여성성, 강약 등 음양의 원리로 이해하는 것도 일본어 학습의 확장성을 높이는 방법 중 하나입니다.

언어 문화(방향성)

앞의 속성을 가진 あ(아) (6)

'Back'의 일본어 표기는 バック(밧쿠, 뒤)입니다. 일본어 사전에 가장 앞에 위치한 あ(아)는 그만큼 선도적이고 중요한 글자이고, 모음(あいうえお, 아이우에오) 중에서도 맨 앞에 위치한 글자입니다. あ(아)는 절대로 뒤로 갈 수 없는 글자입니다.

따라서 글자 あ(아)로 시작하는 단어(특히 동사)는 대부분 선두의 속성. 즉, 앞으로 가는 속성이 있습니다.

❖ **歩く(あるく, 아루쿠): 앞으로 걷다**

❖ **歩む(あゆむ, 아유무): 앞으로 가다**

❖ **上がる(あがる, 아가루): 올라가다**

❖ **足掻く(あがく, 아가쿠): 발버둥 쳐 앞으로 나가다**

   - すいえい(水泳, 스이에이): 수영

❖ **遊ぶ(あそぶ, 아소부): 놀러 나가다**

오늘(현재)을 중심으로 과거에 상반되는 미래(あした(아시타, 내일), あす(아스, 내일), あさって(아삿테, 내일))를 뜻하기도 합니다.

❖ **おととい(오토토이, 그저께) - きのう(기노우, 昨日, 어제) - きょう(교우, 今日,**

오늘) - **あした**(아시타, 明日, 내일(*あす도 내일)) - **あさって**(아삿테, 明後日,
모레)
- あ(아)=앞으로=Approach(아프로치, アプロ-チ)

사람만 성질이 있는 것이 아니고 글자에도 미묘한 속성(성질)이라는
것이 있습니다.

합승(あいのり, 아이노리) 문화
사라지는 문화

相乗り(あいのり, 아이노리)는 합승. 즉, 함께 타는 것입니다. 예전에는
택시 합승이 일부 있었으나, 지금은 거의 보이지 않는 상황입니다.

다만, 예를 들어 오사카 시내에서 간사이공항까지 가려고 전철을
탔는데 인신사고(人身事故, じんしん じこう, 진신지코)가 생겨서 전철 운
행이 중단되는 비상 상황 등에는 불가피하게 택시 합승을 하게 될 수
도 있습니다. 소식을 듣고 중단 지점으로 택시가 오고, 순차적으로 손
님을 합승시켜서 공항까지 이동하는 경우 あいのり(아이노리, 합승)를
이해하면 대처할 수 있습니다. 합승의 경우, 요금은 N분의 1로 계산

합니다.

일본은 세계 최초로 고속철도(신칸센)를 운행하여 50여 년 이상의 운행 역사를 가지고 있고, 신칸센(新幹線, しんかんせん)은 새로운 간선 도로라는 의미이며 다양한 지역 노선 명칭은 빠르다는 의미를 비롯, 희망과 발전을 의미하는 명칭(단어)들이 많습니다. 또는, 스피드를 상징하는 새 이름이 많은 것도 특징입니다. 예를 들자면 아래와 같습니다.

- ❖ **のぞみ**(노조미): 희망
- ❖ **ひかり**(히카리): 빛
- ❖ **こだま**(고다마): 메아리
- ❖ **つばめ**(츠바메): 제비
- ❖ **とき**(도키): 따오기
- ❖ **はやて**(하야테): 질풍
- ❖ **はやぶさ**(하야부사): 매
- ❖ **みずほ**(미즈호): 벼이삭
- ❖ **たにかわ**(다니가와): 개울
- ❖ **やまびこ**(야마비코): 메아리
- ❖ **こまち**(고마치): 미녀, 아키타 출신 시인의 이름

도쿄에서 오사카를 거쳐 후쿠오카(하카타역)까지 가는 노선이 のぞみ(노조미) 신칸센이기도 합니다. 신칸센으로 여행 시 명칭의 유래를 검색하면서 지역색을 느끼는 것도 일본 여행의 즐거움을 배가하는 좋은 방법입니다.

교제 문화

만남(あう, 아우)은 '둘이서'

'만나다'라는 표현은 会う(あう, 아우, 만나다) 또는 合う(あう, 아우: 만나다, 어울리다, 서로~ 하다)입니다. あ(아)는 앞의 속성이 있고, あう(아우)는 앞에 있는 상대를 만나는 것입니다. 따라서, あう(아우, 만나다)가 들여간 복합동사는 둘이나 서로를 전제하고 의미를 이해해야 합니다.

❖ **つきあう(付き合う, 츠키아우): (둘이) 사귀다**
  - つきあい(츠키아이)는 교제를 의미

❖ **しりあう(知り合う, 시리아우): (둘이) 서로 알다**
  - しりあい(시리아이)는 아는 사이(지인)를 의미

❖ **せりあう(競り合う, 세리아우): (둘이) 경쟁하다**

❖ **くみあう(組み合う, 구미아우): (둘이) 짝이 되다**
  - くみあい(組合, 구미아이)는 조합

❖ **にあう(似合う, 니아우): (둘이 닮아서) 어울리다**

あい(会い, 아이, 만남)가 있으면 あい(愛, 아이, 사랑)를 하고 아이도 생기는 것입니다. あう(아우)는 혼자가 아니라 반드시 둘이 만나는 것이며 앞에 있는 상대를 만나는 것입니다.

후루키 요키(古き良き) 문화

새로운(あたらしい, 아타라시이) 것보다 오래된(ふるい, 후루이) 것이 좋다

일본어 학습 시 무작정 외우기보다는 언어의 속성에 따라 어느 정도 언어의 순서나 서열(가치나 중요성)이 존재한다는 점을 생각하면서 이해하면 좋습니다.

예를 들어, 야구 경기에서도 1번부터 9번까지 각자의 역할이 있으며, 일반적으로도 상위 타석에 성적이 좋고 강하고 중요한 선수를 배치합니다.

❖ **あたらしい(新しい, 아타라시이): 새로운**
  - あ(아)의 앞이라는 속성으로 항상 앞서감

❖ **ふるい(古い, 후루이): 오래된**
  - ふ(후)의 바람의 속성으로 풍화되어 낡음

  - 古きよき(ふるきよき, 후루키 요키): 옛것이 좋다는 뜻으로 옛날 기와집 모습이나 전통적인 것이 좋음을 표현할 때 사용함

❖ **はやい(早い, 하야이): 빠르다**
  - は(하)의 잎의 속성으로 처음 잎이 나는 모습이 빠름(は행의 첫 글자)
  - はやめる(早める, 하야메루): 빨라지다
  - いそぐ(急ぐ, 이소구): 서두르다

❖ **おそい(遅い, 오소이): 느리다**

- あ행(あいうえお)의 마지막 순서 お(오), さ행(さしすせそ)의 마지막 순서의 글자
는 そ(소)이며, 마지막 순서는 늦는 것임
- おくれる(遅れる, 오쿠레루): 늦어지다

❖ **みじかい(短い, 미지까이): 짧다**

- 한글의 '모자라다'에서 유래되었다는 설이 있음

❖ **ながい(長い, 나가이)는 한글의 늙다(ふける, 후케루)에서 유래되었다는 설이 있음**

- なまける(怠ける, 나마케루): 게으름 피우다

　

일본인 관광객들이 꼽는 한국 내 핫플레이스가 광장시장 같은 재래시장, 성수동 창고카페 등인 것은 레트로 감성에 기인하고, 한국인 관광객들이 일본 교토의 사찰, 전통가옥 등을 방문하는 것도 ふるきよき(후루키 요키, 좋은 옛날) 문화의 측면에서 매력을 느낀다고 볼 수 있습니다.

아카스리(あかすり, 때 밀기) 문화

때 밀기와 인터넷

지금은 대중목욕탕이 점점 없어지고 있으나, 과거에는 대중목욕탕 시설 내에서 때밀이 서비스가 있었습니다. 일본어로 あか(垢, 아카, 때) 와 すり(擦り, 스리, 문지르다)가 합쳐진 あかすり(아카스리)가 때밀이하는 것, 또는 때밀이 타올을 지칭하곤 했습니다. 요즘은 あか(垢, 아카)는 Account(アカウント, 아카운토, 계정)의 약자로서 SNS 계정을 의미하는 용어로 주로 쓰이고 있으며, 예를 들어 裏垢(うらあか, 우라아카)는 비밀 계정이라는 의미입니다(때라는 의미를 따온 것이 아니라 발음만 취한 것임).

SNS가 활성화될수록 여기에서 통용되고 유행하는 인터넷 용어들 이 새롭게 만들어지고 있습니다. ペロリスト(페로리스토)는 최근 이슈가 된 회전초밥집에서 스시(초밥)에 침을 묻히는 등의 부도덕 행위자를 의미하는 것으로 ぺろぺろ(페로페로, 혀를 날름날름)와 テロリスト(테로리 스토, Terrorist)의 합성어입니다.

이렇게 남의 관심을 받기 위해 이상한 행동을 하는 사람을 속어로 '관종(관심종자)'라고 표현하는데, 일본어로는 かまちょ(가마쵸, 관심을 가져 져 줘)라고 합니다. 構う(かまう, 가마우, 관계하다)와 ちょうだい(쵸우다이, ~해 줘)의 합성어입니다. '관심 좀 가져달라'고 하는 의미에서 '관종'의 의미까지 상황에 따라 쓰이고 있습니다.

스포츠 문화(골프)

미스샷을 날리다 (あげる, 아게루)

골프 경기에서 뜨는 공 일명 뽕샷은 드라이버 헤드가 공의 밑부분을 타격해서 붕 떴다 뚝 떨어지는 형태로 비거리 손실을 가져오는 샷을 말합니다. 아웃인 궤도에서 안쪽 예각으로 헤드가 진입하는 경우 자주 발생합니다.

일본어 표현으로 뽕샷은 天ぷら(てんぷら, 덴뿌라, 튀김)라고 합니다. '튀기다'라는 동사가 揚げる(あげる, 아게루, 튀기다)이며 上げる(あげる, 아게루, 올리다)와 같은 발음인 관계로 공을 하늘로 올린다(튀긴다)는 것에서 유래합니다.

이와 반대로 지나친 드라이버 어퍼스윙 또는 샷을 할 때 상체가 일어나서 미스샷을 날리는 경우, 헤드가 공의 상단을 타격하여 탑핑이나서 데굴데굴 굴러가는 샷을 쪼루라고 하는데 일본어로는 ちょろ(쵸로)라고 표현합니다. ちょろ(쵸로)는 ちょろい(쵸로이, 시원찮은, 어설픈, 간단히 넘어오다)에서 유래되어 제대로 샷(미스샷) 하지 못했다는 의미입니다.

속어로 쓰고 있는 골프 용어인데다 일본어가 변해서 쪼루로 사용하는 것이니만큼, 가급적 공식용어를 사용하는 것이 바람직해 보입니다.

직장인 문화

땀이 삐질삐질(あせあせ, 아세아세)

누구나 직장에서 일을 하다 보면 실수를 합니다. 이러한 상황이 되면 땀을 삐질삐질 흘리게 되는 경우도 생깁니다. 삐질삐질은 あせあせ (아세아세)라는 표현을 사용합니다. 대화에서 직접 말하는 표현이 아니라 문자메시지나 라인(카톡)에서 '(땀을 삐질삐질 흘리고 있을 만큼)죄송합니다'라는 문자메시지 표현으로 주로 사용됩니다.

물론, 아주 높은 직급의 상사에게 이런 문자를 보내는 것은 예의 없어 보일 수 있으니 주의해야 합니다. あせ(아세)는 '땀'이라는 뜻입니다. 이를 중복해서 의태어를 만든 것으로 볼 수 있습니다. 때로는 의태어로만 표현해도 확실한 의미 전달이 가능합니다.

강의가 지루한 경우에는 だらだら(다라다라, 질질 끄는 모습), 강아지털이 복슬복슬하면 もふもふ(모후모후, 복슬복슬), 수돗물이 콸콸 흐르면 とばとば(도바토바, 콸콸), 반대로 찔끔찔끔은 ちょろちょろ(쵸로쵸로, 찔끔). 부부싸움을 하고 화해는 했는데 뭔가 개운치 않은 느낌이 있을 때 もやもや(모야모야)라는 표현을 씁니다.

もやもや(모야모야)는 원래 아지랑이가 피어오르는 모습의 의미인데 사람의 마음도 아지랑이 핀 것처럼 약간 답답하고 개운치 않을 때 자주 사용하는 표현입니다. 불안감, 불면증, 피로감, 우울한 상태도 もや もや(모야모야)를 사용합니다. 의학계에서는 모야모야(もやもや)병이라 는 뇌졸중 증세의 병이 있으며, 뇌CT를 찍으면 안개나 아지랑이가 핀 것처럼 혈관이 보인다고 해서 모야모야(もやもや)병으로 불리고 있습 니다.

방송에서 보이는 일본 문화

여우 같은(あざとい, 아자토이) 마누라?

일상생활에서 발생하는 여러 상황에서 일본어로 표현하고 싶은데 잘 떠오르지 않는 표현들이 있습니다. 예를 들어 '여우 같다'는 표현 은 あざとい(아자토이)라고 합니다. 일본 예능 프로그램 중 あざとくて なにが 悪いの(아자토쿠테 나니가 와루이노, 여우 같은 행동이 뭐가 나쁜거 야?)라는 타이틀로써 많은 인기를 끌었던 프로그램이 있습니다. 어떤 것이 여우 같은 행동인지를 재연하면서 패널들이 이야기를 나누는 프로그램입니다.

연애 시절에는 호감 가는 상대방에게 긍정적인 반응을 보이기도 하 지만 때로는 거절한다는 의미로 조금 튕겨보는 경우도 있습니다. '튕

겨보다'는 渋って 見る(しぶって みる, 시붓테 미루)입니다. しぶる(시부루)는 '떨떠름하다'라는 의미이고 여기에서 '튕기다'로 확장된 것입니다. 이성과 이별을 한 후에, 다시 그리운 마음에 술기운으로 전화를 해보지만 다시 거절을 당하는 상황. 가끔 드라마에서 나오는 상황에서 쓸 수 있는 '안쓰럽다'라는 표현은 痛い(いたい, 이타이)입니다. いたい(이타이)는 '아프다'라는 뜻이지만 이러한 안쓰러운 상황에서도 자주 쓰입니다.

 이성을 소개받고 나서 상대방이 나에게 호감이 있는지 없는지 매우 궁금해하며 조금이라도 연인관계로 발전할 가능성이 있는지 없는지를 얘기할 때 脈あり(みゃく あり, 먀쿠 아리)라는 표현을 사용합니다. 이는 '가능성 있음'이라는 뜻이고 脈なし(みゃく なし, 먀쿠 나시)는 '가능성 없음'이란 뜻입니다. '맥박이 뛰고 안 뛰고'의 의학적 의미에서 연애 범주로 확장된 의미이며 젊은 세대에서 자주 사용하는 표현입니다. 아무리 카톡을 보내도 답장이 없으면 みゃく なし(먀쿠 나시)이니 高嶺の花 (たかねの はな, 다카네노 하나). 즉, '소유할 수 없는 높은 산의 꽃'으로 생각하는 것이 좋을 듯합니다.

음식 문화

식중독(しょく あたり, 쇼쿠 아타리) 이야기

식중독에 걸리기 쉬운 계절은 여름입니다. 식중독은 食中毒(しょくち
ゅうどく, 쇼쿠 츄도쿠, 식중독) 또는 食あたり(쇼쿠 아타리, 식중독, 배탈)라고
합니다.

あたり(当たり, 아타리, 닿다, 맞다, 중독되다)는 다양한 의미가 있으나,
흔히 '아다리가 맞다, 안 맞다'라고 사용되곤 하는데 あたり(아타리) 자
체가 '맞음(적중)'의 의미입니다.

중독은 독성이 퍼져있다는 병명이기도 하지만 취미나 도박에 중독
되거나 빠지는 경우에도 쓰는 표현입니다. 이런 경우에는 특히 물이
나 골짜기나 늪에 빠진다는 의미의 단어들을 은유적으로 활용하고
있다는 점이 공통적입니다.

❖ **溺れる(おぼれる, 오보레루): 물에 빠지다, 빠지다**
   - 快楽(かいらく, 가이라쿠) に(니) おぼれる(오보레루): 쾌락에 빠지다

❖ **嵌まる(はまる, 하마루): 빠지다**
   - パチンコに はまる(파친코니 하마루): 파친코에 빠지다

❖ **ぬまる(누마루): 늪에 빠지다**
   - かわいい 女の子に ぬまる(가와이 온나노코니 누마루): 귀여운 여자에게 빠지
   다, 沼(ぬま, 누마)는 늪의 의미

식중독의 전형적 증상은 장염에 따르는 설사(げり, 下痢, 게리)입니다. 영어로는 Diarrhea(다이어리아, 설사)입니다. 전 세계 어느 국가를 여행해도 약국으로 가서 '다이어리아'라고만 말하면 げりどめ(게리도메, 지사제)를 줄 것입니다.

어리광 문화?

あまえ(아마에)란?

'어리광 부리다'는 甘える(あまえる, 아마에루)라고 표현합니다. 일반적인 의미는 '어린이가 부모님에게 어리광 부리다'라는 사전적 의미이지만 일본인의 의식구조를 설명하는데 어른의 세계에서도 통용되는 것으로 일부 인용되기도 합니다. 즉, 부모와 자식, 상사와 부하, 연인 사이, 손님과 종업원 등 필연이든 우연이든(돈을 지불하는 서비스 관계 포함) 관계성이 맺어진 곳에서는 상대방에게 최선을 다해 '응대한다(어리광을 부린다)'는 의식구조(あまえの かまえ, 아마에노 가마에, 어리광의 구조)가 있다고 분석합니다. 특히, 자신을 위해 돈을 지불하는 손님에 대해서는 그 가치만큼의 서비스와 매너를 베푼다는 의식구조입니다.

예를 들어, 바(Bar)나 고급 술집(キャバクラ, 캬바크라, 캬바크라는 캬바레와 클럽의 합성어)에서 일하는 종업원들은 건배할 때 손님의 잔보다 낮은 위치에서의 터치하는 등의 매너와 룰을 교육받고 있습니다. 식사를 마친 VIP 손님의 경우 택시가 떠날 때까지 종업원들이 나와 인사를 하며 배웅한다던지, 일부 료칸(旅館, りょかん, 온천 등에 있는 고급 전통 숙박 시설)에서는 같은 복도(통로)에서도 종업원이 다니는 통로와 손님이 다니는 통로를 따로 구분해놓고 있는 것을 보면, おもてなし(오모테나시, 접대, 환대) 문화라든지 あまえ(아마에, 어리광) 문화의 일부를 엿볼 수 있습니다.

물론 이것만으로 모든 문화현상을 설명할 수 없으나 우리와 다른 문화를 이해하는 데는 일정 부분 도움이 될 듯합니다.

음주 문화

원샷은 일본어로 いっきに(잇키니)

우리나라도 영어(외래어)를 많이 사용하고 일본도 상당히 많은 영어 외래어를 사용하고 있으나, 전혀 다른 의미로 사용할 때가 있어 활용이나 번역에 주의해야 합니다. 우리나라에서 원샷(One Shot)은 술잔에 술을 따르고 한 번에 모두 마신다는 의미로 구호처럼 쓰이고 있으나, 일본어로는 いっき(一気, 잇키, 한 번의 숨, 단숨)라는 표현이 '원샷'의 의미로 통용됩니다(한류의 영향 덕분에 원샷이라 해도 의미를 이해는 함).

아파트(Apartment)는 고층 아파트를 비롯하여 현대식 주거 건물을 의미하나, 이와 비슷한 일본어 표현은 マンション(만숀, Mansion, 맨션)에 가깝습니다. 縦長(たてなが アパート, 다테나가 아파토)라고 부르는 경우도 있습니다. 일본에서 アパート(아파토, 아파트)라고 하면 만숀보다는 비싸지 않은 2~3층 정도의 집합 건물로 기다란 연립빌라 형태를 의미합니다. 헬스(Health)는 당연히 헬스장이나 건강을 위해 운동한다는 의미로 쓰이고 있으나, 일본에서 ヘルス(헤루스, Health, 헬스)는 일부는 성적 서비스를 제공하는 풍속(ふうぞく, 후조쿠)업을 의미하므로 활용 시 주의해야 합니다. 헬스장은 ジム(지무, Gymnasium의 약자)로 표현합니다.

언어 문화(존재의 유무)

있고(あり, 아리) 없음(なし, 나시)의 차이

일본어로 蟻(あり, 아리)는 개미입니다. 베짱이는 きりぎりす(기리기리스)라고 합니다. 개미는 일꾼의 상징, 베짱이는 노는 사람의 상징. 일본에서는 일도 잘하고 놀기도 잘하는 사람을 ありぎりす(아리 기리스)라는 말(합성)로써 표현하기도 합니다 개미(あり, 아리)라는 명사가 아닌 있다(有る, ある, 아루)의 명사형 あり(아리, 있음)는 일상 회화에서 상

당히 많이 쓰이는 표현입니다. 異意(いぎ, 이기) あり(아리)는 '이의 있음'
이라는 뜻이 됩니다.

　일본어 발음 중에는 한글과 다르게 '어' 발음이 없는 것이 가장 큰
특징 중의 하나입니다.

　그래서 '없음'이라는 발음의 단어는 없고, 대신에 ない(나이, 없다)라
는 단어를 씁니다. ない(나이)는 영어의 No(노우)와 발음적 유사성이
있고, な(나)의 속성자체가 무위자연의 인위적인 작위성이 없다는(な
い) 속성을 가지고 있습니다.

　예로, なま(生, 나마, 생, 날것 그대로)도 자연 그대로의 의미인 것입니
다. 生ビ-ル(나마비루)가 생맥주를 뜻하는 이유도 위와 같습니다. な
(나)는 날것, 자연 그대로, ま(마)는 후술하겠지만 みず(미즈, 물)의 속성
을 가지고 있으므로, なま(나마)는 생물, 생이라는 뜻이 됩니다.

　한편 ない(나이, 없다)의 명사형은 なし(나시)입니다. 무더운 한여름에
입는 소매가 없는 옷을 나시티라고 부르는데, 袖なし(そでなし, 소데나
시)에서 나온 표현입니다. 소데(そで, 소매)가 없음(なし, 나시)이라는 표
현입니다. 그래서 なし(나시, 없음)는 일상 회화에서 잘 활용하면 편리
한 표현입니다.

　식당에서 점원이 もう 賴む(たのむ) ことが ありますか(모우 다노무 고
토가 아리마스까, 더 주문할 것이 있습니까?) 하고 물으면 なしです(나시데스,

없음입니다, 없습니다)로 답변하면 됩니다 あり(아리, 있음)와 なし(나시, 없음)는 정반대 개념의 한 세트로 기억하면 좋습니다.

음식 문화
앙꼬(あんこ) 이야기

'앙꼬 없는 찐빵'은 '알맹이가 없다'는 표현입니다. あんこ(앙꼬)는 일본어로 떡이나 빵을 만들 때 쓰는 팥소를 말합니다. あんこ(앙꼬)에는 크게 こしあん(고시앙, 거른 팥소)과 つぶあん(츠부안, 으깬 팥소)이 있습니다. こしあん(고시앙)은 濾す(こす, 고스, 여과하다)에서 나온 말로 곱게 체에 받친 팥소입니다.

つぶあん(츠부앙)은 潰す(つぶす, 츠부스, 으깨다)에서 나온 말로 팥 알갱이가 보이는 팥소입니다. 떡이나 빵을 구매할 때 본인이 선호하는 타입을 고르면 됩니다. 제주도의 지역 특산물로 차조로 만든 떡 표면에 팥고물을 묻힌 오메기떡이 있는데, 이와 비슷하게 일본도 おはぎ(오하기)라는 떡이 있습니다. 오하기가 가을에 먹는 떡이라면 모란이 피는 봄에 먹는 떡은 ぼたもち(보타모치)로 부르고 있습니다. 牡丹(ぼたん, 보탄, 모란)에서 유래된 말입니다.

'호박이 넝쿨째 들어왔다'는 속담은 우연히 행운이나 좋은 일이 생겼다는 뜻입니다. 일본은 たなから ぼたもち(다나카라 보타모치, 선반에서 떨어진 보타모치떡)라는 표현을 사용합니다.

비슷한 발음으로 鮟鱇(あんこう, 앙꼬우)는 아귀라는 생선입니다. 이자카야에서 あんきも(안키모)로 내놓는 것이 あんこう(앙코, 아귀)의 간(きも, 기모)입니다.

단골 문화
いきつけ(이키츠케, 단골) (1)

자주 가는 단골 가게는 行き付け(いきつけ, 이키츠케)라고 합니다(음식점, 미용실, 병원, 옷 가게 등등). 가서(いき,이키) 붙어 있을(つけ, 츠케) 만큼 자주 간다는 뜻입니다. 이키츠케는 자신이 좋아하는 맛집으로도 사용할 수 있고, 숨겨 놓은(숨은) 맛집의 표현으로는 穴場(あなば, 아나바, 물고기가 숨어있는 구멍, 숨겨진 맛집)가 있으며, 물고기가 잘 잡히는 낚시 포인트에서 유래했습니다. 隱れ家(かくれが, 가쿠레가, 숨겨진 맛집)도 같은 뜻으로 かくれる(가쿠레루, 숨겨지다) 에서 나온 표현입니다.

取って 置き(とって おき, 돗테 오키, 숨겨놓은 곳) 역시 잡아둔 곳이라는 의미에서 자신만이 아는 가게, 숨겨 놓은 소중한 물건의 의미가 있고, 예전에는 담뱃갑에 담배 가치가 하나 남았을 때 '돛대가 남았다'고 했는데 이 말의 어원으로는 돗테(오키)에서 나왔다는 설과 배 돛대가 하나이기 때문이라는 설 등이 있습니다(당구 경기에서 점수가 한 개 남았을 때도 사용). 단골은 일반 가게에서는 常連(じょうれん, 죠우렌, 단골)이라고 하며 '항상(常) 이어지듯(連) 온다'는 뜻입니다. 유흥업소에서는 太客(ふと きゃく, 후토 캬쿠, 단골)라고 하며 ふとっぱら(후톳빠라, 배짱 좋은)에서 유래되어 돈을 잘 쓰는 단골손님을 의미합니다.

단골 문화

いきつけ(이키츠케, 단골) (2)

남녀 사이 만남에서 가장 많이 물어보는 대화의 주제는 음식일 것입니다. 何が 好きですか (나니가 스키데스카) '어떤 것을 좋아하세요?' 와 같은 표현은 빠지지 않는 주제입니다. 다만, 이러한 조금 포괄적인 표현보다는 肉派(にくは)ですか(니쿠하 데스까)。魚派(さかなは)ですか (사카나하 데스카)처럼 '고기 파예요?, 생선 파예요?'와 같이 선택형으로 많이 물어보기도 하는데 대답을 하면 자신이 좋아하는 行きつけ (이

키츠케, 단골가게)에서 식사를 권하는 대화로 보통 이어지는 것입니다.

대체로 스테이크나 불고기, 삼겹살 같은 것을 좋아하는 사람이 にく
は(니쿠하, 고기 파)이고, 스시나 생선회 같은 것을 좋아하는 사람이 さ
かなは (사카나하, 생선 파)입니다. 둘 다 좋아하는 사람도 있습니다(なん
でも すき, 난데모 스키, 뭐든지 좋아해).

연애담에서 '여자에게 구애하다(꼬시다)'라는 표현은 口説く(くどく,
구도쿠)를 많이 사용하고, 落とす(おとす, 오토스)라는 표현도 자주 쓰입
니다.

くどく(구토쿠)는 원래 '설득하다', おとす(오토스)는 '떨어뜨리다'의 의
미인데 이성을 향한 구애 표현으로 의미가 확장된 것입니다. ちょっか
いを だす(춋카이오 다스)는 고양이가 앞발을 들어 '만지작거리다'라는
사전적 뜻을 가지고 있는데 이성에게 '집적거리다'라는 뜻으로도 쓰
입니다.

누군가 집적대면 ちょっかいを だすな(춋카이오 다스나, 집적대지 마!)
라고 소리 지르는 대사는 드라마에 자주 등장합니다. 동사 끝에 な
(나)는 '~하지 마'라는 뜻입니다. 고기 파, 생선 파 같은 표현은 우리나
라에서 거의 쓰지 않는 표현이기 때문에 어색한 번역(고기 파, 생선 파)
이 될 수밖에 없지만, 일본에서는 자연스럽게 일상대화에서 사용되
는 표현입니다.

정치권에서 강경파를 たか派(다카하, たかは, 매파), 온건파를 はと派(하토하, はとは, 비둘기파)로 부르는 것 역시 드물지 않은 일입니다. 직접적으로 左派(さは, 사하), 右波(うは, 우하)같이 '좌파, 우파'라는 표현도 씁니다.

휴대폰 문화

휴대폰 만지작거리기(いじる, 이지루)

'휴대폰을 만지작거리다'는 携帯(けいたい, 게이타이, 휴대폰)を 弄る(いじる, 이지루, 만지작거리다)로 표현합니다. 게이타이는 게이타이폰의 약자이며, スマホ(스마호, 스마트폰)도 자주 사용하는 표현입니다. 상사와 부하를 막론하고 직장인들이 점심시간에 식당에서 메뉴를 주문한 뒤, 기다리는 동안 대화 없이 각자 휴대폰을 만지작거리는(게임, 검색 등) 모습은 낯설지 않은 일이 되었습니다.

출근 후 직장에서 어쩔 수 없이 만나는 사람을 의미 없는 타인, 퇴근 후 편하게 식사하고 수다 떨 수 있는 친구는 의미 있는 타인으로도 분류하기도 합니다. 弄る(いじる, 이지루)는 가벼운 장난을 치다가 원래의 의미이고, 사회문제인 이지메. 즉, 苛める(いじめる, 이지메루, 괴

롭히다)와는 차원이 다릅니다. 좋은 의미는 아니지만 어느 정도 이해
할 수 있는 장난입니다.

煎る(いる, 이루, 지지다), 炒める(いためる, 이타메루, 볶다)와 같은 비슷
한 단어에서 유추해보면 왠지 지지고 볶는 모습이 연상되는 표현이
기도 합니다. 이지메(いしめ)는 널리 알려진 단어이므로 이지메를 기반
으로 いじる(이지루, 장난치다, 만지작거리다)를 기억하는 것도 좋습니다.

한글의 '만지작거리다'와 같이 섬세한 표현이 일본어에서도 보이는
데 예를 들면 黄ばんでいる(きばんで いる, 기반데 이루, 누리끼리하다)라는
표현이 있습니다. 물론 黄色い(きいろい, 키이로이, 노랗다)와 黄ばむ(きば
む, 기바무, 노래지다)에서 온 표현입니다. きばんでいる おこげ(기반데이
루 오코게, 누리끼리한 누룽지)라는 표현이 가능해집니다.

음식 문화
고구마(いも, 이모)의 유래

いも(이모, 芋)는 감자, 고구마 등 덩굴성인 뿌리 작물들을 총칭하는
데 정확한 명칭을 구분할 필요가 있습니다.

じゃが いも(쟈가 이모, 감자)는 감자가 인도네시아 자카르타(자카르타의 옛 이름이 쟈가타라)에서 전래된 것이어서 쟈가 이모로 불리게 되었습니다.

薩摩芋(さつま いも, 사츠마 이모, 고구마)는 고구마가 중국에서 류큐왕국(오키나와)으로 전해진 후 사츠마(번) 지역(현재 가고시마)으로 최초로 전파되었기에 사츠마 이모로 부르고 있습니다.

오키나와는 자색고구마(紅いも, べに いも, 베니 이모)가 특산물입니다.

里芋(さと いも, 사토 이모, 토란)는 시골 마을(さと, 사토) 밭에서 자라는 마라는 의미를 가지고 있으며, 토란을 의미합니다. 이에 비해 山芋(やまいも, 야마이모, 마)가 우리가 흔히 말하는 끈적끈적한 마입니다. 산에서 나는 いも(이모)가 やまいも(야마 이모, 마)입니다. 마를 갈아 음식으로 낸 것을 とろろ(도로로) 라고 합니다.

일본의 과자 회사(Calbee)나 우리나라 제과사에서 합작 판매하는 쟈가비는 감자가 원료, 오사츠비는 고구마가 원료이기에 감자(쟈가 이모), 고구마(사츠마 이모), 각각의 이름을 따온 것입니다.

일본어로 호박은 カボチャ(가보챠, 호박)인데 캄보디아(カンボジア, 간보지아)에서 호박이 전래되어 가보챠가 호박의 의미가 된 것입니다. 大学芋(だいがく いも, 다이가쿠 이모, 고구마 맛탕)는 대학가에서 싸게 파는 간식거리로 대학생들이 많이 먹었다는 것에서 유래되었습니다.

언어 문화(선정성)

여러 가지(いろいろ, 이로이로)는 색깔에서 유래되었다?

일본어로 色(いろ, 이로, 색)는 기본적으로 색깔을 의미하고 색정을 의미하기도 합니다. 야하다, 요염하다는 いろっぽい(이롯뽀이)라고 표현합니다.

에로티시즘에서 기원되서 エロい(에로이)도 야하다는 뜻입니다. 이성의 면전에서 쓰는 것은 실례가 될 수 있지만, 남성들의 대화에서는 자주 사용되는 표현입니다. 色気(いろけ, 이로케)는 성적 매력(색기)이라는 뜻입니다.

色街(いろまち, 이로마치)는 유흥가로 쓰기도 하고 홍등가로도 쓰이기도 합니다. いろいろ(이로이로, 여러 가지)라는 표현도 '색깔이 여러 가지 있다'라는 말에서 유래되었습니다.

언어 문화(방향성)

う(우)는 위의 속성

- ❖ **うえ(上, 우에): 위**
- ❖ **うかぶ(浮かぶ, 우까부): (위로) 뜨다**
- ❖ **うま(馬, 우마): (위에 타는) 말**
- ❖ **うお(魚, 우오): (물위에 떠 있는) 물고기**
- ❖ **うまれる(生まれる, 우마레루): (세상 위로) 태어나다**
- ❖ **うそ(嘘, 우소): (속이 아닌 겉(위)의) 거짓말**

거짓말은 속에 있는 말이 아닌 겉(겉으로 보이는 짓)으로 하는 말에서 기원했다고 합니다. 뻔히 보이는 거짓말은 見え透いた うそ(みえすいた うそ, 미에스이타 우소)라고 합니다. 예를 들어 남자가 여자 친구에게 "て (手)だけ にぎって ねる(寝る)よ(테다케 니깃테 네루요, 손만 잡고 잘게)."라 는 뻔히 보이는 거짓말은 드라마 등에서 자주 나오는 대사 중의 하나 입니다.

음식 문화

장어(うなぎ, 우나기) 이야기

여름철 보양식으로 장어를 많이 먹습니다. 장어는 종류에 따라 부르는 용어가 달라서 정리해 보았습니다. 민물장어(뱀장어)는 대부분 양식이지만 うなぎ(우나기, 민물장어)라고 하며, 가장 많이 먹는 메뉴입니다. 일본에서는 장어구이를 蒲焼き(かばやき, 가바야키)라고 하는데 부들(かば, 가바)이라고 하는 식물 모양(핫도그같이 생김)이 꼬치에 장어를 꿴 모습과 흡사해서 かばやき(가바야키)로 불립니다.

나고야식 장어덮밥을 뜻하는 ひつまぶし(히츠마부시)는 위의 카바야키를 밥 위에 얹어서 먹는 것입니다. ひつ(히츠)는 나무 밥그릇을 뜻하며 まぶし(마부시)는 고명이나 고물을 뜻하는 말입니다. 장어구이를 밥 위에 고명처럼 얹어 먹는 것이며 나고야뿐만 아니라 후쿠오카에서도 히츠마부시 메뉴를 파는 식당이 꽤 있습니다.

이런 민물장어 말고 부산 등지에서 회나 구이로 먹는 장어인 바다장어는 あなご(아나고, 穴子)이며 붕장어로 불리고 있습니다. 장어가 모랫구멍을 파고드는 습성이 있다고 해서 あな(아나, 구멍) + ご(고)라고 합니다.

부산 등지에는 또 꼼장어(먹장어)가 있는데 꼼장어는 경골어류인 일

반장어와 달리 턱뼈가 없어(무악류) 진화가 덜 됐다고 합니다. 꼼장어는 ぬた うなぎ(누타 우나기)로 불리우며, 조금 징그럽게 생겼지만 짚불구이 (わらび やき, 와라비 야끼)나 꼼장어볶음으로 많이 먹습니다.ぬたくる(누타쿠루, 꿈틀거리다)에서 기원한 것으로 추정합니다. 눈이 퇴화했고, 점액질이 많다는 특징을 가지고 있습니다. ぬら(누라, 점액질)와도 연관성은 있어 보입니다.

여름 보양식으로 유명한 장어 메뉴로는 はも(하모)를 들 수 있는데 경남 고성이나 통영 등지에서 하모회나 하모샤브샤브 메뉴로 즐겨 먹는 음식이며, 갯장어로 불리고 있습니다. 하모의 특징으로는 다른 장어에 비해 크기가 크고 날카로운 이(이빨)를 가지고 있어 はも(하모)라고 불립니다. 여기서 は(하)가 이빨을 뜻합니다. 여담으로, 歯医者(はいしゃ, 하이샤)는 치과 의사를 의미합니다.

역사와 문화

배신(うらぎり, 우라기리)

배신은 裏切り(うらぎり, 우라기리)라고 합니다. 裏(うら, 우라, 뒤)에서 切る(きる, 기루, 자르다, 베다)하다. 즉, 뒤에서 칼을 찌르는 배신의 행위인 것입니다.

1582년은 일본 역사에 중요한 사건이 발생한 해입니다. 일본의 전국 통일을 눈앞에 두고 있던 織田信長(오다 노부나가) 는 교토 本能寺(ほんのうじ, 혼노지)라는 절에 머무는 도중 부하에게 배신(裏切り, うらぎり, 우라기리)을 당해 죽음(자결)을 당한 날로써 '혼노지의 변'이라고 합니다.

오다 노부나가의 부하인 토요토미 히데요시(豊臣秀吉)가 배신자를 척결하고 통일의 기반을 만들었고, 조선을 침략한 임진왜란은 1592년에 발생합니다.

1600년도의 세기가하라(関ヶ原, せきがはら) 전투에서는 전국의 다이묘(大名, 영주)들이 동군과 서군으로 나뉘어 전투를 하게 되었고, 최종적으로는 동군의 총사령관인 도쿠카와 이에야스(德川家康, 덕천가강)가 승리를 거두어 전국시대를 통일하게 되는데, 승리의 원인은 결국 서군 내부 다이묘들이 배신(裏切り, うらぎり)해서 같은 편을 돕지 않거나, 동군에 합류했기 때문입니다.

전국시대 세력 간 배신의 역사는 本音(ほんね, 혼네, 본심)와 建前(たてまえ, 다테마에, 사회적 배려를 고려해 겉으로 드러내는 마음)라는 형태로 일본의 사회적 관계에서의 가치관이 형성된 것으로 분석하고 있으며, 배신당하지 않기 위해서 일단은 속마음을 드러내지 않고 조심하는 것으로 이해하면 됩니다.

　역대 최고 시청률을 기록했던 미국 드라마 왕좌의 게임도 결국 배신(裏切り, うらぎり, 우라기리)의 연속을 통한 왕위쟁탈전을 그린 이야기이며, 오징어 게임에서도 배신을 주제 삼아 이야기를 그리고 있습니다.

음식 문화

MSG의 유래와 맛있는(おいしい, 오이시이) 이야기

　MSG는 Mono Sodium Glutamate(글루탐산 나트륨)의 약자이며 흔히 알고 있는 화학조미료를 말합니다. 화학조미료의 유해 논란은 둘째로 하고, 화학조미료를 최초 개발해서 うまみ(우마미, 감칠맛)로 명명(1908년)한 것은 일본 화학자이며, 단맛, 쓴맛, 짠맛, 신맛에 이어 제5의 맛으로 학계에서 인정받은 것은 1980년대입니다.

　旨味(うまみ, 우마미, 감칠맛)는 旨い(うまい, 우마이, 맛있다)에서 유래되었고, うまい(우마이)는 あまい(아마이, 甘い, 달다)에서 진화된 것이라는 설이 있습니다. '맛있다'는 표현은 남성, 여성을 불문하고 おいしい(美味しい, 오이시이, 맛있다)가 압도적으로 많이 사용됩니다. 일본 여행 시에도 うまい(우마이, 맛있다)보다는 おいしい(오이시이, 맛있다)를 쓰는 것이 자연스럽습니다.

아름다울 미(美)를 사용한 것은 고어인 美し(いし, 이시, 아름다움, 맛있음)에서 유래되어 美味しい(おいしい, 오이시이)로 변화되었기 때문입니다.

언어 문화(인사)

아침 인사(おはよう ございます, 오하요우 고자이마스)

오전 시간에 어느 장소에 가든 아침 인사는 おはよう ございます(오하요우 고자이마스)입니다. 어원은 お早(はよ)う에서 보는 것처럼 한자는 빠를 루(早)를 쓰고 빠르다는 의미로 はやい(早い, 하야이)를 사용합니다. 요컨대 '안녕하세요(아침 일찍 뵙겠습니다)'의 뉘앙스입니다.

오후 인사는 こんにちは(곤니치와), 저녁 인사는 こんばんは(곰방와)입니다. 오후에 만나더라도 그날 처음 만나는 경우는 おはよう ございます(오하요우 고자이마스)라고 말하기도 합니다.

언어 문화(중복성)

두 개는 한 개보다 많다(多い, おおい, 오오이)

수풀 림(林)은 나무 목(木)자 두 개가 모여 '나무가 많다'는 의미의 숲이 되었습니다. 일본어 역시 같은 글자가 두 번 반복되는 경우가 아주 많습니다, 여러 번 등 대체로 '많다'는 의미를 가지고 있습니다. 굳이 같은 글자를 두 번 반복한 이유는 강조하기 위함이거나, 그 수가 많기 때문입니다.

❖ **おおい(多い, 오오이): (아주) 많다**
  - お(오)가 두 개이니 많거나 큰 것입니다

❖ **おおきい(大きい, 오오키이): (아주) 크다**
  - いえ(家)が おおきい(이에가 오오키이): 집이 크다

❖ **かかる(掛かる, 가카루): (돈이 많이) 들다**
  - か(가)는 돈의 속성

❖ **くくる(括る, 구쿠루): (여러 번) 묶다**

❖ **すすむ(進む, 스스무): (계속) 나아가다**
  - す(스)는 방향의 속성

❖ **つづく(続く, 츠즈쿠): (여러 번) 계속하다**
  - つ(츠)는 손의 속성

❖ **つつむ(包む, 츠츠무): (여러 번) 싸다**
  - つ(츠)는 손의 속성

❖ **いただく(頂く, 이타다쿠): (여러 번) 받다**

　- いただく(이타다쿠)는 여러 번 추가하여 た(타)의 손의 속성으로 연상합니다.

　た(다)가 두 개이니 '양손으로 공경하게 받다'라는 의미로 이해하시면 됩니다

　- ただ(다다)는 손이 두 개(양손)

❖ **はばむ(阻む, 하바무): (여러 겹을 쌓아) 막다**

❖ **とどく(届く, 도도쿠): (많이 걸어) 도착하다**

　- と(도)는 발의 속성, とど(도도)는 양발, 두 글자가 두 번 반복되는 것은 그만큼

　의미가 배가 되거나 중요하다는 뜻입니다

오시(おし, 최애) 문화

당구와 오시(おし)

　당구장에서만큼은 일본어가 의외로 많이 쓰입니다. '오시로 밀어', '시키로 댕겨', '나미 따라고' 등등 당구를 좀 친다는 사람은 어느 정도 알고 있는 용어입니다. 오시는 推す(おす, 오스, 밀다)의 명사형 おし(오시)입니다. 당구공의 윗부분을 큐대로 스트로크해서 공을 앞으로 밀고 나가게 하는 타법(밀어치기)을 말합니다. 시키는 조금 발음이 틀린 것이며 引く(ひく, 히쿠, 당기다)의 명사형 ひき(히키)가 정확한 발음입니다.

연애할 때 남녀가 밀당(밀고 당기고)하면서 긴장감을 주는데 밀당은 駆引き(かけひき, 가케히키)입니다. 여기서 かける(가케루)는 '말이 달리다'라는 의미로 말을 달리게 하고 당기게 한다는 말에서 밀당의 표현으로 확장되었습니다.

따라서, ひき(히키)는 당구공의 아랫부분을 쳐서 목적구에 맞은 후 뒤로 당겨져 오게 하는 타법(당겨치기)입니다. 골프공의 백스핀 같은 움직임입니다. 나미를 따는 것은 목적구를 아주 스치듯이 얇게 치는 것을 말하는데 なめる(나메루, 핥다)에서 나온 것으로 잘못된 발음입니다. 마치 핥듯이 얇게 스치듯이 공을 치는 타법입니다.

최근 押し(おし, 오시)는 글자 그대로 '밀다'라는 의미에서 확장되어 쓰이고 있습니다. 예를 들어 자기가 가장 좋아하는 아이돌 멤버 중에 본인이 가장 좋아하는 사람을 지칭하여 おし(오시)라고 합니다. 우리말로 표현하면 최애, 강추, 팬, 점찍은 상대 등 상황에 따라 쓰면 됩니다. 본인이 강추하는 맛집도 おし(오시)라고 쓸 수 있습니다.

이렇듯 おし(오시)는 단순한 당구장 용어(오시로 밀어!)에서 벗어나 훨씬 더 다양한 의미를 내포한다고 볼 수 있습니다.

언어 문화(사람의 속성)

아저씨(おじさん, 오지상)와 아주머니

일본어로 아저씨는 おじさん(오지상), 아주머니는 おばさん(오바상)입니다. あ(아)행 (あいうえお, 아이우에오)은 일본어 모음이자 언어적으로 중요한 부분이며, 언어사용 시 필수불가결한 글자들인 만큼 사람 자체를 표현하는 단어들이 많습니다.

❖ **おかあさん(오카아상): 어머니**
   - お(오)는 존칭 御(어)의 의미

❖ **おとうさん(오토우상): 아버지**
   - お(오)는 존칭 御(어)의 의미

❖ **おとな(오토나): 어른**

❖ **おとうと(오토우토): 남동생**

❖ **おじいさん(오지이상): 할아버지**

❖ **おはあさん(오바아상): 할머니**

위와 같이 가족(친척)의 호칭에 '사람의 속성'을 의미하는 'お(오)'는 존칭을 포함하여 집중적으로 사용되고 있습니다.

おじさん(오지상, 아저씨)의 피할 수 없는 외모적 요소는 白髪(しらが, 시라가, 흰머리) 와 薄毛(うすげ, 우스게, 머리숱이 없음)일 것입니다.

얼핏 보면 공감이 되는 おばさん(오바상, 아주머니)처럼 보이는 행동으로는, まっしぐらの 歩き方(あるきかた, 맛시구라노 아루끼카타, 돌진하듯 걷는 걸음걸이)가 있습니다.

- まっしぐら(맛시구라)는 말탈 驀(맥), 땅 地(지)에서 온 표현으로 '말처럼 쏜살 같이 돌진하다'라는 뜻
- 電車(でんしゃ)で 靴(くつ)を 半分 脱ぐ(はんぶん ぬぐ, 덴샤데 구츠오 한분 누구): 전철에서 구두를 반쯤 벗는다

과거보다는 아저씨와 아주머니의 호칭은 정중하거나 경어의 느낌이 (적어지는 머리숱처럼) 薄く なる(うすく なる, 우스쿠 나루, 엷어지다). 즉, 엷어지고 있습니다. 사장님, 여사님, 선생님 등의 보다 정중한 호칭으로 대체되고 있으며, 일본에서도 イケオジ(이케오지, イケメン おじさん, 이케멘 오지상, 세련된 아저씨) 같은 긍정적 표현도 있고, 騒音(そうおん おばさん, 소온 오바상, 시끄러운 아주머니), うるさい おじさん(우루사이 오지상, 시끄러운 아저씨)과 같은 부정적 표현과 상존하고 있습니다.

오타쿠(おたく) 문화
오타쿠의 유래

오타쿠(お宅, おたく)는 특정한 취미를 가진 사람들이 동호회에서 상대방을 존칭으로 부를 때 썼던 용어입니다. 귀댁 정도의 의미입니다. 광적이고 특이한 취미를 가졌으나 사회성이 없는 약간 부정적 이미지였으나, 최근에는 단순한 취미에서부터 전문가 수준으로까지 인정받는 분야도 있어 범위가 확대되고 긍정적인 이미지로 변하고 있습니다.

오타쿠의 특징 용어 중, 애니메이션이나 게임 캐릭터에 애정이나 감정을 느끼는 것을 萌え(もえ, 모에, 애착, 열광)라고 하며, もえる(모에루, 싹트다)라는 말에서 기원합니다. 실제로 캐릭터 복장을 흉내 내는 것을 コスプレ(코스프레). 즉, Costume play(코스튬 플레이)라고 합니다. 우리나라에서는 매니아, 덕후라는 개념과 같은 용어를 사용하기도 합니다

게임, 애니 오타쿠는 물론 해파리(クラゲ, 구라게)를 애완용으로 기른다거나, 전국에 있는 말이나 소목장을 탐방한다거나, 영양 보충을 위해 곤충 종류를 정기적으로 구매해 먹는 것 등의 특이한 매니아부터, 콘서트 매니아, 수족관 매니아, 운동 매니아까지 다양성을 가지고 있습니다.

이러한 오타쿠의 다양성이 매니아 카페, 패션 등 각 분야에 확장되어 コンカフェ(콘카후에, 컨셉카페), ギャル 패션(갸루 패션) 같은 복장의 유행을 이끌어내기도 하며, 한편 애니메이션이나 게임 캐릭터를 흉내 내고 있는 것으로 가장하여 다소 선정적인 복장도 용인되고 있는 것으로 보입니다.

일본의 신문화(新文化)

오빠(オッパ)에 빠지다(おちる, 오찌루)

한류의 영향으로 '오빠'라는 단어는 일본뿐만 아니라 전 세계에 통용 가능한 단어가 되었습니다. オッパに 落ちる(オッパに おちる, 옷빠니 오찌루)는 '(좋아하는) 오빠에 빠지다'는 의미입니다. 落ちる(おちる, 오찌루)는 기본적으로 '떨어지다'라는 뜻에서 어디에 '빠지다'라는 표현이며, お(오)는 아래의 속성을 갖습니다. 그래서 '빠지다(몰두하다)'라는 뜻까지 확대되었습니다(사랑, 취미처럼 좋은 것에 빠지는 것은 물론. 도박, 계략 같은 좋지 않은 것에 빠지는 것도 포함됩니다).

> ❖ **おし(押し, 오시): (아이돌) 최애, 좋아하고 응원하는 대상**
> - おしに おちる(오시니 오찌루): 최애(오시)에 빠지다

❖ **おに(鬼, 오니): 귀신, 열중하는 사람**

- 仕事の鬼(しごとの おに, 시고토노 오니): 일에 열중하는 사람
- 鬼出勤(おに しゅっきん, 오니 슛킨): 쉬지 않고 (매일) 출근해 일만 한다는 의미

❖ **お宅(おたく, 오타쿠): 광팬, 매니아**

일본인의 사회심리학적 특징을 領域主義(りょういき しゅぎ, 료이키 슈기, 영역 주의)즉 자신의 영역을 지키려 하고 타인의 영역을 넘어 폐를 끼치지 않으려는 심리가 있지만, 甘え(あまえ, 아마에, 어리광)처럼 요컨대 자신과 사회적 관계 등 관계적 연결고리에 있는 대상에게는 어리광(친절함)의 모습을 보여 주는 심리로 표현하기도 합니다.

여기에 최근 한국의 아이돌이나 일본 내 아이돌을 대상으로 推し活(おしかつ, 오시카츠, 응원 활동)하는 현상은 押さえ(おさえ, 오사에, 누름). 즉, 자신은 통제하고 관리하는 대신 그렇지 않은 자유분방한 아이돌을 동경하며 응원하는 심리에 가까워 보입니다.

- 일본 내 おしかつ(오시카츠)를 많이 하는 직업군에 '공무원'이 있는 것도 이런 심리를 뒷받침하는 재미있는 분석입니다

스포츠 문화(골프)

おこる(오코루, 화)를 참는 것, 멘탈 이야기

골프는 멘탈 스포츠라고 합니다. 잘못 칠 것 같은 정신적 불안 상태가 손 떨림, 근육 경직 등 신체적 긴장 상태로 이어지는 YIPS(입스)라는 골프 용어가 있을 정도입니다.

- 입스는 Yip(강아지가 불안해서 낑낑거리다)의 의미에서 유래되었다고 합니다

화나는 경우도 다양하고, 감정을 조절하지 못하는 경우도 많아서 그런지 한글, 일본어 표현에도 '화나다'라는 표현이 생각보다 많고, '킹받네(열받네)' 같은 신조어는 일본 젊은이들도 한글 그대로 사용할 정도입니다.

❖ **怒る(おこる, 오코루): 화내다**
   - 奢る(おごる, 오고루)는 '한턱내다'의 뜻으로 발음 차이에 주의

❖ **切れる(きれる, 기레루): 화내다, 울화통을 터뜨리다**
   - 堪忍袋(かんにん ぶくろ, 간닌 부쿠로, 인내심 주머니)의 緒(오, 끈)가 きれる(기레루, 끊어지다)에서 유래

❖ **腹が 立つ(はらが たつ, 하라가 다츠): 화가 나다, 속이 끓어오르다(부글부글)**
   - はら(하라, 배)가 わきたつ(와키다츠, 끓어오르다)할 정도로 화가 나다.

❖ **むかつく(무카츠쿠): 욱하다, 화가 나다**

- むかむか(무카무카)는 '욱, 메슥거리다'라는 뜻

❖ **あたまに くる(아타마니 구루): 화가 나다, 열받는다**
  - あたま(아타마, 머리)에 くる(구루, 온다)한다는 것은 화가 나서 혈압이 오르고, 피가 머리로 온다는 것을 의미한다

유명한 골퍼 잭 니클라우스가 골프는 멘탈 80%, 기술 10%, 행운 10%라고 말하는 것은, 멘탈의 중요성을 강조하는 것입니다.

오마카세(おまかせ, 맡김) 문화
오마카세의 유래

おまかせ(오마카세)는 任せる(まかせる, 마카세루) 즉 '맡기다'라는 동사에서 나온 말이고 '메뉴를 전적으로 세프에게 맡긴다'는 의미입니다. 오마카세가 고급 스시 코스로 자리 잡으면서 한우 오마카세, 디저트 오마카세 등 품목이 다양해지고 있습니다. 오마카세의 가격은 물론 가게에 따라서 차이가 있겠지만 일본 못지않은 가격을 형성 중입니다.

주로 すし(스시) 코스이기 때문에 스시집에서 사용하는 일본어는 조

금 알고 있어야 먹는 재미가 있습니다.

* **えんがわ(엔가와): 광어 지느러미살**
  - '엔가와'는 '툇마루'라는 뜻으로 전통가옥의 툇마루 바닥모양처럼 평평하고 세로로 줄무늬가 있어 엔가와로 부릅니다

* **ねた(네타): 초밥 재료(주로 생선 등)**
  - 초밥의 재료를 총칭하는 말로 원래 'たね(타네)'가 '재료'를 뜻하는 말인데 반대로 뒤집어서 쓰고 있습니다, 참고로, 신문사 기자들이 오늘 무슨 '네타'로 기사를 쓰지?라고 말하는 것도 여기에서 나온 말입니다

* **しそ(시소): 차조기 잎**
  - 일식집에서 사시미 밑에 깔아주는 잎은 깻잎처럼 생겼지만 차조기(시소)이며, 독특한 향이 있어서 즐기는 사람은 사시미와 같이 싸서 먹기도 합니다

* **すし(寿司,스시)는 쌀밥에 초를 첨가하는 요리로 '초'를 의미하는 す(酢, 스)에서 유래했다는 것이 정설입니다**

오미야게(おみやげ, 기념품) 문화
오미야게의 유래

おみやげ(오미야게, お土産)는 지역특산품 등으로 만든 기념품을 말

하며, 과자나 떡 종류가 많은 편입니다 みやげ(미야케)는 원래 신궁(격이 높은 신사)에서 물건 등을 담는 용기를 의미하며, 일본의 3대 신궁 중의 하나인 이세신궁은 방문객이 많아서 신궁 자체 기념품을 나눠 줄 수 없게 되자 주변 가게에서 대중적인 기념품을 만들어 팔게 되었다는 것이 おみやげ(오미야게)의 유래입니다.

이세신궁이 있는 미에현(나고야 인근)의 おみやげ(오미야게)는 赤福(あかふく, 아카후쿠)이며, 팥앙금으로 떡을 감싼 모찌떡입니다(赤い小豆, あかい あずき, 아까이 아즈키, 빨간 팥).

보통 지역 특산물로 おみやげ(오미야게)를 만듭니다. 예를 들면, 오키나와는 자색 고구마(紅芋, べにいも, 베니이모)가 특산물이여서 '베니이모 타르트'가 유명합니다.

홋카이도는 목장이 많은 우유 생산지로써 홋카이도산 우유로 만든 로이스 초콜릿이나 시로이 고이비토(白い恋人, しろい こいびと)가 유명합니다. 시로이 고이비토는 '일본판 쿠크다스'로 불리우는 과자입니다. 한국인이 일본 여행 시 많이 사는 おみやげ(오미야게)는 도쿄 바나나 빵, 시로이 고이비토, 로이스 초콜릿이 많은 것 같습니다. 택배로 구매하는 것은 '오미야게'로 인정하지 않습니다. 반드시 직접 방문해야 하며, 일본인들은 지방 출장 시 대부분 자신이 없는 동안 일을 대신 해준 동료들에 대한 감사 등의 표시로 거의 'おみやげ(오미야게)'를 사다 준다고 합니다.

가끔 달걀 생산량 감소로 인한 원료 부족으로 '시로이 고이비토' 생산을 줄인다는 뉴스가 나올 정도로 인기 있는 오미야게입니다. 혹시 매장 내에서 品切れ(しなぎれ, 시나기레)라고 쓰여 있다면 품절이라는 뜻입니다.

언어 문화(방향성)

아래로 가는 글자 お(오)

일본어 모음(あ, い, う, え, お, 아이우에오)의 마지막 글자는 お(오)이며, 모음 중의 막내라고 할 수 있습니다. 선후의 위치상 겸손하고 아래를 향해야 하는 운명을 타고난 것일 수도 있습니다. お(御, 어, 오)는 단어 앞(대부분 고유 일본어)에 붙어 겸양과 겸손을 가미하는 역할을 합니다.

お金(おかね, 오카네, 돈), お休み(おやすみ, 오야스미, 휴식), お茶(おちゃ, 오쨔, 차), お酒(おさけ, 오사케, 술) 등 お(오)는 겸손한 속성(글자)이기 때문에 특히 아래쪽의 방향성을 가지고 있습니다.

❖ **落ちる(おちる, 오찌루): (아래로) 떨어지다**
❖ **降りる(おりる, 오리루): (아래로) 내리다**

- でんしゃ(電車)を おりる(덴샤오 오리루): 전철을 내리다

❖ **落とす(おとす, 오토스): (아래로) 넘어뜨리다**

❖ **押す(おす, 오스): (아래로) 밀다**

❖ **押さえる(おさえる, 오사에루): (아래로) 누르다**

그럼 起きる(오키루, 일어나다)는 어떻게 설명할까요? 우선은, お(오, 아래)로부터 일어나는 것으로 이해하면 됩니다(위아래는 반대의 개념도 있지만 정반합처럼 서로 조화되는 개념입니다).

尾(お, 오) 자체도 아래쪽 엉덩이에 붙어 있는 꼬리를 의미합니다. 생리현상인 방귀도 おなら(오나라)입니다.

お(오)가 '겸손'과 '아래'의 속성을 가지고 있음을 이해하면 お(오)를 자신 있게 사용할 수 있습니다.

か(가)행

かきくけこ(가기구게고)로
이해하는 일본 문화

か(가)행(かきくけこ, 가기구게고)으로 시작하는 단어들은 '칼, 금속, 돈, 몸과 마음,
검은색, 청각, 동적인 것, 작은 것'의 속성을 가지고 있다.

외모중시 문화

얼굴(かお, 가오) 이야기

一皮(ひとかわ, 히토카와, 한꺼풀) 정도의 작은 차이지만 생각만 아주 조금 바꾸면 어려운 것이 쉽게 풀릴 수도 있습니다. 효율적이지 않은 학습법으로 시간을 낭비하는 것보다 단어의 공통점을 파악해서 이해하는 것도 ひとかわ(히토카와, 한꺼풀) 정도의 노력으로도 상당한 성과를 거둘 수 있습니다.

❖ **かお(顔, 가오): 얼굴**
❖ **かわいい(可愛い, 가와이이): 귀여운**
   - かお(가오, 얼굴)가 いい(이이, 좋다)니까 귀엽다
   - かわ(皮, 가와): 표면, 껍질
   - 얼굴(かお, 가오)도 가죽(かわ, 가와, 가죽, 표면)

❖ **みず(水, 미즈): 물**
❖ **まずい(不味い, 마즈이): 맛없다**
   - 맹물(みず, 미즈)은 맛없다(まずい, 마즈이)

❖ **みずみずしい(瑞々しい, 미즈미즈시이): 싱싱하다**
   - みず(미즈, 물, 수분)가 많으니 싱싱하다

❖ **しろい(白い, 시로이): 하얗다**
❖ **しらが(白髪, 시라가): 백발**
   - しろい(시로이): 하얀, かみ(가미): 머리의 합성어

❖ **しろ(城, 시로): 성**

- 성(城, しろ, 시로)의 색깔이 하얗다(しろい, 시로이). 도쿠카와 이에야스는 성을 크게 보이기 위해 검은색보다는 흰색 성으로 축조했다는 설이 있다

痘痕(あばた)も えくぼ(아바타모 에쿠보) 는 '곰보도 보조개'라는 뜻으로 사랑하는 사람은 곰보도 보조개처럼 귀엽고 예쁘게 보인다는 표현입니다. 무엇을 해도 예뻐 보이면 사랑하는 감정이 풍부한 상태(아바타모 에쿠보)인 것입니다.

이와 반대로 최근 연인 사이에서 상대방의 결점이나 싫은 점이 갑자기 부각되어 보일 때 蛙化(かえるか, 가에루카, 개구리화)라고 합니다. 동화에서 유래하며 동화에서는 개구리가 왕자로 변했으나, 반대로 왕자로 생각했던 연인이 개구리처럼 보인다는 말에서 유래되었습니다. 개구리화는 이어서 자세하게 설명합니다.

일본사회 신문화(新文化)

개구리(かえる, 가에루)화 현상이란?

　동화 속 백마 탄 왕자가 저주를 받아서 개구리가 되었다는 얘기에서 유래한 현상입니다. 여성이 상대에게 느끼는 경우, 남성이 상대에게 느끼는 경우 모두 かえるか(가에루카, 개구리화)라고 합니다. 감정의 기복(なみ, 나미)이나 気まぐれ(きまぐれ, 기마구레, 변덕)도 넓은 의미의 개구리화 현상(かえるか げんしょう, 가에루카 겐쇼)으로 볼 수 있습니다. 상대방의 밥 먹는 소리가 쩝쩝거리며 먹는 것처럼 느껴지거나, 향수를 뿌리고 왔는데 향기(香り, かおり, 가오리)가 아니라 냄새(匂い, におい, 니오이)나는 것처럼 느껴지면 개구리화 현상이 온 것입니다.

男性(だんせい)は 顔(かお)より 香り(かおり)

　이처럼 '남성은 얼굴보다 향기'라는 문구로 가오리(향기)를 외우시면 이해가 쉽습니다.

　かえる化(개구리화)는 少子化(しょうしか, 쇼시카, 자녀가 적은 것), 高齢化(こうれいか, 고레이카, 노인 인구 증가), 両極化(りょうきょくか, 료쿄쿠카, 빈부격차)와 같은 사회현상처럼 최근 많이 회자되고 있습니다.

칼의 문화

칼(かたな, 가타나)과 남성 (1)

か(가)는 칼의 속성이 있습니다. 대표적인 단어는 かたな(刀, 가타나, 칼, 검)입니다. 사무라이가 오랜 역사를 지배한 만큼 칼을 지닌 남성이라면 강한 남성성을 가지고 있다는 점은 쉽게 연상됩니다.

따라서, か(가)행 (かきくけこ, 가기구게고)은 강하고 튼튼하고 단단한 남성성을 내포한 단어들이 많습니다.

- ❖ **かたな(刀, 가타나): 칼**
- ❖ **かたい(固い, 가타이): (칼) 단단한**
- ❖ **がっちり(갓치리): (칼) 튼튼한**
- ❖ **かる(刈る, 가루): (칼) 베다**
  - 釜で 稲を 刈る(かまで いねを かる, 가마데 이네오 가루): 낫으로 벼를 베다
- ❖ **きつい(기쯔이): (칼) 강하다, 꽉 끼다**
- ❖ **きたえる(鍛える, 기타에루): (칼) 단련하다**
- ❖ **きる(切る, 기루): (칼) 자르다**
- ❖ **くる(구루): (칼) 도려내다**
- ❖ **けす(消す, 게스): (칼) 죽이다, 끄다**
- ❖ **けずる(削る, 게즈루): (칼) 깎다**
- ❖ **こぐ(漕ぐ, 고구): (남성성) 노를 젓다**
  - 자전거 페달을 밟을 때, 배의 노를 저을 때는 반드시 こぐ(고구)를 사용합니다

❖ **こく(扱く, 고쿠): (남성성)** 훑다, 탈곡하다, 훈련시키다

❖ **こきつかう(고키츠카우): (남성성)** 혹사시키다

- 시사 용어에서 노동력 착취 등 회사에서 혹사시킨다는 표현으로 자주 사용하는 단어입니다.

❖ **ころす(殺す, 고로스): (칼)** 죽이다

か(가)는 '칼' 글자 그대로 자르고 베는 사무라이(무사) 같은 글자이며, 몸을 단련하고 혹사해서 강한 남성성을 키우는 것입니다.

칼의 문화

승자의 칼(かたな, 가타나) (2)

'이기다'는 かつ(勝つ, 가츠)입니다. か(가)는 칼의 속성이므로 최후까지 칼을 들고 환호하는 자가 이기는 것입니다. 'The winner takes it all(승자가 모든 것을 가진다)'라는 말처럼 이기는 자가 뭐든지 마음대로 할 권한이 생기는 것입니다. かって(勝手, 갓테, 멋대로, 마음대로, 저절로)는 원래 궁도에서 활을 잡는 쪽 손 말고, 활시위와 화살을 잡는 쪽 손. 즉, 마음대로 힘과 방향을 조정 가능한 손이라는 의미로 かって(갓테, 勝手)를 쓰기도 하지만, 승자의 손(勝手)이기도 해서 승자 마음대로 하

는 것입니다.

❖ **かって(勝手)に しろ(갓테니 시로): 마음대로 해**
  - 유사한 의미로 わがまま(我が儘, 와가마마)는 자기 위주로 마음대로 한다는 의미가 있고 きままに(気ままに, 기마마니)는 (자유롭게) 마음대로 한다는 의미로 뉘앙스의 차이가 있습니다.

지다는 まける(負ける, 마케루)입니다. ま(마)는 말다의 속성이 있고, まげる(曲ける, 마게루, 굽히다)에서 보듯이 머리와 허리를 굽히는 자가 지는 것입니다.

가게주인과 손님이 물건값을 흥정해서 가게주인이 졌다는 의미에서 まける(負ける, 마케루)는 '물건값을 깎는다'는 의미로 쓰이며, おまけ(오마케, 덤)는 덤으로 주는 물건을 의미합니다. 우리나라 편의점에서 자주 보이는 상품 할인 판매 방식인 1+1(원 플러스 원)은 プライチ(프라이치, Plus 1)라고 합니다.

❖ **勝つか 負けるか 勝負だ(かつか まけるか しょうぶだ, 가츠카 마케루카 쇼부다): 이길까 질까가 승부다**

칼의 문화

검도와 칼(かたな, 가타나) (3)

검도(劍道, けんどう, 겐도)는 심신을 단련한다는 측면이 강한 스포츠이자 무술입니다. 검도는 かたな(刀, 가타나, 칼)를 사용한다는 점에서 강한 남성성을 가진 무술이라고 볼 수 있습니다.

かたな(가타나: 칼)에서 알 수 있듯이 か(가)행 かきくけこ(가기구게고)는 단련해서 만드는 금속(칼)의 속성이 있기에 인간이 단련해야 하는 대상이 칼뿐만 아니라 몸과 마음이므로 몸과 마음에 관련된 단어도 많습니다.

(1) 몸(身, しん, 신)

❖ からだ(体, 가라다): 몸
❖ かた(肩, 가타): 어깨
❖ こし(腰, 고시): 허리

(2) 맘(마음)(心, しん, 신)

❖ こころ(心, 고꼬로): 마음
❖ かんがえる(考える, 강가에루): 생각하다

❖ **かしこい**(賢い, 가시코이): **현명하다**

칼의 문화
목이 칼칼하다(かさかさ, 가사카사) (4)

か(가)의 속성은 '칼'입니다. 여러 차례 설명했듯이 かたな(刀, 카타나: 칼) 역시 か(가)의 칼이라는 속성을 이해하면 쉽게 이해되는 단어입니다.

공교롭게도 칼칼하다는 목이 건조해져서 칼칼하다(따끔따끔하다)거나, 음식이 칼칼하다(맵다)는 표현을 사용하는데 역시 칼(금속)의 날카롭고 거칠거칠한 속성과 일맥상통합니다.

❖ **からから**(가라카라): **칼칼하다, 바삭바삭**

❖ **かさかさ**(가사카사): **칼칼하다, 거칠거칠**

❖ **からい**(辛い, 가라이): **맵다**

❖ **からし**(辛子, 가라시): **(매운) 겨자**

❖ **かわく**(乾く, 가와쿠): **건조하다, 목마르다**

목이 마르면 물을 마시는 것은 수분 보충을 위해 필수적입니다.

❖ **のど**(喉, 노도) **かわいた**(가와이타): **목마르다**
❖ **のど**(喉, 노도) **かさかさした かんじ**(가사카사시타 간지): **목이 칼칼한 느낌**

목이 칼칼해지면 감기에 걸리기 쉽기 때문에 물을 충분히 마셔야 합니다. 일상생활에서 渴く(かわく, 가와쿠, 목마르다)는 반드시 알고 있어야 하는 표현이며, かさかさ(가사카사, 칼칼한) 같은 칼(か, 가)의 속성을 가진 부사를 연상하면 이해가 쉽습니다

칼의 문화

이기다(かつ, 가츠) (5)

이도류(二刀流, にとうりゅう, 니토류)는 양손에 모두 칼을 들고 검술을 하는 것을 말하나, 일본에서는 야구의 인기와 오타니 쇼헤이라는 스타 선수의 투타 겸업으로 인해 오타니 선수를 にとうりゅう(니토류, 이도류) 선수로 자주 언급(두 가지를 모두 잘하는 사람이나 그러한 것을 의미)합니다.

투수로서 시속 160km의 강속구를 던지고, 타자로는 홈런 44개로 2023년 MLB 아메리칸리그 홈런왕이기도 합니다. つ(츠)는 일본어의 국가대표이며, つ(츠)가 가장 이도류에 가까운 글자로 볼 수 있습니다.

つ(츠)로 시작하는 단어와 つ(츠)로 끝나는 동사 모두 대부분 손이라는 속성을 가지고 있기 때문입니다(つ(츠) 동사는 손이라는 속성을 가진 것으로 기억).

- ❖ **かつ(勝つ, 가츠): 이기다**(칼을 손에 든 모습)
- ❖ **うつ(打つ, 우츠): 치다**(앞에 있는 공을 손으로 치다)
- ❖ **まつ(待つ, 마츠): 기다리다**(앞을 보며 손꼽아 기다리다)
- ❖ **たつ(立つ, 다츠): 서다**(손발을 모으고 서 있다)
- ❖ **もつ(持つ, 모츠): 쥐다**(눈으로 보며 손으로 쥐다)

た(다)행 (たちつてと, 다치츠데도)은 손과 발의 속성을 가지고 있으며, 이러한 사실만 알고 있어도 つ(츠)가 앞에 있든지, 뒤에 붙어 있든지 つ(츠)가 들어있는 단어들은 대부분 손의 속성을 가지고 있음을 이해할 수 있습니다.

일본어의 국가대표이자 이도류는 바로 つ(츠)라고 해도 過言(かごん, 과언)では ないです, 가곤데와 나이데스) 과언은 아닙니다.

칼의 문화

돈(かね, 가네) (6)

돈은 金(かね, 가네)입니다. 접두어 お(오)를 붙여 おかね(오카네, 돈)로 많이 쓰입니다. か(가)는 금속과 돈의 속성을 한꺼번에 가지고 있습니다.

❖ **かね(金, 가네): 돈**
  - 돈은 원래 금, 은, 동 같은 금속 재질로 만들어졌습니다

❖ **かね(鐘, 가네): 종**
  - 종은 금속으로 만듭니다

❖ **かがみ(鏡, 가가미): 거울**
  - 거울은 원래 동(구리) 같은 금속 재질을 매끄럽게 갈아 만들었습니다

❖ **かぎ(鍵, 가기): 열쇠**
  - 열쇠는 원래 금속으로 만들어졌습니다

❖ **かま(鎌, 가마): 낫**
  - 낫은 금속으로 만듭니다

❖ **かがみ(鏡, 가가미, 거울)는 か(가, 금속)와 が(가, 금속)에 비친 모습을 みる(見る, 미루) 즉 보는 것입니다.**

공교롭게도 한글로 몸과 맘(마음)은 발음이 비슷해서 사람이 동시에 가지고 있는 것(육체와 마음)으로 이해하기 쉽습니다. 일본어 글자

중에서도 か(가)행 (かきくけこ, 가기구게고)은 마치 한글의 몸과 맘처럼 몸과 맘(마음)의 성격을 동시에 가지고 있습니다. 몸과 마음과 관련된 단어를 이해하기 쉬운 구조입니다. 중요한 사항이라 한 번 더 분석해 봅니다.

(1) 몸(からだ, 가라다)

❖ **からだ(体, 가라다): 몸**

❖ **はだか(裸, 하다카): 알몸**

❖ **すがた(姿, 스가타): 모습**
   - 몸의 속성을 가진 か(가)의 영향으로 이해해야 하며, 탁음(˝)이 모두 붙어 있어서 몸에 털(˝)이 난 모습으로 일단 연상하면 좋습니다.
   - すがた(姿, 스가타)는 신체적 모습 외 추상적인 모습을 동시에 표현합니다

❖ **かた(肩, 가타): 어깨**

❖ **かかと(踵, 가카토): 발뒤꿈치**

❖ **かお(顔, 가오): 얼굴**

(2) 맘(こころ, 고코로)

❖ **こころ(心, 고꼬로): 마음**

❖ **かんがえる(考える, 강가에루): 생각하다**
   - かんがえる あし(강가에루 아시): 생각하는 갈대

❖ **き(気, 기): 마음**
   - き(기)는 한자를 음독한 것이지만 마음이라는 대표적인 의미가 있습니다

- 気が 進まない(きが すすまない, 기가 스스마나이): 마음이 내키지 않다
- からだ(体, 가라다: 몸), はだか(裸, 하다카: 알몸), すがた(姿, 스가타, 모습)는 한 몸
입니다

칼의 문화

금속과 가마솥(かま, 가마) (7)

가마니는 쌀을 담는 둥근 포대로 일본어 かます(叺, 가마스, 가마니)
에서 유래되었습니다. か(가)의 금속의 속성, ま(마)의 둥근 속성이 혼
재되어 있습니다.

❖ **かま(釜, 가마): (둥근 금속) 솥**
❖ **がま(蒲, 가마): (둥근 모양 식물) 부들**
- がまぼこ(가마보코): 부들같이 생긴 둥근 어묵
- かにかま(가니카마): 게맛살

❖ **かま(鎌, 가마): (둥근 금속) 낫**

~がましい(가마시이)는 접미어로 명사 뒤에 붙어 '마치(まるで, 丸で, 마
루데) ~같다'라는 뜻을 만듭니다. 丸(まる, 마루)는 둥근 것에서 출발에

서 전체, 온통의 뜻으로 확대되고 '온통 마치 ~같다'는 의미로까지 이어지고 있습니다.

단어가 길어 조금 어렵지만, 중요한 표현들이 있어 의미를 이해해야 합니다.

❖ **さしでがましい(差し出がましい, 사시데가마시이): (온통) 주제넘게 나서다**
   - さしでる(사시데루): 나대다

❖ **おんきせがましい(恩着せがましい, 온기세 가마시이): 온통 생색내다**
   - おんを きせる(온오 기세루): 은혜를 입히다
   - 마치 은혜를 주거나 입힌 것처럼 생색내다.

❖ **みれんがましい(未練がましい, 미렌 가마시이): (온통) 질척거리다, 미련이 남다**
   - みれんたらたら(미렌 타라타라) 미련이 남다

❖ **おしつけがましい(押し付けがましい, 오시츠케 가마시이): (온통) 강요하는 듯하다**
   - おしつけ(오시츠케): 강요

칼의 문화
가마(かま)솥과 각선미 (8)

釜(かま, 가마, 가마)는 정확히 일본어와 한국어가 발음과 의미가 동일합니다(가마 자체가 솥의 뜻이 있고, 가마솥이라고도 부릅니다).

일본에서도 솥밥을 釜飯(かまめし, 가마메시, 솥밥)라고 부릅니다. か(가)는 절대적으로 쇠 금(金)의 속성(딱딱하고 단단한 성질)을 가지고 있습니다.

한번 더 반복해서 か(가)는 칼과 금속의 속성임을 이해하도록 합니다.

❖ **金(かね, 가네): 돈**
   - 쇠로 만든 동전에서 유래

❖ **鐘(かね, 가네): 종**
   - 종이 울리네, 땡땡

❖ **釜(かま, 가마): 종**
   - 무쇠솥

❖ **鎌(かま, 가마): 낫**
   - 쇠낫

골프 어드레스(스윙하기 위한 준비 자세) 하는 것을 構える(かまえる, 가

마에루, 자세를 잡다)라고 하는데 쇠와 같이 단단하게 자세를 잡는 것입니다.

脚線美(きゃくせんび, 갸쿠센비, 각선미)로 'で(데, 밀어붙이다)'라고 말할 때 '밀어붙이다'는 噛ませる(かませる, 가마세루, 꽉 물리게 하다)라는 뜻에서 쇠와 같이 단단히 '밀어붙이다(かませる, 가마세루)'라는 의미입니다.

일본의 사회적 문제

원조교제와 파파카츠(パパかつ)

パパかつ(パパ活, 파파카츠)는 주로 20대 젊은 여성들이 나이차가 많은 아빠(パパ, 파파, Papa) 정도 나이의 남성들과 교제를 하며 돈을 받는 활동(かつどう, 가츠도우)을 일컫는 말입니다. 과거 원조교제(援助交際, えんじょこうさい, 엔죠코사이)라는 사회적 문제가 있었지만, 시대의 변화에 따라 조금은 다른 개념으로 생겨난 것으로 보입니다. 한 달에 한두 번 만나서 식사하고 데이트하는 정도로 정의되지만, 다른 형태로 변질되기도 하므로 잠재적인 사회적 문제로 여겨지고 있습니다.

대학생들 사이에서나 친구들끼리도 いま パパかつ やってる(이마, 파파카츠 얏테루, 지금 파파카츠 하고 있다)라는 대화를 자연스럽게 하기도 합니다. 용돈을 쉽게 버는 아르바이트 수단 정도로 인식하고 있는 것이 문제입니다. かつ(가츠)는 활동(かつどう, 가츠도우)에서 나온 말입니다.

　본래, 취직 활동(就職活動, しゅうしょく かつどう, 슈쇼쿠 가츠도우)을 しゅうかつ(슈카츠, 취활)로 부르거나, 결혼 준비를 하는 것, 결혼 활동(結婚活動, けっこん かつどう, 겟콘 가츠도우)을 こんかつ(혼활, 콘카츠)로 축약해서 부르는 것에서부터 パパかつ(파파카츠)라는 말까지 나오게 되었습니다.

　최근 고령화 시대로 나이 든 사람들이 생전에 장례식장을 미리 계약하거나, 정리를 위해 소장하고 있는 물건을 중고 거래 사이트에 팔아서 임종을 준비하는 활동을 의미하는 終活(しゅうかつ, 슈우카츠, 종활)라는 개념도 생겼습니다.

　かつどう(가츠도우, 활동)의 의미 외에 勝つ(かつ, 가츠)는 '이기다, 승리하다'의 의미이므로, 우리가 시험 전에 미끄러움의 상징, 미역(わかめ, 와카메) 같은 메뉴를 먹지 않듯이 일본은 시험 전에 'トンカツ(돈카츠)를 먹으면 합격한다'는 설이 있습니다.

음식 문화

게(かに, 가니) 이야기

게는 일본어로 蟹(かに, 해, 가니)입니다. 홋카이도의 3대 게요리중 하나가 毛蟹(けがに, 게가니, 털게) 요리입니다. 毛(け, 게)는 털이라는 의미이고, 게(かに, 가니)에 털(け)이 나 있는 것이 털게입니다.

- 게(한글)=가니(일본어)

か(가)나 け(게)나 검은색의 속성을 가지고 있고, かに(가니, 게) 역시 검은색(게딱지)의 생물로 이해하면 됩니다(열받으면 색소 작용으로 붉은색으로 변합니다).

두 번째 홋카이도 명물 게 요리는 鱈場蟹(たらば がに, 다라바 가니, 킹크랩)이며, たらば(다라바)는 대구어장이라는 뜻이며 대구어장에서 킹크랩이 같이 잡혔다는 설에서 어원이 되고 있습니다(대구나 킹크랩이나 1m가 넘는 사이즈도 있으니 큰 것은 일단 たらば がに(다라바 가니)로 기억해도 무방합니다.

마지막 명물 게 요리는 ずわいがに(즈와이 가니, 대게)입니다. ずわい(즈와이)는 すわえ(스와에, 회초리나 얇은 나무줄기)에서 유래했고, 대게 다리가 회초리(すわえ, 스와에) 같이 생겼다는 이유에서 어원이 되었습

니다. 대게의 대도 클 대(大)자가 아닌 대나무처럼 생긴 다리를 가졌다고 해서 대게로 불리고 있으며 일본(회초리 같은 게 다리)이나 한국(대나무 같은 게 다리)이나 비슷한 언어학적 발상을 보입니다.

우리나라에서 대량 소비되는 간장게장의 재료인 꽃게는 渡りがに(わたり がに, 와타리 가니, 꽃게)라고 하며 꽃도 게딱지가 곳(뾰족하게 튀어나온 육지)의 모양처럼 뾰족한 것에서 유래했고, わたり(와타리, 건너다)의 의미처럼 꽃게가 게 중에는 가장 헤엄을 잘 치고 이동(わたり, 와타리)을 많이 하는 특성을 적용한 표현입니다.

게딱지가 가자미와 모양이 비슷하다고 해서 がざみ(가자미)도 꽃게의 의미로 쓰이고 있습니다(한국에서 언어가 전파된 영향).

종교 문화

신(神, かみ, 가미)처럼 대하다

연예인이나 프로선수가 팬서비스를 성의있게 해 주거나, 점원이 손님에게 친절한 서비스를 하는 경우를 神対応(かみ たいおう, 가미 타이오우)라고 합니다. 신과 같이 친절하게 대해 준다는 의미입니다(손흥민 선

수가 응원팬에게 유니폼을 벗어주는 장면 등).

이에 반해 냉담하게 반응하거나, 불친절한 서비스는 塩対応(しお た
いおう, 시오 타이오우, 소금 대응, 냉담한 대응)라고 합니다. 青菜(あおな, 아
오나, 채소)に しお(시오, 소금)라는 의미는 소금에 절인 채소처럼 풀이
죽어있다는 뜻으로, 소금 뿌린 것처럼 냉담한 반응이나 대응을 말합
니다.

しょっぱい(숏파이, 짜다)는 '재미없다', '시시하다'라는 뜻도 있어 이
런 의미로부터 유래되었다고 합니다.

길거리에서 軟派(なんぱ, 난파, 헌팅)를 하기 위해 말을 걸었는데 여성
으로부터 냉담한 반응(無理(むり)です, 무리데스, 무리입니다)이나 답
변이 오는 경우도 しお たいおう(시오 타이오우)だね(다네), '냉담하네'라
고 합니다.

일본의 성문화

껌 씹기(かむ, 가무)와 콘돔의 관계?

일본이나 우리나라는 고무나무에서 나온 진액(Gum)만을 고무라 하고 나머지 일반나무에서 나온 진액(Gum)은 껌(Gum)이라고 합니다. 그래서 껌을 씹다는 'ガムを 嚙む(かむ)(가무오 가무)'로 표현합니다.

공교롭게도 껌(ガム, Gum, 가무)의 발음이 かむ(가무, 씹다)와 비슷하기 때문에 외우기 쉽습니다. 이에 비해 고무는 Gom(Gum, 네덜란드어)에서 변형되어 ゴム(고무)라고 합니다.

消しゴム(けしゴム, 게시고무)는 지우개(지우는 고무)입니다. けしゴムで 消す(게시고무데 게스, 지우개로 지우다)라는 표현입니다. 특히 일본은 일상생활에서 ゴム(고무)를 콘돔의 의미로 주로 사용합니다. 콘돔의 재료가 고무(라텍스)이기 때문에 コンドム(콘도무)보다는 ゴム(고무)가 일반적입니다. 일본의 양대 콘돔회사는 둘 다 고무 공업사인 오카모토(Okamoto)와 사가미(Sagami)입니다.

오카모토는 식민지 시대 일본군에 콘돔을 제공한 전범 기업으로 분류되어 이슈가 되지만, 여전히 외국계 점유율 1위의 콘돔제조회사로 유명합니다.

ゴム(고무)라고 하면 けしゴム(게시고무, 지우개), ゴムひも(고무히모, 고무줄), かみゴム(가미고무, 머리고무), 그리고 コンドム(콘도무, 콘돔)도 되니 상황에 맞게 이해하고 표현하면 됩니다. 콘돔은 スキン(스킨, 피부)이라고도 합니다.

외모중시 문화

귀엽고(かわいい, 가와이이) 천진난만함

양식(養殖, ようしょく, 요우쇼쿠) 광어, 양식 장어 등에 대비해 자연산이라는 표현은 自然(しぜん, 시젠, 자연)이 아니라 天然(てんねん, 덴넨, 천연, 자연산)이라고 표현합니다. 天然(てんねん, 덴넨)은 자연 그대로의 상태를 말하기 때문에 다양한 의미로 사용되기도 합니다.

머리가 날 때부터 곱슬머리인 경우를 てんねんパーマ(덴넨 파마)라고하며 てんぱ(덴파, 천연파마, 곱슬머리)라고 줄여서 부릅니다.

아이돌 멤버를 포함하여 여성이 사차원 소녀 같은 행동으로 관심을 받는 경우가 있는데 이런 경우도 天然(てんねん, 덴넨, 사차원)이라고 표현합니다. 본인은 모르지만 천연덕스럽게 독특한 행동이나 표현으

로 주변 사람을 웃게 만드는 경우입니다.

天然(てんねん, 덴넨, 사차원)의 특징

❖ **じつは かわいい**(지츠와 가와이): 실은 귀엽다

❖ **すぐ こける**(스구 고케루): 툭하면 넘어진다

❖ **まわりの 目(め)を 気(き)に しない**(마와리노 메오 기니 시나이): 타인의 눈을 신경쓰지 않는다

❖ **音痴(おんち)が おおい**(온치가 오오이): 음치가 많다

  - おんち(音痴, 온치, 음치)의 종류

❖ **方向(ほうこう, 호코) おんち(온치)**: 방향치, 길치

❖ **機械(きかい, 기카이) おんち(온치)**: 기계치, 컴맹

  - パソコン おんち(파소콘 온치: 컴맹)도 쓰임

❖ **運動(うんどう, 운도) おんち(온치)**: 운동치, 운동신경이 부족한 사람

❖ **ダンス(단스) おんち(온치)**: 몸치

언어 문화(뉘앙스)

간지(かんじ, 느낌)난다 (1)

❖ 違和感(いわかん, 위화감, 이와칸)은 조화롭지 않은 불편한 느낌, 満載
感(まんざいかん, 만재감, 만자이칸)은 가득 차 있는 느낌을 말합니다.
- したこころ まんざいかん(시타고코로 만자이칸): 흑심 가득

❖ 背徳感(はいとくかん, 하이도쿠칸, 배덕감)은 범죄는 아니지만 도덕적 양
심에 찔리면서도 느끼는 스릴이나 쾌감 같은 느낌입니다(급해서 노상방
뇨하고 나서의 느낌).

어떤 느낌을 상황에 맞게 표현하는 것과 뉘앙스의 차이를 알고 표
현하는 것이 중요합니다. 자주 사용하는 気持ち(きもち, 기모찌, 느낌)와
気分(きぶん, 기붕, 기분)의 차이도 있습니다 きもち(기모찌)는 몸의 느낌,
きぶん(기붕)은 마음의 느낌으로 구별합니다.

❖ 気持ち いい(기모찌 이이, 느낌이 좋다)는 마사지 받을 때, 따끈한 온천에
들어갔을 때, 드라이버 샷이 정타에 맞을 때, 성적 쾌감을 느낄 때, 시
원한 바람을 쐴 때 등 몸이 받는 느낌에 가깝습니다. 발음 시 기모찌
이이로 길게(Full)로 발음하지 않고 대부분 기모찌이(きもち, きもちい)
로 짧게 발음하는 편입니다.

❖ きぶんが いい(기붕가 이이, 기분이 좋다)에서의 느낌은 스트레스가 해소되
었을 때, 시험에 합격했을 때 등 마음의 느낌이 좋다는 것에 가깝습니다.

언어 문화(뉘앙스)

기모찌(きもち) (2)

気持ち(きもち)が いい(기모찌가 이이, 기분이 좋다, 느낌이 좋다)라는 표현은 여러 상황에서 자주 쓰이다 보니 축약된 발음으로 다양하게 발음하는 경우가 많습니다.

전술한 대로, きぶん(気分)が いい(기분가 이이, 기분이 좋다)는 정신적 기분, きもち(気持ち)が いい(기모찌가 이이, 기분이 좋다)는 육체적 기분을 뜻하는 것으로 우선 이해하면 됩니다.

- ❖ **きもち(기모찌) : 기분이 좋다**
- ❖ **きもちい(기모찌이) : 기분이 좋다**
- ❖ **きもちいい(기모찌이이) : 기분이 좋다**

모두 같은 표현이며 きもちが いい(기모찌가 이이, 기분이 좋다)를 축약해서 표현하는 것입니다. 상황에 따라 짧게 발음해도 길게 발음해도 의미는 같습니다.

い(이)는 밝고 긍정적인 속성을 가지고 있으므로 좋은 표현들이 많으며, いい(이이, 좋다)는 일상생활에서 아주 많이 사용되고 있습니다.

- ❖ **いいです**(이이데쓰): **좋습니다**
- ❖ **いいと おもいます**(이이토 오모이마쓰): **좋다고 생각합니다**
- ❖ **~と いいです**(~토 이이데쓰): **~라면 좋겠습니다**

가정형의 뒤에 오는 いいです(이이데쓰)는 희망과 바람의 의미가 있으므로 자연스러운 번역을 위해서는 '좋겠습니다(いいです, 이이데쓰)'로 번역하는 것이 좋습니다.

언어 문화(동적 속성)

왔다리(いったり, 잇타리) 갔다리(きたり, 기타리) (3)

'왔다리 갔다리'라는 일본어 표현은 行ったり 来たり(いったり きたり, 잇타리 기타리, 갔다리 왔다리)입니다. 발음이 묘하게도 비슷하지만 뜻은 정반대로 行く(이쿠, 가다)와 来る(くる, 구루, 오다)의 동사변형에서 온 표현입니다.

언어는 단어와 표현의 끊임없는 반복으로부터 익숙해지는 것입니다. 반복적으로 언급하였듯이 か(가)행 (かきくけこ, 가기구게고)은 칼, 금속, 돈, 몸과 마음, 동적인 움직임, 검은색의 속성을 가지고 있습니다.

동적인 움직임의 예

❖ **帰る**(かえる, 가에루): 돌아가다

❖ **消える**(きえる, 기에루): 사라지다

❖ **来る**(くる, 구루): 오다

❖ **蹴る**(ける, 게루): 차다

❖ **越える**(こえる, 고에루): 뛰어 넘다

    - 越える(こえる, 고에루, 넘다)는 乗る(のる, 노루, 타다)와 복합동사를 만들어 乗り 越える(のりこえる, 노리코에루). 즉, '극복하다'라는 의미로 자주 쓰이는 표현입 니다.

    - 寒い(さむい) 冬(ふゆ)を 乗り越える(のりこえる)(사무이 후유오 노리코 에루): 추운 겨울을 극복하다

    - 限界(げんかい)を 乗り越える(のりこえる)(겐카이오 노리코에루): 한계를 극복하다

❖ **乗り越える**(のりこえる, 노리코에루): 극복하다

❖ **取り組む**(とりくむ, 도리쿠무): 대처하다

❖ **取り締まる**(とりしまる, 도리시마루): 단속하다

위와 같은 복합동사는 시사 표현에서 자주 등장합니다.

패션 문화

수영복(みずぎ, 미즈기)

수영은 한자어 그대로 水泳(すいえい, 스이에이, 수영)을 사용합니다. 그런데 수영복은 水着(みずぎ, 미즈기)입니다. 글자 그대로 번역하면 물옷이지만 수영복으로 당연히 번역해야 합니다.

みず(미즈)는 물, ぎ(기)는 着る(きる, 기루, 옷을 입다)에서 합성된 단어로 옷을 표현하는 경우 이와 같이 ぎ(기)를 활용하는 경우가 많습니다.

❖ **着物(きもの, 기모노): 일본의 전통 의복**
❖ **上着(うわぎ, 우와기): 윗도리(신사복)**
❖ **下着(したぎ, 시타기): 속옷**
   - 우와기(うわぎ)와 반대되는 한자어이지만 바지 같은 하의 개념이 아닌 속옷(내의)을 의미하므로 활용에 주의

❖ **普段着(ふだんぎ, 후단기): 평상복**
❖ **水着(みずぎ, 미즈기): 수영복**

고객서비스 문화

손님(おきゃくさん, 오갸쿠상)은 왕이다?

'손님은 왕이다'라며 무조건적인 서비스를 고객들이 요구하고 당연시하던 때가 있었지만 최근에는 갑질로 비춰어질 수 있고 을의 권리가 신장되면서 상황에 적합한, 도에 맞는 고객서비스가 주류가 되고 있습니다. 몇 년 전만 해도 패밀리 레스토랑에서 무릎을 꿇고 주문을 받는 이른바 Puppy dog(퍼피독) 서비스가 사라진 것도 인격모독으로 느낄 만큼 지나친 행위라는 비판이 있었기 때문입니다. 그러나, 언어에 존댓말이 있는 한국이나 일본, 특히 일본은 표현자체가 공손과 정중함이 담겨져 있어 우리나라와는 또다른 느낌을 주곤 합니다.

いらっしゃいませ(이랏샤이마세, 어서 오십시오)도 いらっしゃる(이랏샤루, 오시다)에 정중형 ませ(마세)가 중복된 것입니다.

입에 붙인 듯 자주 사용하는 '고맙습니다'라는 표현인 ありがとうございます(아리가토우 고자이마스)도 분석하면 ある(아루, 있다), かたい(가타이, 어렵다), ございます(고자이마스, ある(아루)의 높임말))이 합쳐진 것으로 상대의 행동에 대해 너무 고마워서 같이 있기 어려울 정도라는 의미입니다.

畏まります(かしこまります, 가시코마리마스)는 '알겠습니다'로 해석하지만 정확한 의미는 명령이나 지시(음식 주문)를 내려주신 것에 대해 '황

공한 마음을 가지면서 따르겠습니다' 정도의 사전적 의미가 있는 표현으로 상당히 정중한 표현인 것입니다.

고어에 '황공무지로소이다'라는 표현은 너무나 황공하여 무지(無地). 즉, 땅에 같이 서 있을 수 없다는 의미인데 현대에서도 비슷한 표현을 쓰고 있는 것이 고객에 대한 감사의 표현이 언어에서만큼은 여전히 잔존하고 있는 것으로 보입니다.

편의점 천국인 일본에서는 초창기 위의 세 가지 표현은 편의점 점원에게 반드시 교육하는 사항이었습니다.

패션 문화

아슬아슬한(きわどい, 기와도이) 옷차림

아슬아슬하다는 시간이 임박한 경우, 옷차림이 노출이 심해서 아슬아슬한 경우 등 여러 가지 상황에 맞게 쓰이고 있으나, 결국 어떤 상황과 한계의 끝에 도달해 있다는 것입니다. 따라서, 아슬아슬하다는 끝과 가장자리에 와 있는 것이며 그 끝과 가장자리는 '칼'로 자르는 것과 같은 절단면으로 표현되는 경우가 많습니다.

❖ **きり(切り, 기리): 끝**

- きる(切る, 기루)는 '자르다'이며 き(기)는 칼의 속성

❖ **きわ(際, 기와): 끝, 가장자리**

- き(기)는 칼의 속성

❖ **がけ(崖, 가케): 절벽**

- か(가)는 칼의 속성

❖ **けり(게리): 끝, 결말**

- け(게)는 칼의 속성

❖ **かぎり(限り, 가기리): 끝, 한계**

- か(가)는 칼의 속성

❖ **ぎりぎり(기리기리): 아슬아슬**

- 切る(きる, 자르다)의 반복 표현

- ぎりぎりに つきました(着きました) (기리기리니 츠키마시타): 아슬아슬하게 도착하였습니다

❖ **きわどい(際どい, 기와도이): 아슬아슬**

- きわどい ビキニ(기와도이 비키니): 아슬아슬한 비키니

칼로 자른 부분은 사실상 마지막 부분이기 때문에 제일 끝부분과 가장자리가 되며, 끝에 서있다는 것은 매우 아슬아슬하고 위험하며 다급한 상태인 것입니다.

식문화

구치(くち, 입) 이야기 (1)

くち(口, 구치)는 신체의 일부로 먹는 기능을 하는 입의 의미도 있지만 실생활에서는 말(ことば, 고토바)의 의미로도 훨씬 많이 사용되고 있어 구분이 필요합니다. く(구)는 신체의 일부 중 입을 표현하는 글자(예: くう, 구우, 먹다)입니다. 입으로 말을 한다는 당연한 귀결 논리로 많이 사용됩니다.

입의 의미

❖ 一口(ひとくち, 히토구치): 한입
❖ 口臭(こうしゅう, 고우슈): 구취(입 냄새)
❖ 口唇(くちびる, 구치비루): 입술

말의 의미

❖ ため口(ためくち, 다메구치): 반말
❖ 悪口(わるくち, 와루구치): 욕설
❖ くち(口)だけ(구치다케): 말뿐

당구나 골프 경기 시 くち(구치, 말) 牽制(견제, けんせい, 겐세이)로 방해를 한다고 하는 경우의 くち(구치) 역시 말의 의미이며, 한국식 표현입니다.

 くち(구치), ことば(고토바), こと(고토)는 '말'을 표현하는 일본어 3대 단어로 반드시 기억해야 하며, 정혹히 이해하면 회화에 많은 도움이 됩니다.

식문화

구치(くち, 입) 이야기 (2)

풀은 일본어로 くさ(草, 구사)입니다.

- くき(茎, 구키, 줄기)가 ちいさい(치이사이, 작은) 식물에서 유래되었다는 설이 있습니다

❖ くさい(臭い, 구사이, 썩다)에서 볼 수 있듯이 풀(くさ, 구사)이 썩어서 거름이 되는 것 또는 냄새는 항상 입 냄새가 신경이 쓰이므로 입의 속성을 가진 く(구)를 살짝 연상해도 좋습니다
❖ くち(口, 구찌, 입)에서 どぶ(溝, 도부, 시궁창, 하수구)같은 냄새가 나지 않

도록 歯磨き(はみがき, 하미가끼, 양치질)하는 습관이 중요합니다

- ど(도)는 흙, 진흙 등 土(흙 토)의 속성과 기운을 가지고 있습니다

- やえば(야에바, 덧니)는 구취의 원인이 되기도 하는데, 일본은 덧니가 귀엽다는 인식과 교정 비용 부담으로 인해, やえば(야에바)를 유지하는 사람도 적지 않습니다

❖ **しぐさ(仕草, 시구사, 행동, 몸짓)는 くさ(구사, 풀)의 종류가 많은 것처럼 행동이나 행위의 종류가 많음에서 유래되었습니다. 비슷한 단어로 しば(芝, 시바, 잔디)가 있습니다**

- し(시)는 아래, ば(바)는 잎의 속성으로 아래쪽(땅)에 잎이 난 잔디를 의미합니다

❖ **しば(芝, 시바): 잔디**

❖ **しばふ(芝生, 시바후): 잔디, 잔디밭**

❖ **しばい(芝居, 시바이): 연극**

- 가부키 같은 연극이나 공연을 잔디밭에 앉아 구경했기 때문에 잔디밭 (しば, 시바)에 있다(いる, 이루)(앉아있다)는 의미로 이해하면 됩니다

こうどう(行動, 고우도우, 행동)같은 딱딱한 한자어보다는 しぐさ(仕草, 시구사, 행동) 같은 표현이 더 자연스러우며, 역시 같은 의미지만, 演劇(えんげき, 엔게키, 연극)같은 한자어 기반의 표현보다는. しばい(芝居, 시바이, 연극)같은 표현이 좀 더 자연스러운 표현입니다.

연애 문화

키스 이야기

げろちゅ(게로 츄)는 지저분한 느낌의 표현이지만 구토 키스입니다.

- げろ(게로)는 구토이며 ちゅ(츄)는 츄(쪽)라는 의성어에서 유래되어, 뽀뽀(키스)의 의미입니다.
- げろちゅ(게로츄, 구토 키스)는 일본 애니메이션 Chainsaw man(체인소맨)에 나오는 불쾌감을 주는 자극적인 장면이기도 하며, 삽입곡 ちゅ, 多様性(たようせい)(츄, 다요세이, 뽀뽀 다양성)가 빅히트를 했고, げろ ちゅ(게로츄) 댄스 역시 2023년 유행한 춤입니다(노래가사는 get on ちゅ(겟온츄)인데, 발음이 げろちゅ(게로츄)와 비슷해서 게로츄 댄스로 불리게 되었음).

くち(口, 구치)에서 볼 수 있듯이 く(구)는 입의 속성을 가지고 있으며, 입과 관련이 있는 げろ(게로, 구토), けっぷ(겟뿌, 트림)를 이해하면 됩니다.

ちゅ(츄)는 원래 뽀뽀의 의미로, 아이들에게 하는 볼 뽀뽀가 일반적이고, 성인이여도 볼에 하는 경우, 입술에 가볍게 하는 경우는 ちゅ(츄)라고 합니다. 다만, 성인의 경우 キス(키스)라는 표현이 일반적입니다.

구토라는 단어는 발음이 다소 어려운 한자어이며, おうと(嘔吐, 오우토, 구토)와 일반적인 구어 표현으로 쓰이는 げろ(게로, 구토)의 두 가지 표현을 이해해야 합니다.

미용 문화

다크서클은 くま(구마)

일본어로 다크서클은 隈(くま, 구마, 외)입니다. 외질 외 자, 외지고 어두운 곳이라는 뜻에서 확장된 표현입니다. 피곤이 겹친 날 친구가 눈 밑이 팬더곰 같다고 얘기합니다. 공교롭게도 곰도 熊(くま, 구마)입니다. 熊本(くまもと, 구마모토)를 상징하는 검은 곰인형 캐릭터의 이름이 くまモン(구마몽)이며 일본 내에서 가장 인기가 높은 캐릭터입니다.

핵심은 く(구)로 시작하는 단어들은 대체로 검은색 계열이라고 생각해도 무방합니다. 黒い(くろい, 구로이, 검은), 雲(くも, 구모, 먹구름), 蜘蛛(지주, くも, 구모, 거미), 栗(くり, 구리, 밤)등 입니다(교통사고가 나서 응급실에 가면 제일 먼저 뇌CT를 찍는데, 이는 지주막(거미줄 모양의 막)하 뇌출혈을 검사하기 위함입니다).

반대로 흰색은 대체로 し(시)로 시작하는 단어가 많습니다. 白い(し

ろい, 시로이, 희다), 塩(しお, 시오, 소금), 潮(しお, 시오, 밀물, 썰물) 등입니다.しお(소금, 시오)+ぱい(강조, 파이)가 합쳐져서 しょっぱい(숏파이, 짜다)가 된 것입니다.

단어의 유래를 알면 오래 기억에 남습니다. 홋카이도의 특산물 가리비는 帆立(ほたて, 호타테, 가리비)입니다. 帆(ほ, 호)는 '돛(바람으로 배를 갈 수 있게 한 넓은 천)'이고, 立(たて, 다테)는 '세움'이라는 의미입니다. 가리비 껍데기 모양이 돛을 세운(펼친) 모양과 비슷하다고 해서 붙여진 이름입니다.

교통 문화

구루마(くるま) (1)

くるま(車, 구루마)는 차입니다. 구르는 마차에서 보듯이 한글에서 유래했다는 설이 있고, 금속이나 검은색을 뜻하는 く(구)에서 시작되어 る(루)는 사람의 의미, 둥근 것을 의미하는 ま(마)에서 연상하여 둥근 바퀴를 가진 금속의 사람을 이동시키는 수단으로 설명할 수도 있습니다.

くるま(구루마, 차)는 우리 생활과 밀접하다 보니 표현도 차와 관련된 것들이 많습니다.

❖ **ブレ-キが 利かない(브레키가 기카나이): 브레이크가 듣지 않는다**
  - 利く(きく, 기쿠)는 귀로 듣다(聞く, きく, 기쿠)의 의미가 아니라 기능적으로 듣다 라는 의미입니다(약효가 잘 듣는다는 効く(きく, 기쿠)를 사용)

❖ **タイヤが からまわり(空回り)する(다이야가 가라마와리 스루): 타이어가 헛돌다, 공회전**
  - からまわり(가라마와리)는 이야기가 겉돌거나, 분위기가 겉도는 느낌이 있을 때도 사용합니다(소개팅을 했는데 상대방이 싫지는 않은데 뭔가 겉도는 느낌이 들 때 からまわり する(가라마와리 스루, 겉돌다)라고 합니다.

❖ **くるまが えんこした(구루마가 엥코시타): 차가 고장났다**
  - えんこ(엥꼬)는 エンジンの こしょう(故障)(엔진노 고쇼, 엔진고장)의 약자로 설명하기도 하고, えんこ(엥꼬, 어린아이가 주저앉은 모습)에서 차가 고장 난 것의 의미가 되었습니다(우리나라는 기름이 다 떨어졌을 때 '엥꼬났다'는 표현을 외래어로 쓰기도 합니다)

❖ **くるまを かいかえる(車を 買い換える, 구루마오 가이카에루): 차를 새로 사다, 개비(改備)하다**
  - かう(買う, 가우, 사다)의 か(카)는 칼, 금속, 돈의 속성을 가지고 있으므로 쉽게 이해할 수 있고, 새로 사는 물품 중에 차 관련 이야기가 많으므로 かいかえる(가이카에,: 새로 사서 바꾸다)의 의미를 이해하는 것이 좋습니다.

❖ **Car(카)/くるま(구루마, 차)/かう(가우, 사다)/かいかえる(가이카에루, 새로 사다)/차(車)**

경차 문화
구루마(くるま, 구루마) (2)

일본의 자동차 중 경차 비율은 38%로 10대 중 4대는 경차로 일본 시내를 거닐다 보면 눈에 띄는 것이 경차일 정도입니다. 우리나라의 경차 비율이 6% 정도이니 비교가 됩니다. 또한 경차 기준이 우리나라는 1,000cc이지만 일본은 660cc로 작은 사이즈에도 놀랍니다. 경차는 けいしゃ(게이샤)로 표현할 것 같지만, 그것은 아니고 軽自動車(けいじどうしゃ, 게이 지도샤)로 표현합니다.

발음과 뜻을 주의해야 하는 단어로써 芸者(げいしゃ, 게이샤, 일본의 기녀), 傾斜(けいしゃ, 게이샤, 경사). 또 헷갈리는 발음으로는 원두커피 전문 카페에 가면 핸드드립 커피 메뉴로 게이샤(Geisha)로 적혀 있어 일본어로 오해하는 경우가 있습니다. 게이샤는 이디오피아 게이샤라는 지역 이름이며 여기서 생산된 커피 원두를 게이샤라고 부릅니다. 최근에는 이디오피아 게이샤보다는 파나마로 전파되어 생산한 파나마 게이샤가 더 고급 원두로 인정받고 있습니다.

한편, 일본에 경차가 많은 이유는 경차 권장 정책과 경제적 이유가 매우 큽니다. 일본은 차를 구매할 때 차고지 증명을 해야 합니다. 만약 본인 차고지가 없으면 유료주차장을 임대 계약해서라도 구입합니다. 경차 주차장만 운영하는 곳도 있을 정도로 경차주차요금이 단연

싸기 때문입니다. 자동차세, 정기 검사 비용도 경차가 중대형 차 대비 2배 이상 저렴합니다.

또한, 고속도로 통행료는 세계 최고 수준입니다. 100km(서울에서 원주 정도)고속도로 통행료가 우리나라는 6,000원 정도라면 일본은 5배인 30,000원 정도이니 경차를 운행해서 요금 혜택을 보는 것입니다.

일본 고속도로의 특징이 토지가 비싸므로 고가도로 위주로 건설하는 데다 내진설계에 민간자본으로 건설 운영되기 때문에 통행료가 비싸지는 것입니다. 참고로, 외제차는 外車(がいしゃ, 가이샤)라고 부릅니다. ベンツ(벤츠), BMW, アウディ(아우디) 등이 인기 차종입니다.

음식 문화

호두(くるみ, 구루미)과자 이야기

호두과자는 胡桃(くるみ) 饅頭(まんじゅう), 구루미 만쥬)입니다. 만쥬를 선호하는 일본에서는 거의 없는 제품이라 한국 여행 시 오미야게로 사가는 경우가 있습니다.

❖ 호두(胡桃, くるみ, 구루미)는 원산지가 페르시아로 중국의 입장에서는 중국 이외의 산지는 모두 胡(오랑캐 호)를 붙였습니다(호두 산지는 페르시아, 호두가 복숭아를 닮아서 호도라고 부름)

❖ 참깨(胡麻, ごま, 고마, 호마)는 원산지가 아프리카이고 참깻잎이 마잎과 비슷합니다. ごまを する(고마오 스루, 참깨를 갈다)는 착 붙어서 아부한 다는 뜻으로 절구에 깨를 빻으면 깨가 절구 안쪽 면에 붙어 있는 모습 에서 '아부하다'라는 의미로 유래되었습니다

❖ 후추(胡椒, こしょう, 고쇼, 호초)는 원산지가 인도이며 오랑캐의 산초라 는 뜻입니다.くるみ(구루미, 호두)와 함께 다람쥐의 식량인 くり(栗, 구리, 밤)도 く(구)의 속성인 검은색의 영향을 받고 있습니다. 참고로, くり(구 리)와 りす(리스, 다람쥐)와 まつ(마츠, 소나무)는 크리스마스(츠)로 세트 로 외우면 됩니다

❖ 松のみ(まつの み, 마츠노 미)는 잣입니다. 다람쥐는 栗鼠(りす, 율서(밤 쥐), 리스)입니다. くり(구리)를 좋아하는 りす(리스)는 栗鼠(율서)의 중국 어 발음 리슈에서 영향을 받은 것으로 보입니다

미용 문화

제모와 검은 털(げ, 게)

일본어 단어 발음이 우리나라에서도 자주 사용하는 단어(특히 욕이나 성적 속어)인 경우에 기억하기 쉽기 때문에 단어 학습에 도움이 되는 경우가 있습니다.

けを そる(毛を 剃る, 게오 소루, 털을 깎다)를 명사화하면 毛剃り(けそり, 게 소리, 털 깎기)가 되는 것입니다.

- け(게)는 검은색의 속성으로 검은 털을 연상, そ(소)는 방향의 속성으로 이쪽 저쪽, 위아랫방향으로 밀며(そる, 소루, 깎다) 면도함

❖ **ひげそり**(髭剃, 히게소리): **수염 깎기, 면도**
❖ **わきげ**(脇毛, 와키 게): **겨드랑이털**
❖ **すねげ**(脛毛, 스네 게): **정강이털**
❖ **むなげ**(胸毛, 무나 게): **가슴털**
❖ **はなげ**(鼻毛, 하나 게): **코털**
❖ **ぬけげ**(抜け毛, 누께 게): **탈모**(털이 빠짐)
❖ **かみそり**(剃刀, 가미소리): **면도기**
❖ **いぬのげ**(犬の毛, 이누노 게): **개털**
　　- け(게)는 털입니다

단어의 발음적 유사성만으로 외우는 것은 일부 도움은 되나, 암기해야 하는 분량이 많아지면 더욱 복잡해질 수 있으니, 글자의 속성을 통해 단어의 의미를 이해하는 것이 효율적입니다.

언어 문화(방향성)

고소아도(こそあど)

외국어를 배울 때 지시대명사 여기, 거기, 저기, 어디는 한 세트로 배우면서 외우던 추억이 누구에게나 있습니다. 일본어 역시 방향을 나타내는 こそあど(고소아도) ことば(고토바)로 명명하여 외우거나, 이해하고 있습니다.

- ❖ **ここ**(고꼬, 여기)
- ❖ **そこ**(소코, 거기)
- ❖ **あそこ**(아소코, 저기)
- ❖ **どこ**(도꼬, 어디)

단순히, 고소아도로 암기하는 것보다 이 역시 속성과 원리를 이해하면 보다 쉽습니다. ここ(고꼬, 여기)는 こ(고)의 '작다'는 속성에서 출발해서 내 주변의 가장 작은 반경을 가리키는 것입니다. そこ(소꼬, 거기)는 そ(소)의 '방향'이라는 속성에서 출발해서 그쪽 방향으로 향하는 의미로 이해하면 됩니다. あそこ(아소꼬, 저기)는 そこ(소꼬, 거기)보다 더 앞에 멀리 있는 저기이며 あ(아)의 '앞'이라는 속성을 가지고 있습니다. 불특정한 것을 의미하는 どこ(도꼬, 어디) 역시 あ(아)행의 あ(아), か(가)행의 こ(고), さ(사)행의 そ(소)를 활용하였기 때문에 오십음도 순서로 그다음 행인 た(다)행의 ど(도)를 활용한 것으로 이해하면 됩니다 (ど(도)의 탁음은 마치 의문부호를 붙인 것으로 이해).

これ(고레, 이것), それ(소레, 그것), あれ(아레, 저것), どれ(도레, 어느 것), こちら(고찌라, 이쪽), そちら(소찌라, 그쪽), あちら(아찌라, 저쪽), どちら(도찌라, 어느 쪽) 등등 こそあど(고소아도)의 다양한 패턴을 활용할 수 있습니다. 쉬울수록 확실한 이해를 바탕으로 표현하는 것이 좋습니다.

음식 문화(세꼬시)

꼬마 こ(꼬)?

꼬마는 작고 어린 아이입니다. 일본어로도 작은 아이는 こども(子供, 고도모)입니다. こ(고)는 こ(子, 고, 아이)나 한자어 こ(小, 고, 작은)에서

보듯이 작다, 새끼 등의 속성을 가지고 있습니다.

❖ **こまかい(細かい, 고마카이): 작다, 미세하다**

❖ **こむぎ(小麦, 고무기): 밀(소맥, 작은 보리)**

❖ **こ(粉, 고): (작은, 미세한) 가루**

❖ **こま(고마): (작은) 팽이**

여름이 지나면 가을은 고소한 전어철입니다. 5센티 미만의 전어 새끼를 신코라고 합니다.

❖ **しんこ(신꼬): 전어 새끼**
 - こ(꼬)는 새끼를 의미
 - すしねた(스시네타, 스시 재료)로는 최고의 횟감 중 하나

❖ **こはだ(小鰭, 고하다): 신코보다 조금 더 큰 전어**
 - 생선 살이 어린아이(こ, 고)의 피부(肌, はだ, 하다)와 같다는 것에서 유래

❖ **このしろ(고노시로): 위보다 조금 더 큰 전어**
 - 옛날에 어부가 어린 자식(こ, 고)를 영주에게 빼앗기기 싫어 아이가 죽은 것처럼 속이기 위해 전어를 대신(しろ, 시로, 代) 태웠다는 이야기에서 유래(유럽에서는 마른 오징어 냄새가 시체 타는 냄새와 같다고 해서 단체 관광버스에서 오징어 안주는 꺼내지 말라고 안내하는 경우도 있음)

도다리 새끼 같은 작은 생선을 등(せ, 세)뼈를 발라(こす, 고스)내고 작은 뼈는 그대로 뼈째 썰어 내놓는 것을 せごし(背超し, 세고시)라고 합니다. こ(고)는 일본어 글자 중에서 제일 작은 글자로 이해하면 되겠습니다.

언어 문화(소리)

목소리(こえ, 고에)로 배우는 일본어

声(こえ, 고에)는 사람이 내는 목소리로 사물이 내는 音(おと, 오또, 소리)와는 구별해야 합니다. こ(고)는 '작음'의 속성, え(에)는 '앞'의 속성이므로 작은 목구멍에서 앞으로 나오는 소리로 이해하면 됩니다.

- ❖ **鳴き声(なきごえ, 나키 고에): 우는 소리**
- ❖ **鼻声(はなごえ, 하나 고에): 콧소리**
- ❖ **笑い声(わらいごえ, 와라이 고에): 웃는 소리**
- ❖ **おしゃまごえ(오샤마 고에): 깜찍한 소리**
- ❖ **あえぎごえ(아에기 고에): 신음소리**
  - 喘ぐ(あえぐ, 아에구)는 '헐떡거리다, 허덕이다'라는 뜻입니다

あえぐ(喘ぐ, 아에구, 헐떡거리다, 허덕이다)는 신음소리 표현 외 신문에 자주 등장하는 표현입니다.

- ❖ **飢餓(きが)に 喘ぐ(あえぐ) (기가니 아에구): 기아에 허덕이다**
- ❖ **貧困(ひんこん)に 喘ぐ(あえぐ) (힌콘니 아에구): 빈곤에 허덕이다**

신음소리의 의미로부터 허덕이다(あえぐ, 아에구)의 의미까지 이해하면 일본어 신문기사를 읽는데 도움이 됩니다.

속담(ことわざ, 고토와자) 문화

생활 문화

속담이나 격언은 사람들에게 지혜와 교훈을 줍니다. 속담은 ことわ
ざ(고토와자)입니다.

❖ **ぬかに くぎ**(누까니 구기), **ぬか**(누까, 겨), **に**(니, 에), **くぎ**(구기, 못): '겨에
못 박기'로 아무리 말해도 반응이 없다는 의미입니다. **ぬかくぎ**(누까쿠
기)로 축약해서 말하기도 합니다

❖ **るいは ともを よぶ**(루이와 도모오 요부), **るい**(類, 루이, 류)**は**(와, 는) **と
も**(도모, 친구)**を**(오, 를) **よぶ**(요부, 부른다): '비슷한 류는 친구를 부른다'
라는 뜻으로 유유상종의 의미입니다. **るいとも**(루이토모)로 축약해서
말하기도 합니다

❖ **みっか ぼうず**(밋카 보우즈), **みっか**(밋카, 3일), **坊主**(ぼうず, 보우즈, 중):
밋카 보우즈는 '3일 만에 중이 절을 떠나 속세로 돌아갔다'는 의미에
서 작심삼일을 의미합니다

고보시(こぼし) 문화

고봉밥

고봉밥은 시골 인심이나 정을 대표하는 것으로 밥을 그릇에 담아줄 때 高捧(고봉, 높게 받듦). 즉, 높고 수북하게 밥을 담아주는 것입니다.

일본 역시 술을 따라주는 방법에서 넘치는 정을 표시하는 용어가 こぼし(고보시, 넘침, 흘림) 또는 もりこぼし(모리 고보시, 넘치게 담음)라는 것으로서 술잔을 술잔 받침(용기) 위에 놓고 술이 잔에 넘치도록 따른 후 넘친 술도 마시고 넘칠락 말락 하는 술도 이어서 마시는 방법인 것입니다.

일상적으로 모임에서 이런 방법으로 술을 마시는 것은 아니며, 술집에서 손님이 こぼし(고보시)로 술을 주문하면 점원이 위와 같은 방법으로 술을 따라줍니다.

- 溢す(こぼす, 고보스)는 '넘치다, 흘리다'라는 표현입니다. 고보시(흘림)는 공교롭게 한자어 발음인 고봉과 유사하며, ぼ(보)의 바깥의 속성을 이해한다면 밖으로 흘러내리는 것으로 볼 수 있습니다. こぼす(고보스)와 유사한 단어는 あふれる(溢れる, 아후레루, 넘치다)입니다

❖ **ちから(力)が あふれる**(치카라가 아후레루): **힘이 넘치다**

❖ **にんげんみ(人間美)が あふれる**(닌겐미가 아후레루): 인간미가 넘치다

❖ **かっき(活氣)が あふれる**(갓키가 아루레루): 활기가 넘치다

❖ **ビ-ルが あふれる**(비루가 아후레루): 맥주가 넘치다

    사기와 속임수가 판치는 세상에서 타인을 믿는 것에 대한 극도의 조심성도 필요한 시대이지만, 식문화와 음주 문화에서 만큼은 정이 넘치는(こぼれる, 고보레루/あふれる, 아후레루) 모습이 남아있는 것 같습니다.

스포츠 문화
골프(ゴルフ, 고루후) (1)

    골프는 ゴルフ(고루후)입니다. 일본에서 영어식으로 '골프'라고 말하면 잘 알아듣지 못하는 경우가 많습니다.

    정확히 '고루후'라고 발음해야 합니다. 골프 연습장은 실외 타석(그물)에서 연습하는 장소인데 통상 打ちっぱなし(우칫빠나시)라고 합니다.

    うつ(우츠, 치다)와 ばなし(바나시, ~하기만 하다) 라는 단어가 합쳐져

'치기만 하는 곳'의 의미입니다. 간단히 打ちっぱ(うちっぱ, 우칫빠)라고
도 합니다. 물론, 연습장(練習場, れんしゅうじょう, 렌슈죠)이라고 사용해
도 무방합니다.

스포츠 문화
골프(ゴルフ, 고루후) (2)

グリーン場の マナー(구린죠노 마나): 그린 위에서의 매너

1. 走らない(はしらない, 하시라나이): 뛰지 않는다. 그린 위에서는 뛰거
나, 발을 끌며 걷지 않습니다. 그린 잔디가 손상이 됩니다.

2. ラインを 踏まない(ふまない) (라잉오 후마나이): 퍼팅 라인을 밟지
않는다. 동반 플레이어에게 방해를 줄 수 있습니다.

3. ものを 置かない(ものを おかない, 모노오 오카나이): 물건(예비클럽,
티 등)을 놓지 않는다. 여분의 클럽은 그린 바깥 쪽에 놓아야 합니다.

4. 打つ人に 近くに 立たない(うつひとに ちかくに たたない, 우츠히토니
치카쿠니 다타나이): 치는 사람 가까이에 서지 않는다. 그림자가 생겨 방
해가 되거나, 플레이 중 시선에 지장을 줄 수 있습니다.

골프 규정상 그린 위에서 마킹 전에 볼을 잡으면 1벌타, 마커를 제거하지 않고 볼을 치면 1벌타, 마킹 후 당초 위치보다 홀컵에 가깝게 볼을 놓으면 2벌타입니다(마킹은 골프공 바로 뒤에).

"Manners maketh man(매너가 사람을 만든다).*"*

스포츠 문화

골프(ゴルフ, 고루후) (3)

일본은 전체 골프장 거리를 '야드'로 계산합니다. 골프의 발상지인 스코틀랜드의 영향이며, '야드(Yard)'를 쓰는 나라는 일본, 영국, 미국 등입니다.

야드 거리에 10% 정도를 차감하면 미터 거리로 환산됩니다(1야드는 0.9144미터). 일본은 자동차 운전석이 오른쪽에 있습니다. 영국의 영향이라고 하며 일본에서 차량 렌트를 하면, 방향지시등과 와이퍼를 반대로 켜게 되는 실수를 한 번쯤은 하게 됩니다.

일본은 전 세계 거의 유일하게 택시를 타거나 내릴 때 자동으로 문이 열립니다. 과거, 택시회사가 보다 나은 서비스를 제공하기 위해 운전수가 직접 내려 문을 내려주는 서비스를 하다가 사망사고가 난 뒤 안전사고 예방을 위해 자동 개폐문을 설치하게 되었다고 합니다(타거나, 목적지에 도착하면 문이 열릴 때까지 차분히 기다리면 도라이바상이 자동문을 열어줍니다).

운전수는 運転手(うんてんしゅ, 운텐슈)보다는 ドライバーさん(도라이바상, 도라이바=Driver)이 자주 쓰입니다. 운전수도, 골프채도, 나사 빼는 기구도 전부 '도라이바'입니다.

스포츠 문화

골프(ゴルフ, 고루후) (4)

아마추어 골퍼들의 최대 고민인 쌩크! 쌩크는 영단어 Shank(쌩크)에서 나온 말입니다. 물건의 자루라는 뜻인데 골프채의 힐부분(자루)에 공이 맞고 대부분 오른쪽으로 날아가는 경우입니다. 일본어발음은 シャンク(샹크)라고 합니다.

아웃인 궤도 스윙시 힐(골프채 헤드 안쪽)이 먼저 나가는 경우 손목을 쓰는 경우 힐이 앞으로 나가는 경우 발생한다고 분석합니다. 참고로 나이스 샷(Nice Shot)은 일본 발음으로는 나이스 쇼토, 줄여서 '나이쇼'로 발음합니다. 일본 골프장에 가면 일본인들이 '나이쇼' '나이쇼' 하는 것을 많이 들을 수 있습니다.

가마에(かまえ) 문화

골프 자세와 가마에(かまえ, 자세잡기)

어드레스(Address, 골프클럽을 땅에 대고 샷을 할 준비 자세를 하는 것)는 서 있는 자세이긴 하지만 골퍼에게는 가장 중요한 동작입니다. 자세를 잡는 것을 일본어로는 構える(かまえる, 가마에루)라고 합니다. 일본 골프 동영상에 자주 나오는 표현입니다. 前傾(ぜんけい, 전경), '젠케이'는 허리를 앞으로 구부린다는 뜻으로 젠케이(ぜんけい)도 가마에(かまえ)를 위해서 필요한 동작으로 자주 쓰는 골프 표현입니다.

'가마에루(かまえる)'는 일본인의 특성 중의 하나로 이야기되며, 모든 동작을 하나의 자세로 축소, 응축하는 특성을 말합니다(검도, 유도, 궁도. 다도 역시 자세잡기가 기본).

물건이나 선물을 여러번 포장하는 것, 다양한 재료를 벤토(도시락)에 조금씩 담아내는 것, 산을 옮겨놓은 듯 정원을 꾸며내는 것도 축소를 지향하는 일본 문화의 특성이라고 합니다.

그러나, 축소하고 응축하기 위해서는 또 다른 창의성이 필요한 것입니다. 골프의 기본은 '가마에'입니다.

ちゃんと 構えて ください(쟌또 가마에테 구다사이).
제대로 자세를 잡아주세요.

일본 골프 문화의 특징

1. 부킹 여유(일본은 골프장 개수 3,000개, 한국은 800개 정도, 골프 인구는 한일 각각 500만 명 정도로 비슷하니 부킹 여유가 있는 편)
2. 노 캐디 골프(한국은 캐디 필수, 일본은 노 캐디가 더 일반적(70%)으로 리모콘 전동카트 시스템(캐디 예약은 가능)
3. 식사 시간의 여유(전반 9홀 끝나면 일본 골프장은 40분에서 1시간 정도까지 식사시간 제공)

여행 시 의외로 많이 사용하는 표현인 お願いします(오네가이시마스)는 '부탁합니다' 라는 표현으로 願う(ねがう, 네가우, 부탁하다, 바라다)의 정중한 표현입니다.

❖ **予約確認, お願いします(요야쿠 가쿠닌, 오네가이시마스): 예약 확인 부**

탁합니다

❖ **お会計, お願いします(오가이케이, 오네가이시마스): 계산 부탁드립니다**

❖ **お水, お願いします(오미즈, 오네가이시마스): 찬물 한 잔, 부탁드립니다**

おみず(오미즈)는 찬물, お湯(おゆ, 오유)는 따뜻한 물입니다.

- みず(미즈)는 '물'이라는 뜻이며 정중하게 말하기 위해 접두어 お를 붙여 말하는 것입니다.

일본의 신문화(新文化)

지뢰계 현상의 조짐(きざし, 기자시)

주로 일본내 일부 가출청소년들의 눈에 띄기 위한 패션으로 검은색 스커트에 리본, 프릴, 백팩, 통굽, 양갈래 머리 등을 특징으로 하는 스타일을 지뢰계 패션이라고 합니다. 地雷(じらい, 지라이, 지뢰)는 예쁜 외모이기는 하나, 우울증, 정서불안 등으로 변덕이 심해 언제 터질지 모르는 지뢰와 같다는 의미에서 유래).

- 가출은 家出(いえで, 이에데)로 글자 그대로 집(家, いえ, 이에)을 나오는(出る, でる, 데루) 것입니다.

지뢰계 패션이라고까지 하는 것은 독특한 개성으로 일반인들도 따라해서 유행이 되었기 때문입니다. 가출 청소년들이 많이 모이는 장소가 도쿄 가부키쵸에 있는 토호(TOHO) 시네마 옆(よこ, 요코) 광장에 많이 모이기 때문에 이들을 '토요코 키즈'라고도 부릅니다. 문제는 이러한 지뢰계 현상이 우리나라 홍대입구역에서도 형성되는 조짐(きざし, 기자시)이 있어 최근 뉴스에도 다루어지고 있으며, 홍대입구 경의선 책거리에 많이 모인다고 해서, '경의선 키즈'라는 신조어가 생겼습니다.

きざし(기자시, 조짐)는 きざす(兆す, 기자스, 마음이 생기다, 움트다)에서 유래했고, き(기, 마음)가 指す(さす, 사스, 가르키다)하는 것으로 마음이 가도록 하는 조짐이 생기는 것으로 이해하면 됩니다. 조짐(兆朕)은 한자어로 조, 점괘 조(兆)에 나, 틈새 짐(朕)자를 써서 조 단위의 수많은 점괘 (조)가 나온다는 의미 또는 배의 틈새(짐)를 보고 침몰의 조짐을 사전에 예방했다는 의미에서 유래되었으며, きざし(기자시, 조짐)는 내 마음(き, 기)이 가리키는 것(さし, 사시)이 미리 보이거나, 나타나는 것입니다.

패션 문화

아슬아슬(ぎりぎり, 기리기리)한 옷차림

아슬아슬하다는 시간이 임박한 경우, 옷차림이 노출이 심해서 아슬아슬한 경우 등 여러 가지 상황에 맞게 쓰이고 있으나, 결국 어떤 상황과 한계의 끝에 도달해 있다는 것입니다. 따라서, 아슬아슬하다는 끝과 가장자리에 와 있는 것이며 그 끝과 가장자리는 '칼'로 자르는 것과 같은 절단면으로 표현되는 경우가 많습니다.

❖ **きり(切り, 기리): 끝**

    - きる(切る, 기루)는 자르다이며 き(기)는 칼의 속성

❖ **きわ(際, 기와): 끝, 가장자리**

    - き(기)는 칼의 속성

❖ **がけ(崖, 가케): 절벽**

    - か(가)는 칼의 속성

❖ **けり(게리): 끝, 결말**

    - け(게)는 칼의 속성

❖ **かぎり(限り, 가기리): 끝, 한계**

    - か(가)는 칼의 속성

❖ **ぎりぎり(기리기리): 아슬아슬**

    - 切る(きる, 자르다)의 반복 표현

    - ぎりぎりに つきました(着きました, 기리기리니 츠키마시타): 아슬아슬하게 도착

하였습니다

❖ **きわどい(際どい, 기와도이): 아슬아슬**

- きわどい ビキニ(기와도이 비키니): 아슬아슬한 비키니

칼로 자른 부분은 사실상 마지막 부분이기 때문에 제일 끝부분과 가장자리가 되며, 끝에 서 있다는 것은 매우 아슬아슬하고 위험하며 다급한 상태인 것입니다.

음식 문화

알(たまご, 다마고) 이야기

こ(고)는 작은 것의 속성이라고 하였으며, 작은 것을 대표하는 어류나 조류의 알을 의미합니다.

❖ **たまご(玉子, 다마고): 계란**

둥근 알

❖ **すじこ(筋子, 스지꼬): 연어알**

- 연어알은 지금은 いくら(이쿠라)가 일반적으로 한알 한알 분리된 알을 뜻합니다. 예전에는 すじ(힘줄, 스지)같이 붙은 연어알을 통째로 먹던 것에서 유래했습

니다.

- いくら(이쿠라)는 러시아어로 알의 의미이며, 러시아에서는 명태알이나 캐비어(블랙 이크라)도 이크라라고 부릅니다.

❖ **かずの こ(数の子, 가즈노 꼬): 청어알**

- 청어알의 かず(가즈, 수)가 많은 것에서 유래(설이나 결혼식 메뉴로 청어알이 등장하는 것은 자손의 번영을 기원하는 의미가 있기 때문임).

❖ **めんたいこ(明太子, 멘타이꼬): 명란**

- 후쿠오카의 특산물로 유명

❖ **とびこ(飛子, 도비꼬): 날치알**

- とびうお(도비우오)가 날치

❖ **なまこ(生子, 나마꼬): 해삼**

- 나마꼬는 해삼을 열로 조리하지 않고 날(生)로 먹는 것에서 유래되었습니다. 이자카야 등에서 맛볼 수 있는 このわた(고노와따, 해삼 내장)는 なまこ(나마꼬, 해삼)의 わた(와따, 내장)라는 뜻입니다. こもち(子持ち, 고모찌)는 알을 가지고 있다. 즉, 알배기라는 뜻이며, 생선알은 톡톡 씹히는 식감으로 스시나 이자까야 메뉴에 많이 나오기 때문에 의미를 알면 일상 회화에 도움이 됩니다.

함축의 문화

괴로울 고(苦, く, 구)

한자어는 글자에 의미가 있기 때문에 일본어 한자어도 단 한 글자로도 감정표현을 할 수 있습니다. 또한 한 글자로 표현하는 것이기 때문에 함축적이고 강조하는 의미가 됩니다.

❖ **急(きゅう, 규, 급)**

- きゅうな(규나, 갑작스런), きゅうに(규니, 갑자기)

- 急な雨(きゅうな あめ, 규나 아메, 갑작스런 비)

❖ **苦(く, 구, 고)**

- く(구, 고통, 걱정)

- くじゃない(구쟈나이): 걱정은 아니다

- 苦しむ(くるしむ, 구루시무): 괴로워하다

- 苦しい(くるしい, 구루시이, 괴로운)도 く(구)의 영향

- く(구)는 黒い(くろい, 구로이, 검은)처럼 검은색의 속성

❖ **楽(らく, 라쿠, 락)**

- らくに(라쿠니, 쉽게, 편안하게)

❖ **覧(らん, 란, 람)**

- ご覧(ごらん, 고란, 보심): みる(보다)의 존칭

- ごらん くださいませ(고란 구다사이 마세, 둘러봐 주세요)

- 일본 여행 시 옷 가게에 들르면 가장 많이 듣는 말

❖ いらっしゃいませ, ごらん くださいませ. 이랏샤이마세, 고란 구다사
　이마세, 어서오세요, 둘러보세요)

❖ 嫌(いや, 이야, 혐)

　　- いやだ(이야다, 싫다), やだ(야다, 싫다)

　　- 일상대화에서는 속어로 やだ(야다, 싫다)로 짧게 쓰는 경우도 있음

❖ 変(へん, 헨, 변)

　　- へんな はなし(話) (헨나 하나시): 이상한 이야기

　　- へんな おじさん(헨나 오지상): 이상한 아저씨

고다와리(こだわり) 문화

머리카락과 고다와리

　머리카락 한 올은 一髪(いっぱつ, 잇빠츠)입니다. 間髪(간발)의 차이라
는 표현도 머리카락 한 올 사이의 차이라는 뜻이고, 일본어로도 間一
髪(かんいっぱつ, 간잇빠츠, 아슬아슬하게)라는 표현을 씁니다. 위기일발도
危機一髪(きき いっぱつ, 기끼 잇빠츠) 즉 머리카락 한 올로 들어 올리는
정도의 위험한 상태를 말합니다.

　어느 여고생이 머리카락 한 올을 귀 뒤로 넘기지 않고 귀 앞으로 애

교머리로 남겨놓는 스타일을 굳이 고집할 때도 拘り(こだわり, 고다와리)가 있다. 즉, 고집이나 신념이 있다는 표현을 합니다.

- こだわり(고다와리)는 일단 고집, 집착, 마음으로 이해하고, 상황에 따라 적절히 해석.

상품이나 음식 메뉴 광고 시 こだわり(고다와리)는 매우 자주 사용하는 표현입니다. 고집이나 신념이라는 뜻에서 엄선된(제품), 심혈을 기울인(메뉴) 등의 뜻으로 확대되어 쓰이고 있습니다.

❖ **拘りの 味**(こだわりの あじ, 고다와리노 아지): (마음을 다해) **심혈을 기울인 맛**
❖ **こだわり 抜く**(こだわり ぬく, 고다와리 누꾸): **끝까지 심혈을 기울이다**
❖ **拘りが 強い**(こだわりが つよい, 고다와리가 쯔요이): **고집이 세다, 신념(집착)이 세다**

こだわり(고다와리)는 마음의 속성을 가진 こ(고). 즉, 心(こころ, 고코로, 마음)와 관계있는 것으로 이해하면 됩니다. 一髪(いっぱつ, 잇빠츠, 머리카락 한 올)와 달리 一発(いっぱつ, 잇빠츠)는 (총알) 한 발이나 (홈런) 한 방 등의 표현으로 쓰이기도 합니다.

츳코미(つっこみ, 말대답)

안으로 들어간(こむ, 고무) 기생충

기생충이라는 뜻은 아니고 기생충 같은 단어, 그러나, 일본어 학습에 매우 중요한 단어가 こむ(고무, 혼잡하다, 안으로 들어가다)라는 표현입니다. 보조역할을 하지만 엄청 다양한 표현으로 활용되기에 こむ(고무)를 모르면 일본어 독해는 불가능하다고 할 정도로 자주 사용됩니다.

こむ(混む, 고무)는 단독으로 쓰이면 혼잡하다는 뜻으로 쓰입니다. 人混み(ひとこみ, 히토코미, 혼잡)는 만원 전철과 같이 사람이 밀집해 혼잡하다는 표현입니다. 道こみ(みちこみ, 미치코미, 차량 정체)는 차량이 많아서 길이 혼잡한 상황을 의미합니다.

그러나, こむ(込む, 고무)는 동사연용형 말미에 기생하게(붙게)되면 안으로 들어간다는 뜻이 됩니다. 예를 들어, 추입, 난입, 돌입, 납입, 불입, 진입, 삽입 등 안으로 들어간다, 넣는다는 한자어는 생각보다 많습니다. 여기서 입(안으로 들어가다)에 해당하는 보조어가 こむ(込む, 고무)입니다.

❖ **差し込む(さしこむ, 사시코무)는 꽂다, 찌르다라는 뜻입니다. さす(사스, 찌르다)라는 동사와 기생충 같은 단어 こむ(고무, 안으로 들어가다)가 합성된 단어입니다. 사시코무의 명사형이 사시코미입니다.**

일본은 전압이 110볼트(한국은 220볼트)이기 때문에 일본 여행 시 일명 돼지코라 불리는 멀티탭은 필수 여행용품입니다. 콘센트에 꽂는 플러그를 さしこみ(사시코미)라고 부르기 때문에, 준비 못했을 경우 일본 현지에서 멀티탭 (タップ, 타푸)이라는 표현이 기억나지 않을 때 사시코미라는 표현을 해도 충분히 의사는 통합니다. 일부 호텔에서는 멀티탭(돼지코)을 무료로 대여해주기도 하는데 그렇지 않은 호텔도 있으므로 멀티탭(돼지코)을 꼭 챙겨가시기 바랍니다.

일본어로 새치기는 割り込む(わりこむ, 와리코무, 끼어들다)라고 합니다. わる(와루, 자르다)라는 동사와 '안으로 들어가다'라는 こむ(고무)의 합성어입니다. 잘라서 '안으로 들어가다'라는 의미이므로 줄을 서 있는데 새치기하는 것도 わりこみ(와리코미,새치기), 도로에서 차 앞으로 끼어드는 것도 わりこみ(와리코미,끼어들기)라고 합니다.

우리나라도 자동차가 ㄷ(디귿)자로 급하게 끼어드는 것을 일명 칼치기(칼처럼 잘라 들어가기)라고도 하는데 비슷한 느낌의 표현입니다.

❖ **思い込む(おもいこむ, 오모이 코무): 생각이 지나치게 안으로 들어간 상태로 '편견을 가지다'라는 뜻입니다.**
❖ **突っ込む(つっこむ, 쫏코무)는 '안으로 세게 찌르다'라는 뜻이지만 '상대방의 말에 대꾸하여 면박을 주다'라는 뜻으로 개그맨 두 명이 대화를 주고 받으며(티키타카) 하는 형태의 대화형 코미디에서 활용되기도 합니다. つっこみ(쫏코미)를 얼마나 잘하는지의 능력이 인기 개그맨의 척도입니다. 우리나라 톱티어 엔터테이너 유재석, 김구라, 강호동같은 연**

예인들의 인기도 つっこみ(쯧코미, 임기응변의 리액션, 말대답, 말대꾸)를 잘 하는 능력이 뛰어나기 때문입니다.

❖ 飛び込む(とびこむ, 도비코무, 뛰어들다)는 とぶ(도부, 날다)라는 동사와 こむ(고무)의 합성어로 '날아 들어가다'라는 표현으로 외판원 등 영업 사원이 갑자기 방문해서 판매하는 것을 とびこみ(도비코미) 영업이라고 합니다. 달리는 전철이나 기차에 뛰어들어 자살하는 사고도 飛び込み 自殺(とびこみ じさつ, 도비코미 지사츠, 투신자살)이라고 합니다.

이외에도 こむ(고무)가 붙는 단어는 생각보다 많습니다. 우리에게 가장 익숙한 단어인 さしこみ(사시코미, 찔러서 안으로 넣는 것)만 기억해도 こむ(고무)의 의미. 즉, 안으로 들어가다, 기생충같이 안에 들어가서 사는 것을 연상한다면 こむ(고무)가 뒤에 붙어 있는 복합동사 단어들의 의미를 기본적으로는 이해할 수 있을 것입니다.

さ(사)행

さしすせそ(사시스세소)로
이해하는 일본 문화

さ(사)행 (さしすせそ, 사시스세소)으로 시작하는 단어들은 삭힌 것, 사람, 시간과 공간, 시간의 흐름, 동적인 방향, 아래, 흰색, 촉각, 물의 속성을 가지고 있다.

인본(人本) 문화

사람 さ(사)?

어차피 언어는 사람이 쓰기 위해 만든 것이기 때문에 사람의 행위나 사람과 관련된 표현이 많은 것은 당연지사입니다. 특히 さ(사)행 (さしすせそ,사시스세소)은 사람 사로 불러도 될 만큼 사람과 관계가 있고 시간의 흐름(인생)이라고 속성을 정의한 기저에는 시간의 흐름 역시 사람과 관계가 있기 때문입니다.

가장 대표적인 단어는 さん(상)과 さま(사마)

❖ **さん(様, 상): 씨, 님 또는 직업 뒤에, 가게 뒤에 붙어서 인격체화됨**
  - イさん(이상): 이 씨(이 선생님)
  - かんごしさん(看護師さん, 강고시상): 간호사님
  - いざかやさん(居酒屋さん, 이자카야상): 이자카야

❖ **さま(様,사마): 님, 한 일 뒤에 붙어 상대에게 의사표시**
  - おきゃくさま(お客様, 오갸쿠사마): 고객님

❖ **おつかれさまです(오츠카레 사마데스): 수고하셨습니다**
  - 수고해준 상대 사람(수고하신 분이군요)

❖ **おかげさまです(오카게 사마데스): 덕분입니다**
  - 덕택을 준 상대 사람(도움을 주신 분이군요)

❖ **ごちそうさまでした(고찌소우 사마데시타): 잘먹었습니다**

- 대접을 해준 상대 사람(대접을 해주신 분이군요)

❖ **さまたげる(妨げる, 사타마케루): (사람을) 방해하다**

- 邪魔(じゃま, 쟈마, 방해)와 유사함

❖ **さげすむ(蔑む, 사게스무): (사람을) 깔보다**

- さ(사)는 아랫방향의 속성

さん(상)과 さま(사마)가 사람을 뜻하는 것으로 이해하면 의외로 호칭과 お疲れさま(おつされさま, 오츠카레 사마)를 '수고했어'로 외우는 동시에 수고해준 사람(님, 분)에 대한 감사를 전하는 것으로 이해하면 기억하기 매우 쉽습니다.

일본의 걸그룹 문화

노기자카 46(のぎざか 46)

일본의 아이돌 걸그룹 계보는 모닝구 무스메 (1997년 데뷔), AKB 48(2006년 데뷔), 노기자카 46(2011년 데뷔)등이 이어가고 있습니다.

- 숫자 발음은 Forty eight, Forty six , AKB는 도쿄 秋葉原(あきはばら, 아키하바라)에서 네이밍한 것이고, 乃木坂(のぎざか, 노기자카)는 역시 도쿄 노기자

카역에 기획사 사무실이 있어 네이밍한 것입니다. 48은 Office48(소속사 이름), 46은 48보다 숫자는 적지만 이겨보겠다는 의지로 붙였다고 합니다.

のぎざか(노기자카)의 자매 그룹으로 さくらざか 46(사쿠라자카, 벚꽃 언덕), けやきざか 46(게야키자카, 느티나무 언덕) 등을 결성하여 인기를 얻고 있어 坂道(さかみち, 사카미치, 언덕길) 그룹이라고 불리웁니다. AKB 48도 HKT 48(후쿠오카 하카타(HaKaTa)를 의미함)등의 자매 그룹을 운영합니다.

さか(坂, 사카, 언덕)의 さ(사)는 방향의 속성을 가지고 있습니다. 언덕에는 오르막과 내리막이 있는 것처럼 오르고 내리는 방향이 있는 것입니다.

さかい(境, 사카이, 경계)라는 단어 역시 마을과 마을의 경계를 언덕(坂,さか,사카), 산이나 강으로 구획을 나누는 것으로 이해하면 됩니다. 이승과 저승의 경계도 さかい(사카이)이며, 일본 전통 신앙이라고 할 수 있는 신도에서도 さかい(사카이, 경계)라는 용어가 등장합니다.

- 認識の境(にんしきの さかい, 닌시키노 사카이): 인식의 경계
- さか(坂, 사카): 언덕
- さかい(境, 사카이): 경계

모두 방향과 시간의 흐름 속에 있는 단어로 이해해야 합니다. 한국인이 여행지로 가장 선호하는 도시 중 하나인 大阪(おおさか, 오사카)도

'큰 언덕'의 뜻을 가지고 있으니, さか(坂, 사카)의 의미를 쉽게 기억할
수 있습니다.

음식 문화

생선(さかな, 사카나) 이야기

외국어를 공부하는 입장에서 유창한 언어를 구사하기 위해서는 지
속적인 대화의 기회가 필요하지만 현실적으로 쉬운 상황이 아닙니다.
따라서, 짧은 시간에 효율적으로 공부를 해야 하기 때문에 최대한 연
상이 쉽도록, 기억하기 쉽도록 공부해야 합니다.

두 가지만 예를 들겠습니다. 일본은 섬이기 때문에 해산물 천국, 생
선 천국입니다. 동해는 물론이고 지도 오른편에 위치한 광활한 태평
양이 있기 때문에 어족자원이 풍부합니다.

첫째, 일본어로 생선은 さかな(사카나, 생선)입니다. 공교롭게도 さ(사)
로 시작하는 단어 중에 생선 이름이 꽤 있습니다. 따라서 연상해서
외우기도 쉽습니다.

- **さんま**(산마, 꽁치), **さば**(사바, 고등어)
- **さけ**(사케, 연어), **さわら**(사와라, 삼치)
- **さめ**(사메, 상어), **さより**(사요리, 학꽁치)

に(니)가 들어가는 단어들은 조금 느낌이 징그러운 모양들이 많습니다.

- **かに**(가니, 게), **うに**(우니, 성게), **おに**(오니, 귀신), **わに**(와니, 악어), **やに**(야니, 눈꼽), **にな**(니나, 다슬기), **にきび**(니키비, 여드름), **にえ**(니에, 제물)

시간이 부족하다면, 조금 색다른 방법 같지만 효율적으로 학습하는 것이 중요합니다. 참고로 생선 중 갈치는 たちうお(太刀魚, 다치우오)입니다. 다치(たち)는 '서다'라는 뜻이고, 우오(うお)는 '물고기'라는 뜻입니다. 의외로 갈치는 서있는 자세로 헤엄치기 때문에 다치우오로 불리게 됐다고 합니다.

한자어로는 큰 칼 모양의 고기(太刀魚)라는 뜻에서 '태도어'라고 씁니다.

벚꽃축제 문화

사쿠라(さくら)가 피다(さく, 사쿠) (1)

맛이 어울리는 음식을 세트 메뉴로 판매하면 판매 시너지를 올릴 수 있듯이 비슷한 의미를 가진 단어 두 개를 굳이 따로따로 외울 필요는 없어 보입니다.

❖ **さくら(桜, 사쿠라): 벚꽃**

❖ **さく(咲く, 사쿠): 꽃이 피다**
  - さくらが さく(사쿠라가 사쿠): 벚꽃이 피다
  - さ(사)는 시간의 흐름을 나타냅니다

❖ **あわ(泡, 아와): 거품**

❖ **あわび(鮑, 아와비): 전복**
  - あわびの あわ(아와비노 아와): 전복의 거품
  - あわび(아와비)는 영어로는 Abalone(아발론)

❖ **おもしろい(面白い, 오모시로이): 재미있는**
  - 가부끼(일본 전통 연극)에서 '얼굴에 흰색 분장을 한 것이 재미있다'라는 것에서 유래

❖ **おもちゃ(오모챠): 장난감**
  - おもしろい おもちゃ(오모시로이 오모챠): 재미있는 장난감
  - おもちゃ(오모챠)는 어린이용 장남감 뿐만 아니라 성인용품을 의미하기도 함.

❖ **かお(顔, 가오): 얼굴**

❖ **かわいい(可愛い, 가와이이): 귀엽다**

- かおが かわいい(가오가 가와이이): 얼굴이 귀엽다

❖ **ひと(人, 히토): 사람**

❖ **ひとり(一人, 히토리): 한 사람**

❖ **ひとつ(一つ, 히토츠): 한 개**

- ひ(히)는 해의 속성을 가지고 있고, 해도 유일무이하듯이 사람도 언어를 구사 하는 유일무이한 존재입니다

벚꽃축제 문화
사쿠라(さくら)와 말고기 (2)

사쿠라(桜, さくら)는 봄의 전령사입니다. 계절의 변화를 꽃이나 제철 과일을 즐기면서 느낄 수 있습니다. 일본은 의외로 국토가 남북으로 길다 보니 2월 오키나와부터 5월 삿포로까지 봄철 내내 さくら まつり (사쿠라 마츠리, 벚꽃축제)를 합니다. 보통은 花見(はなみ, 하나미, 꽃구경) 로 얘기하며 花火(はなび, 하나비, 불꽃놀이)와는 구별해야 합니다.

말고기를 桜肉(사쿠라 니쿠)라고도 하는데 고급 말고기 색깔은 거의 핑크빛이 돕니다. 핑크빛의 사쿠라(벚꽃) 색깔과 비슷해서 馬肉(바니쿠,

말고기)를 '사쿠라 니쿠'로 부르는 것입니다. 또한, 소고기(꽃등심)와도 비슷해서 '말고기를 소고기로 속여서 팔았다'는 설에서 사쿠라를 '사기꾼'이나 '변절자'를 의미하는 말로도 쓰이기도 합니다.

霜降(しもふり, 시모후리)는 '서리'라는 뜻인데, 소고기나 말고기의 '마블링'을 '시모후리(서리 내린 것처럼 하얗다)'라고도 합니다. 봄의 과일은 역시 딸기(いちご, 이치고)인데 딸기가 제일 맛있는 시기가 いちがつ(1월, 이치가츠)부터 ごがつ(5월, 고가츠)까지이므로 いちご(이치고)로 외우기도 합니다.

참고로, 겨울이 제철인 굴(かき, 가키)도 서양에서는 R자가 들어간 달 9월(September)부터 4월(April)까지만 먹는다고 합니다. 더운 계절에는 어패류 독소가 많아져서 피하는 것이 좋습니다. 벚꽃 구경도 하고 딸기 같은 계절 음식을 즐기면 봄을 만끽할 수 있습니다(딸기는 '피세틴'이라는 항노화 물질이 풍부해서 꼭 먹어야 하는 과일이라고 합니다).

사케(さけ, 술) 문화

술은 삭히는 것 (1)

さけ(酒, 사케, 술)는 한글의 삭다, 삭히다(삭혀서 만든 것)에서 유래되었다고 볼 수 있습니다.

- さ(사)의 속성 역시 시간의 흐름과 방향을 의미합니다.
- さけ(酒, 사케)는 언어학적으로도 변환을 일으켜서 さけ(사케), ざけ(자케), さか(사카), ざか(자카) 등으로 변형해서 사용합니다.

❖ **酒の力(さけの ちから, 사케노 치카라): 술의 힘**

❖ **酒の席(さけの せき, 사케노 세키): 술자리**

❖ **ひとり酒(ひとり ざけ, 히토리 자케): 혼술**

❖ **梯子酒(はしご ざけ, 하시고 자케): 여러 군데 돌아다니며 술 마시기**
  - はしご(하시고)는 사다리의 의미이며, 사다리를 타고 오르듯이 이곳저곳 2차, 3차를 가는 경우를 はしござけ(하시고 자케)라고 합니다.

❖ **肴(さかな, 사카나): 술안주**
  - 일본인이 술(さか,사카) 마실 때 생선을 주로 안주(な,나)로 먹는 것에서 さかな(사카나)가 안주의 의미가 되었습니다.

❖ **居酒屋(いざかや, 이자카야): 술집(이자카야)**
  - 居る(いる, 이루. 앉다, 있다). 즉, 앉아서(い, 이) 술(ざか, 자카) 마시는 가게(や, 야)가 이자카야인 것입니다. さけ(酒, 사케)가 '삭히다'에서 온 것이고, さ행 (さしす

세そ, 사시스세소)으로 시작하는 단어가 술이 삭아가듯이 시간의 흐름과 방향의 속성을 가지고 있음을 이해하면, さ(사)행의 많은 일본어 단어들의 의미를 쉽게 이해할 수 있습니다.

사케(さけ, 술) 문화
술의 대중성 (2)

이자카야에 가면 일본 사케 중에 がんばれ 父(とう)ちゃん(감바레 도 쨩)이라는 술이 있습니다. 대중적인 사케로 우리나라 수입업체에서 상품명을 신고할 때 감바레 오토상으로 신고해서 조금 헷갈리게 되었는데 어쨌든 의미는 '아빠 힘내세요' 라는 뜻입니다. がんばれ(頑張れ, 간바레)는 힘내다라는 뜻으로 스포츠 경기의 응원에서도 자주 들리는 표현입니다. 우리나라에서 쓰는 '화이팅'과 같은 격려구호인 것입니다.

비슷하게 ふんばる(훈바루, 버티다, 힘내다)도 비슷한 뜻이지만, がんばれ(간바레)가 일상생활에서는 압도적으로 많이 사용되는 표현입니다.

がんばれ(간바레, 힘내), がんばります(간바리마스, 힘내겠습니다), がん

ばって ください(간밧테 구다사이, 힘내세요)까지 다양한 형태로 쓰이는 표현입니다.

張る(はる, 하루)는 '붙이다'라는 뜻이 있어 명사나 동사연용형에 붙게 되면 '그런(닮은) 것, 그런(닮은) 사람'이라는 뜻으로 쓰입니다.

> - 欲張り(よくばり, 요쿠바리)는 욕심쟁이, 地っ張り(いじっぱり, 이짓빠리)는 고집 쟁이, 下張り(したばり, 시타바리)는 거들어주는 사람.

시다바리는 영화 친구에서 장동건의 대사 '내는 니 시다바리가?'로 유명한데 시다바리는 벽지 작업을 할 때 우선 신문지 같은 것으로 대충이라도 초배(したばり, 시타바리)로 붙이는 것에서 유래된 표현입니다.

사케(さけ, 술) 문화

조강지처와 술지게미(さけかす, 사케카스) (3)

조강지처(糟糠の妻)는 술지게미(さけかす, 사케카스)와 쌀겨(ぬか, 누까)를 먹던 괴롭고 힘든 시기를 함께한 아내를 뜻하는 고사성어입니다.

- 愛人(あいじん, 아이진)은 우리나라 한자어대로 애인(연인)의 뜻이 아닌 일본에서는 불륜 상대를 의미합니다. (여자 애인은 彼女(かのじょ, 가노죠), 남자 애인은 彼氏(かれし, 가레시)가 일반적으로 사용되며 恋人(こいびと, 고이비토, 연인)은 공통적으로 사용됩니다

조강(술지게미와 쌀겨)이라는 단어에는 荒い(あらい, 아라이, 거칠다)와 辛い(つらい, 츠라이, 힘들다, 괴롭다)가 함축되어 있습니다. 사랑하는 사람에게 대하는 태도에 관한 명제를 발췌해 보았습니다.

❖ 荒い(あらい) ことを 改める(あらためる)(아라이 고토오 아라타메루) : 거친 것(스킨십, 태도, 성격, 돈 씀씀이 등)을 개선한다
  - あらっぽい(아랏뽀이)도 같은 의미(강조)
  - 粗い(あらい, 아라이)는 荒い(あらい, 아라이)의 의미인 성격이나 태도, 스킨십, 돈 씀씀이 등이 거칠다(헤프다)라는 뜻이 아니라, 물건 표면이 거친(거칠 조) 경우에 사용합니다
  - 粗(あら, 아라)는 찌꺼기나 생선 살을 발라낸 뼈라는 의미가 있어 거친 속성을 함축하고 있습니다

❖ 辛い(つらい) ことを 続かない(つづかない)(츠라이 고토오 츠츠카나이): 괴로운 것을 계속하지 않는다
❖ 嫌いな(きらいな) ことを 切る(きる)(기라이나 고토오 기루): 싫어하는 것을 끊는다
❖ - 嫌い(きらい, 기라이, 싫어하는)는 い형용사가 아니고, 형용동사이며 수식은 な(나)를 붙여야 합니다(綺麗(きれい, 기레이)도 형용동사임)

사케(さけ, 술) 문화
술의 종류 (4)

대표적인 것은 역시 ビール(비루, 맥주)입니다. 일본 주점에 가면 무엇을 먹을까에 앞서 とりあえず ビール(도리아에즈 비루)라고 하는데 '우선 맥주'라는 뜻으로, 일단 맥주 한잔 하고 본격적으로 시작하자는 뉘앙스입니다

다음은 日本酒(니혼슈), 우리나라에서는 사케라고 통상 부릅니다. 옛날 분들은 정종이라고 합니다. 정종(마사무네)은 술 브랜드라는 설도 있고, 청주와 정종 모두 せいしゅ(세이슈)라는 동일한 발음입니다.

알콜 도수는 15도 내외이고 일본을 대표하는 술입니다. 주로 쌀과 누룩으로 만들고 쌀 정미 방법(많이 쌀을 깎을수록 좋은 술)에 따라 준마이다이긴죠, 다이긴죠 등으로 나뉩니다.

다음은 焼酎(しょうちゅう, 쇼츄)로서 소주입니다. 일본 소주는 갑류, 을류로 나뉘며 갑류 소주가 우리나라의 소주와 같은 증류주이며, 고구마나 보리와 같이 단일재료로만 만드는 것을 별도로 을류 소주라고 합니다. 일본 내 이자카야에서 파는 소주는 주로 고구마 소주 같은 을류 소주입니다. 독특한 냄새가 있습니다. 이 특이한 냄새 때문에 호불호가 있습니다.

알콜 도수가 25도 정도여서 물에 타서 마시는데 水割り(みずわり), '미즈와리'라고 합니다.

사케(さけ, 술) 문화

술버릇(さけくせ, 사케쿠세) ⑸

술버릇은 일본어로 酒癖(さけくせ, 사케 쿠세, 주벽)이라고 합니다. 술을 마시면 좋은 버릇보다는 안 좋은 버릇이 나올 때 주사라는 표현도 쓰곤 합니다. 자는 사람, 말이 많아지는 사람, 우는 사람, 폭력성이 강해지는 사람 등등 다양한 술버릇이 있습니다. 술버릇뿐만 아니라 손톱을 무는(嚙む, かむ, 가무, 물다) 버릇도 かみくせ(가미쿠세)로 표현하고, 한쪽으로 잠을 자는 버릇도 髪癖(かみ くせ, 가미쿠세, かみ(가미는 머리카락))로 표현하며, 그렇게 자서 눌린 머리, 짜부라진 머리 형태 자체를 かみくせ(가미쿠세)라고도 표현합니다.

숙취(二日酔い, ふつかよい, 후츠카 요이)가 생길 정도로 마시는 경우도 있습니다. ふつか(후츠카)는 둘째 날을 의미하므로 술마신 다음 날까지 酔い(よい, 요이, 취해있음) 상태를 의미하므로 숙취의 뜻이 되었습니다. 우리나라는 숙취해소제로 헛개나무나 밀크시슬 성분이 들어간

숙취해소 음료가 많고, 일본은 鬱金(うこん, 우콘, 울금)이나 牛蒡(ごぼ
う, 고보우, 우방, 우엉)을 사용한 제품이 꽤 있습니다. 다양한 상품이 나
오므로 두 가지에 한정된 것은 아니고, 더 많은 한방, 양방 재료를 활
용하여 판매를 하고 있습니다.

술을 마시는 대표적인 직업인 キャバクラ(캬바크라, 라운지나 클럽)에
서 일하는 キャバジョ(캬바죠, キャバ嬢, 여성 점원)들도 ついやりがち(츠
이야리 가찌, 무심결에 나오는 습관)가 있다고 합니다. 버릇이자 직업병일
수도 있습니다.

예를 들어, 일반인이라면 식당에 갔을 때 おしぼり ください(오시보
리 구다사이, 물수건 주세요, 시보리는 물수건을 뜻함)가 보통이지만 여성 점
원은 일반가게에서는 잘 쓰이지 않는 용어인 かわしぼ(가와시보, 마른
물수건)나, つめしぼ(츠메시보, 차가운 물수건)라는 말이 おねがいします
(오네가이시마스, 부탁합니다)와 함께 무심결에 직업병처럼 생기는 버릇
이 나온다고 합니다.

일반인이라면 お茶(おちゃ, 오차, 차)는 단순히 마시는 차의 종류일 뿐
이지만, キャバジョ(캬바죠, 여성 점원)에게는 おちゃ(오챠, 차)는 손님에
게 지명을 받지 못하는 경우를 의미한다던지, 우리나라는 술집에서
폭탄주라는 표현이 일반적이지만, 爆弾(ばくだん, 바쿠단, 폭탄)은 이미
지명이 있는 손님(단골)의 전화번호나 라인 아이디(ID)를 교환해서 단
골을 가로챈다는 의미로 쓰이고 있습니다.

버릇(습관)도 좋은 습관, 나쁜 습관이 있고, 표현도 상황과 조건에 따라 다르기 때문에 나쁜 버릇은 가급적 삼가고 표현은 취사선택을 잘 해야 될 듯합니다.

사케(さけ, 술) 문화
일본의 술자리, 첨잔 이야기 (6)

한국, 일본의 술자리 문화는 비슷하지만 차이가 있습니다. 우선, 술자리에서 가장 많이 쓰는 표현은 역시 술을 따르는 행위일 것입니다. 세 가지 정도의 표현이 있습니다.

❖ **つぐ(注ぐ, 츠구): (손으로) 따르다**
   - つ(츠)는 손의 속성이므로 손으로 따르다

❖ **そそぐ(注ぐ, 소소구): (아래로) 따르다**
   - そ(소)는 방향의 속성이므로 아래 방향으로 술을 계속 따르다

❖ **おしゃく(お酌)を する(오샤쿠오 스루): (술을) 따르다**
   - 酌(しゃく, 샤쿠, 따를 작): 따르기

우선, 술잔을 받을 때는 대체로 두 손으로 받습니다.

- りょうて(両手)で うける(료테데 우께루): 두 손으로 받는다

윗사람과 건배(乾杯, かんぱい, 간빠이)할 때는 상대방 술잔보다 조금 아래 위치를 부딪힙니다.

- したの いち(下の 位置)で かんぱい(시타노 이치데 간빠이): 아래의 위치에서 건배

건배를 한 후에는 한 모금 정도 마시고 술잔을 내려놓습니다.

- ひとくち(一口)は いただく(히토구치와 이타다쿠): 한 모금은 마신다

우리나라는 첨잔을 하면 당연히 결례(제사 때나 하는 행위)이며, 일본은 반대로 첨잔을 하는 것이 상대방에 대한 배려로 인식합니다. 첨잔은 注ぎ足し(つぎたし, 츠기타시)라고 합니다.

- 첨잔: 술을 비우지 않아도 추가로 술을 따라주는 행위

'오늘은 이 술로 가겠습니다'라는 표현에서 '가겠습니다'는 いかせて いただきます(이카세테 이타다끼마스)라고 표현하면 좋습니다.

이자카야 등에서 메인 요리가 나오기 전에 나오는 가벼운 음식을 의미하는 つきだし(突き出し, 쯔키다시)와 つぎたし(쯔기타시, 첨잔)를 혼동하지 말아야 합니다.

캔맥주 문화

자판기

캔맥주는 カンビ-ル(간비루, 缶beer, 관맥주) 입니다.영어로 Can(캔)이 깡통(캔)을 의미하지만, 일어는 缶(かん, 칸, 관)이 깡통(캔)을 의미합니다.

❖ **缶詰め(かんづめ, 간즈메): 통조림**
   - 缶(かん, 칸, 깡통)에 つめる(츠메루, 채우다)
   - 예전에는 황도 통조림을 황도 칸즈메(칸소메)라고 부르기도 했습니다

❖ **缶コ-ヒ-(缶コ-ヒ-, 간 코히): 캔 커피**

❖ **ツナ缶(ツナかん, 츠나 칸): 참치(Tuna)캔**

❖ **鯖缶(さばかん, 사바 칸): 고등어(さば, 사바)캔**

❖ **ドラム缶(ドラムかん, 도라무 칸): 드럼(Drum)통**
   - 도라무칸(도라무깡)이라고 하는 주점 프랜차이즈는 드럼통을 테이블로 활용해서 맥주 등을 서서 마시는 형태의 점포로 のれん わけ(노렝 와케) 방식으로 분점을 내주는 것으로도 유명
   - 점포 앞에 쳐두는 막이나 발을 暖簾(のれん, 노렝, 난렴)이라고 하며, 점포에서 장기근속한 능력 있는 점원에게 분점을 내주는 것을 のれん わけ(のれん 와케)라고 하여 경영학 용어로도 쓰이고 있음(노렝은 단순한 分け, 노렝 가림막이 아닌 점포의 신용과 명성을 상징)에 캔 음료가 일상적인 것은 자판기 선호 문화와 연관이 있으며, 연계해서 자판기가 많은 이유는 일본인들의 현금 사용 선호와 점원을 마주하지 않는 비대면 선호, 치안의 안정성(자판기 도난 문제 없음) 등으로 분석되고 있습니다.

직장인들이 식당이나 이자카야를 가면 とりあえず ビール(도리아에즈 비루, 우선 맥주)라고 습관처럼 주문하는 문화가 있는데 최근에는 이러한 표현도 개인의 선호도를 무시하는 것으로 인식된다는 의견도 조금씩 나오고 있습니다.

- 取り敢えず(とりあえず, 도리아에즈): 우선

술과 유흥 문화

캬바크라(キャバクラ) (1)

일본의 3대 유흥가는 도쿄 가부키쵸, 후쿠오카 나카스, 삿포로 스스키노(오사카 키타신지도 유명)라고 합니다. 가부키쵸에는 歌舞伎(가부키, 일본 전통연극)는 없고 캬바크라만 있다는 말이 있을 정도로 그 수가 많습니다.

캬바크라는 キャバクラ(캬바크라). 즉, Cabaret(캬바레)와 Club(크라브)의 합성어이며 우리말로 룸싸롱으로 번역하는 경우도 있으나, 실제는 여성 점원(Cast)과 대화하며 술마시는 오픈 착석바에 가깝습니다. 통상적으로 스킨십이나 성적 행위는 없습니다.

캬바크라의 특징을 나타내는 말로 아래 세 가지 키워드를 말합니다.

❖ **お金**(おかね, 오카네): 돈(か(가)는 금속(동전)의 속성을 가지고 있습니다

❖ **女の子**(おんなのこ, 온나노꼬): 여자(온나는 우리말의 언니와 발음적으로 유사
   합니다)

❖ **お酒**(おさけ, 오사케): 술(사케는 우리말의 '삭히다'에서 유래되었다는 설입니
   다. 삭히다 → 식혜 → 사케)

여성 점원의 급여가 높기 때문에 매일 술을 마시는 힘든 직업임에
도 불구하고 여성 구직자들에게 인기가 높고, 술(소주, 양주, 샴페인, 시
간당 세팅비 등)값은 평균 20만 원에서 50만 원, VIP 고객은 수백만 원
이상 쓰는 경우도 있습니다. 주로 샴페인, 양주 가격에 달려 있고, 1병
에 5만 원부터 1,000만원 정도의 고가도 있어, 차원이 다른 고가의
주류도 있습니다.

- 桁 ちがい(けた ちがい, 게타 찌가이)는 '자릿수가 다르다, 차원이 다르다'라는
  뜻입니다

카바크라로 간판을 다는 경우는 거의 없고, 상호명만 또는 상호명
과 함께 Club(클럽)이나 Lounge(라운지)를 붙이는 경우가 많습니다.
캬바크라는 오전 1시까지만 영업하며 취업은 18세(민법상 성인)부터
가능하나, 20세 미만은 술을 마실 수는 없습니다.

술과 유흥 문화

세쿠캬바(セクキャバ) (2)

セクキャバ(세쿠캬바)는 セクシ-(세쿠시)와 キャバクラ(캬바쿠라)의 합성어이며, 캬바크라의 틈새시장(니치마켓, Niche market)으로 볼 수 있습니다. 스킨십이 가능한 착석 바(Bar) 정도의 영업방식입니다. 스킨십이 금지되는 캬바크라 업소와 달리 스킨십이 가능한 업소가 틈새시장으로 생긴 것입니다.

イチャキャバ(이챠캬바)라고도 하며, いちゃいちゃ(이챠이챠)는 애정행각을 한다는 뜻입니다. 전철에서 남녀가 스킨십하는 경우에 いちゃいちゃしてる(이챠이챠 시테루, 애정행각을 하고 있다)로 표현합니다(또는 いちゃつく, 이챠츠쿠).

술과 유흥 문화

스낵바(スナック, 스나쿠) (3)

우리나라에서 스낵바는 영화관 안에서나, 학생회관에서나 간단한 음료, 핫도그, 과자 등 먹거리를 파는 코너 정도의 의미입니다. 하지만, 일본에서의 스낵바는 술을 팔고 노래도 부를 수 있는 주점을 말합니다.

걸즈바(20대 여성 점원 서빙)의 熟女(じゅくじょ, 쥬쿠죠, 사전적 의미로 30대에서 50대 사이의 여성 점원) 버전이라고 볼 수 있는 술집입니다. ママ(마마)라고 불리는 여성 주인이 혼자서 손님들과 대화하면서 운영하는 곳도 있고, 조금 큰 스낵바는 여성 종업원을 더 두고 테이블에 앉아서 술을 마시고 노래를 부르기도 하는 장소입니다. 카운터석과 약간의 테이블이 배치된 오픈된 공간에서 운영됩니다.

おさわり 禁止(きんし)(오사와리 긴시, 스킨십 금지)라고 해도, 단골이 되어 どうはん(同伴, 도우한) 동반. 즉, 여성 점원이 손님과 가게 밖에서 식사를 하거나, 술을 마실 정도로 친해지거나, 여성이 먼저 손님이 마음에 들어 스킨십하는 경우도 있으니 예외는 있는 것입니다.

술과 유흥 문화

걸즈바(ガ-ルズバ-, 가루즈바) (4)

일본에서 ガ-ルズバ-(걸즈바)는 유흥의 의미에서 보면 성인들이 여성 점원과 대화를 하거나 노래를 부르면서 가장 저렴하게 술을 마실수 있는 장소이기 때문에 점포도 가장 많고 이용률이 높습니다. 운용형태는 주로 카운터 자리에서 술을 마시면서 여성 점원과 대화하는형태입니다.

손님의 경우 1시간당 4,000엔(4만 원)수준이며, 飲み放題(のみ ほうだい, 노미 호우다이)입니다. 노미 호다이는 손님이 마시는 술에 대해서는 1시간 기준으로 무제한 마실 수 있다는 의미지만, 일본소주(한병 1,000엔 수준)에 한정하기 때문에 많은 양을 마시지는 못합니다.

물론, 양주나 샴페인 같은 종류의 술을 마시는 것은 별도로 술값을계산해야 합니다. 또한, 손님만 술은 마실 수 없으니 여성 점원에게도술을 사주면서(한잔에 2,000엔(2만 원) 정도) 대화를 나누며 술을 마시는형태입니다.

손님만 마시거나 한두 잔만 사준다면 ケチ(게치, 구두쇠) 소리는 들을수 있지만 가능은 합니다. 1시간이 도래할 때마다 연장(えんちょう, 엔쵸우) 여부에 대해서 점원들이 반드시 확인합니다.

점포에 따라서 相場(そうば, 소우바, 시세, 가격)는 조금씩 다르지만, 수많은 업소 역시 경쟁에서 살아남기 위해서 새로운 컨셉(비키니바, 바니걸즈바, 머슬바 등등)을 도입하고, 고객 관리를 하고 있습니다.

술과 유흥 문화

호스트바(ホストバ-, 호스토바) (5)

우리나라도 호스트바가 있기는 하지만 불법적 요소도 있고 비개방성이라 사회적으로 좋지 않은 이미지를 가지고 있습니다. 이에 반해 일본은 여성들이 이용(대학생도 출입)하는 비싼 술집 중 하나이며 어느 정도 일반 점포화 되어 있는 측면이 있습니다.

호스트바의 ホスト(호스토, 남성 점원) 입장에서 보면 가장 중요한 것은 しめい(指名, 시메이, 지명)입니다. 자신을 지명해주는 단골 여성 고객이 많아져야 売り上げ(うりあげ, 우리아게, 매출)가 올라가고 당연히 호스트의 수입이 많아지는 것입니다. 인기가 많은 イケメン(이케멘, 잘생긴 남자) ホスト(호스토)는 지명이 겹치는 경우가 많습니다.しめい かぶり(시메이 카부리, 지명 겹침)라고 하며 かぶる(가부루)는 '겹치다'라는 뜻입니다.

이러한 경우에 통상 ヘルプ(헤루프, Help, 보조)들이 곁에서 지명 호스트가 올 때까지 시간을 때우는 역할을 합니다. 호스트를 교체하면서 술을 마시는 것이 아니라 마음에 드는 호스트 한 명만을 지명하는 것을 場内(じょうない, 죠우나이)라고 합니다. じょうない しめい(죠나이시메이, 場内地名, 장내 지명)의 약자입니다.

여러 가지 서비스가 마음에 안 든다며 소란을 일으키는 고객이 있는데 痛きゃく(いたきゃく, 이타갸쿠)라고 합니다. 소위 말하는 진상 고객이라는 뜻입니다. 痛い(いたい, 이타이, 아프다, 괴롭다)의 의미로 볼 때, 괴로울 만큼 힘든 진상 고객을 의미합니다. ブラック(브랏쿠, Black)라고도 하며 Black list(블랙리스트) 또는 Black consumer(블랙 컨슈머)에서 나온 의미로 백화점 등 서비스업계에서 주로 사용하는 표현입니다.

가게에 자주 오고 술값을 많이 쓰는 고객은 ふときやく(太客, 후토갸쿠)라고 하며 ふとっばら(후톳빠라, 돈 씀씀이가 많은)에서 유래된 말입니다.

후쿠오카 유흥업소 밀집 지역인 나카스에는 캬바크라나 걸즈바 전단지를 광고하는 여성 キャッチャ-(Catcher, 캿챠)들이 많고, 도쿄 유흥업소 밀집지역인 신쥬쿠 가부키쵸에는 호스트바 전단지를 광고하는 남성 캿챠들이 많은 것은 도쿄에 고소득 직업여성이 많은 이유이기도 합니다.

인기가 많은 잘생긴 남자는 イケメン(이케멘)이라고 합니다. いけて

루(이케테루, 상당하다, 먹힌다)라는 의미와 Man(남자)의 합성어입니다. 못생긴 남자는 不細工(ぶさいく, 부사이쿠, 불세공)이라고 합니다. 불세공 은 '제대로 가공되지 않은'이라는 뜻입니다.

사무라이(さむらい) 문화
사무라이 정신 (1)

사무라이는 영주를 시중들며, 전쟁 시에는 무사로 참여하는 무사 계급의 상류층을 일컫습니다. 봉건시대와 근세까지 사무라이의 존재 가 영향력을 끼쳤기에 사무라이 문화에서 여전히 일상에서 언급되는 표현들이 있습니다.

❖ **魂(たましい, 다마시이, 혼, 정신): 충성과 복종을 맹세하는 사무라이 정신 이 곧 たましい(다마시이, 혼, 정신)라고 생각하고 인용을 많이 합니다**

축구나 야구 국가대표로 국가 간 경기에 출전할 때 예외 없이 사무 라이 재팬으로 호칭하는 것도 혼과 패기를 가지고 출전하겠다는 의 미입니다.

❖ **天晴れ**(あっぱれ, 앗빠레, 비장함): 전쟁에 출전하는 자세와 같은 비장함을 얘기할 때 사무라이 문화를 언급합니다

❖ **腹切り**(はらきり, 하라키리, 할복): 전쟁에 지거나 중대한 명령을 수행하지 못하면 책임을 지고 할복을 하여 자결을 합니다

- 切腹(せっぷく, 셋뿌쿠): 할복

- 역사 속의 할복풍습이 역으로 본인이 죽음으로써 더 이상의 책임을 회피하는 문화인 것으로 해석하는 의견도 있습니다

❖ **影武者**(かけむしゃ, 가케무샤, 그림자 무사): 영주(다이묘)들의 신변안전을 위해 영주와 비슷한 복장을 입고 영주를 대행, 위장(대역)을 수행합니다

❖ **がむしゃら**(가무샤라, 무작정)**に**(니): むしゃ(무샤)는 **武者**(むしゃ, 무사)를 의미하며, 무사의 권한과 힘을 마음대로 휘두른다는 의미에서 '무작정'의 의미로 쓰입니다

❖ **ざれい**(쟈레이, 무릎 꿇는 인사): 영주 앞에서는 ざれい(座礼, 자레이)로 예의를 갖춥니다. 지금도 전통 료칸이나 고급 풍속업소에서는 종업원이 ざれい(자레이, 무릎 꿇는 인사, 큰절) 자세로 손님(お客様, おきゃくさま, 오갸쿠사마)을 맞이하기도 합니다

언어와 문화에도 사무라이 시대의 영향력이 남아있습니다.

사무라이(さむらい) 문화

사무라이의 무서움 (2)

2023년 일본이 월드베이스볼클래식(WBC)에서 우승을 하자, 신문 호외까지 발행하며 승리의 기쁨을 누린 바 있습니다. 특히, 스포츠종목 일본 국가대표를 '사무라이 재팬'으로 부를 정도로 'さむらい(사무라이)'는 일본의 역사, 문화, 의식에 깊이 자리 잡고 있습니다.

사무라이는 さぶらう(사부라우, 시중들다)에서 기원했다고 하며 봉건 영주(다이묘)를 경호하는 무사 귀족 계급입니다. 切り捨て ごめん(기리스테 고멘, 베어서 미안)이라 하여 이유 없이 평민을 칼로 베어 죽여도 면죄가 될 만큼의 무서운 존재여서 남의 시선을 피하고 가급적 피해를 주지않으려는 조심스런 일본인의 태도와 의식들이 여기에서 나왔다는 설도 있습니다. 일본에서 전철을 타면 웬만해서는 상대방의 눈을 마주치지 않는다고 하는데 이러한 문화 습관일 수도 있습니다.

그러나, 시대가 변해 총, 포가 생기고 군대가 생기고 '폐도령(군인, 경찰을 제외하고 칼을 소지하지 못한다)'이 생기면서, 사무라이 계급은 몰락하고, 일본 근대화를 통해 영주, 귀족 계급에서 상인, 평민 계급으로 중심이 이동됩니다. 물론, 사무라이 출신의 지식인이 근대화를 주도하기도 하는데 '후쿠자와 유키치'는 1만 엔(10만 원) 지폐 속 인물로서 신분제 타파와 교육(게이오대학 창시)을 주도한 인물입니다. 물론, 아시아 정벌론도 주장하여 역사적 아픔의 장본인이기도 합니다.

우리나라도 만 원짜리를 '배춧잎 한 장'으로 부르거나, '세종대왕'으로 불러도 이해하듯이 일본에서도 '유키치 이치마이 가리테 구레나이(ゆきち いちまい かりて くれない)'라고 하면 '유키치 한 장(만 엔) 꿔줄래?'라는 뜻입니다.

일본은 화폐 도안이 20년 주기로 바뀌는데 위조 방지를 포함, 소비 진작, 신선함 등을 주기 위한 목적입니다.

음식 문화

일본의 3대 진미는?

통상, 미식가들은 일본의 3대 진미로 からすみ(가라스미, 어란), しおうに(시오우니, 성게알), このわた(고노와다, 해삼 내장 젓갈) 세 가지를 말합니다.

가라스미는 숭어알을 염장해서 말린 것으로 から(가라)는 '당나라', すみ(墨)(스미)는 '먹'이라는 뜻으로 말린 모양이 먹처럼 생겨서 붙인 이름입니다. 시오우니는 しお(시오)는 '소금', うに(우니)는 '성게알'이란 뜻이며, 성게알에 소금을 살짝 뿌려 먹습니다. 고노와다는 なまこ(나마코, 해삼)의 끝자 こ(고)와 わた(와다, 내장)가 합쳐진 말입니다. 노(の)는 '~의'라는 뜻입니다. 해삼 내장만 모아서 젓갈로 만든것입니다 캐비어, 푸아그라처럼 고급 식자재는 알(난소, 정소)이나 내장 종류가 많습니다.

　여기에 필적할 우리나라 음식으로 보리굴비(알배기), 간장게장, 전복게우젓 등이 있습니다. 요즘 일본인들이 좋아하는 한국요리는 삼겹살, 간장게장, 닭갈비 등등이 있으며, 최근에 간장게장을 먹고싶은 음식으로 꼽는 일본인이 꽤 많습니다

언어 문화(음악 속의 언어)

굴레(しがらみ, 시가라미)

　일본의 국민가수 중 하나인 ZARD(자드, 보컬은 사카이 이즈미) 밴드의 Good day라는 노래 가사 중에 柵(しがらみ, 시가라미, 굴레) 全部(ぜんぶ, 젠부, 전부) ぬぎすてて(누기스테테, 벗어 던지고)라는 가사가 있습니다. '시가라미 젠부누기스테테'는 '굴레를 전부 벗어던지고'라는 뜻입

니다.

しがらみ(시가라미)는 굴레라는 뜻입니다. 굴레는 급물살을 막기 위해 말뚝을 촘촘히 박은 것인데 물길이 빠져나가기는 하되 뭔가 걸려 있거나 방해되는 상태를 말합니다. 우리나라 여자가수가 Good bye라는 제목으로 번안해서 부른 곡입니다.

자유와 속박의 사이, 벗어나고픔과 지켜야 함 사이의 끊임없는 갈등(가정, 직장, 대인관계)이 굴레로 정의되는데, 일본어 학습적인 측면에서 굴레라는 단어를 외우기는 쉽지는 않습니다. 그런데, 좋아하는 가수(ZARD)의 노래, Good day를 자주 듣다 보면 しがらみ(시가라미, 굴레)라는 단어가 자연스럽게 외워지듯이 외국어 학습은 적절한 동기도 중요하지만, 흥미와 즐거움이 필요해 보입니다.

4음절로 된 어려운 단어 중에 趣(おもむき, 오모무키, 정취), 温もり(ぬくもり, 누쿠모리, 온기), 魂(たましい, 타마시이, 혼), 拘り(こだわり, 고다와리, 고집), 幸い(사이와이, 행복) 등이 있습니다. 처음에는 외우기 어렵지만, 의미가 유용한 단어들입니다.

성형 문화

주름(しわ, 시와) 관리에서 성형수술까지

일본인들이 굳이 항공료 부담을 감수하면서까지 한국 성형외과를 찾는 이유는 역시 가성비가 좋기 때문입니다. 예를 들어 이마(おでこ, 오데코) 지방이식술이 일본이 30만 엔(3백만 원)이라면 한국은 10만 엔(백만 원)의 비용이 든다고 합니다.

피부 트러블부터 성형에 이르기까지, しみ(시미, 기미), そばかす(소바까스, 주근깨), ほくろ(호쿠로, 점), にきび(니끼비, 여드름) 같은 피부치료부터 はな せいけい(하나 세이케이, 코성형), ふたえ(후타에, 쌍꺼풀), りんかく(輪郭, 윤곽, 린가쿠, 사각턱 교정)부터 ほうきょう(豊胸, 풍흉, 호우쿄우, 가슴확대수술) 같은 성형수술이 있습니다.

우리나라의 성형 기술이 우수한 이유도 의대에서 선호하는 과가 최근 수십 년간 피안성(피부과, 안과, 성형외과)이 여전히 수위를 달리고 있으며, 흉비외산(흉부외과, 비뇨기과, 외과, 산부인과)이 인기가 없는 과라고 하니 우수한 인재들이 영입되는 것도 술기가 우수한 이유 중에 하나일 듯합니다.

최근에는 성형외과에서 일본인 상담사를 고용하여 컨설팅을 도와주고, 공항까지 송영버스를 운영해주는 서비스도 시행하고 있다고 합니다.

　우리나라의 우수한 의료기술이 K Beauty 한류붐에 영향을 주고 있는 것도 사실입니다. K Food에서부터 K Defense(K 방산)까지 한류붐은 계속되고 있습니다

미용 문화

피부관리와 주름(しわ, 시와)

　피부관리에 가장 신경쓰는 것은 역시 얼굴입니다. 얼굴에 생기는 다양한 피부 트러블도 어느 정도는 알고 있어야 피부관리에 대한 대화가 가능한 것입니다. 우선, 가장 고민이 되는 것은 '나이는 못속인다'는 주름일 것입니다

❖ **皺(しわ, 시와): 주름**
❖ **染み(しみ, 시미): 기미, 검버섯**
❖ **雀斑(そばかす, 소바카스): 주근깨**
   - し(시)는 시간의 흐름이라는 속성이 있으며, 시간의 흐름에 따라 しわ (시와, 주름)가 생기고, しみ(시미, 기미, 검버섯), そばかす(소바카스, 주근깨)도 침착되는

것입니다

대체로 얼굴에는 거무칙칙한 잡티와 검은 점이 많이 생깁니다.

❖ **黒子(ほくろ, 호쿠로): 점**

  - ほ(호)는 바깥의 속성, く(구)는 검은색의 속성으로 얼굴(몸) 바깥에 검은 점이
    나는 것입니다

  - ほくろ(호쿠로) 除去(じょきょ, 죠쿄): 점 제거

❖ **くすみ(구스미): 거무칙칙한 잡티**

  - く(구)는 검은색의 속성이며, くすみ(구스미, 잡티) 자체가 거무칙칙하다는 뜻입
    니다

❖ **腫れ物(はれもの, 하레모노): 종기**

  - はれる(하레루, 붓다), は(하)는 바깥의 속성이므로 바깥으로 부어 나온 것입니
    다(붓기는 はれ, 하레)

❖ **膨れもの(ふくれもの, 후쿠레모노): 물집**

  - ふくれる(후쿠레루, 부풀다), は(하)는 바깥의 속성이므로 바깥으로 부푼 것
  - 면역력 저하 시 생기는 헤르페스의 전형적 증상이 입술 포진(물집)입니다

지진과 질서 문화

지진(じしん, 지신) 이야기

일본은 지진이 많은 나라입니다. 대부분의 학교나 기관은 연간 2회 이상 지진 대피훈련을 받습니다. 지진 발생 시 3대 행동 요령은 おさない(오사나이, 밀지 않는다), かけない(가케나이, 뛰지 않는다), しゃべらない(샤베라나이, 떠들지 않는다)입니다. 맨 앞자만 따면 おかし(お菓子,오카시). 즉, 과자라는 뜻으로 '오카시'로 외운다고 합니다.

'もどらない(모도라나이, 돌아가지 않는다, 물건 등을 가지러 다시 돌아가는 행위)'를 추가해 おかしも(오카시모, 과자도)로 앞음절만 따서 교육하기도 합니다.

우리나라에서도 상영된 바 있는 'すずめの とじまり(스즈메노 도지마리, 스즈메의 문단속)'라는 애니 영화는 일본의 3대 지진(고베, 관동, 동북)의 무서움과 지진을 막는 주인공(스즈메)의 이야기를 다루고 있습니다. 지진을 일으키는 거대한 힘 みみず(미미즈)가 나오는 문을 막아낸다는 이야기입니다.

'미미즈'는 '지렁이'라는 뜻으로 지진을 전조하는 동물은 원래 なまず(나마즈). 즉, '메기'인데 붉은색의 '지렁이'가 지진의 힘을 표현하는 데 적합했던 것으로 보입니다. 참고로 나마즈는 맥줏집에 가면 술안

주 메뉴 중 '나막스'라는 것이 있는데 '메기포'같은 건어물 안주입니다 (발음이 변화됨). 정기적으로 지진 훈련을 하는 일본은 그만큼 지진이 일상 속에 있고, 이러한 영향으로 공공질서에 대한 의식이 높은 이유 중의 하나로 분석합니다.

매뉴얼 문화

매뉴얼의 나라? 일본?

전술한 대로 일본의 다양한 문화 특성 중 지진과 같은 재난이 많아서, 지침과 매뉴얼을 따라야 피해를 최소화할 수 있기에 매뉴얼을 중요시하는 매뉴얼 문화가 있다고 합니다.

지진뿐만 아니라 각종 재난과 안전사고 발생 시에 신속한 대피를 통해서 피해를 최소화할 수 있는 매뉴얼, 방침, 지침 등을 수립하고 준수하는 것이 질서의식의 기본이므로 한번 더 반복해서 강조합니다.

지진 발생 시 3대 지침

❖ **おさない**(押さない, 오사나이): **밀지 않는다**

❖ **かけない(駆けない, 가케나이): 뛰지 않는다**

❖ **しゃべらない(샤베라나이): 떠들지 않는다**

    - 앞자만 따서 お菓子(おかし, 오카시, 과자)로 교육합니다

일본은 섬나라로, 자국의 전통문화를 매우 중요시하지만 근세 말 문호개방과 세계 유일의 원폭 피해 국가로서의 아픔을 가지고 있기에 힘을 키우기 위해 선진문화 흡수에 거부감이 없습니다.

핵무기 3대 방침

❖ **つくらない(作らない, 츠쿠라나이): (핵무기는) 만들지 않는다**

❖ **もってない(持ってない, 못테나이): (핵무기는) 가지고 있지 않는다**

❖ **はこばない(運ばない, 하코바나이): (핵무기는) 운반하지 않는다**

언어 문화(빈도)

일본어의 1번 타자는 す(스)

야구 경기에서 1번 타자는 가장 많이 타석에 들어섭니다. 일본어 표현 중에서 가장 많이 사용하는 글자는 압도적으로 す(스)일 것입니다.

이유는 모든 동사의 연용형에 ます(마스)를 붙이거나, 명사나 형용사, 형용동사에 です(데스)를 붙이면 공손함을 표시하는 정중형 표현이 되기 때문입니다.

❖ **たべる**(다베루, 먹다) → **たべます**(다베마스, 먹습니다)
❖ **あかい**(아카이, 빨갛다) → **あかいです**(아카이데스, 빨갛습니다)

결국 す(스)는 남(타인) 앞에서는 공손하고 정중하게 표현(です(데스), ます(마스))하며, す(스)로 끝나는 동사는 모두 타인(객체, 목적어)을 필요로 하는 타동사가 되는 것입니다.

- 접두어 お(오), 접미어 ます(마스), です(데스)는 공손함을 표현하는 단어들입니다

❖ **はぐらかす**(하구라카스): **(타인을) 따돌리다**
  - は(하)는 바깥을 의미하므로 누군가를 바깥으로 떼어서 따돌린다는 의미의 타동사

❖ **見せびらかす**(みせびらかす, 미세비라카스): **(타인에게 무엇을)자랑하다, 과시하다**
  - 자랑하다(みせる(미세루)는 보여주다))라는 의미의 타동사

음식 문화

명태(すけとう たら, 스케토 타라) 이야기

먹태깡이라는 과자가 있는데, 먹태는 명태를 말리는 과정에서, 날이 따뜻해 색깔이 검은빛으로 된 건어물을 먹태라고 합니다.맥주 안주로 인기가 좋은 먹태구이를 새우깡 같은 과자로 상품화한 것입니다.

명태의 일본어는 すけとう たら(스케토우 타라, 명태)입니다. 대구(たら, 타라)와 구별되어 힘든 명태잡이 시 돕는 사람(すける ひと, 스케루 히토= 스케토우)이 필요하다는 설에서 유래했습니다. 멘타이(めんたい)도 명태(明太)의 의미이며, 우리나라에서 전해진 명태를 한글(한자) 그대로 발음한 것으로 후쿠오카는 명란젓(멘타이코)이 특산품입니다.

すける(助る, 스케루)는 '돕다'라는 뜻이며 영어로 Help(헬프)입니다. 変態(へんたい, Hentai, 변태)의 H(에이취)만을 취해서 エッチ(엣치)의 의미가 음란한 것 또는 섹스를 의미하게 된 것처럼, すけ(스케)도 Help의 의미라는 것만으로 エッチ(엣치)의 의미로 확장되어, すけ(스케)는 음란한 사람 또는 그냥 사람을 칭하는 속어로 쓰이고 있습니다.

❖ **すけべえ(助兵衛, 스케베): 호색한**
❖ **すけぱん(助ぱん, 스케빵): 매춘부**
   - ぱんすけ(빵스케)도 같은 의미

❖ **のみすけ(飲み助, 노미스케): 술꾼**

- 飲兵衛(のんべえ, 논베): 술꾼

'돕다'라는 원래 의미로는 すける(助る, 스케루, 돕다)보다는 たすける (助ける, 다스케루, 돕다)가 주로 일상 회화에서 활용됩니다.

일본의 신문화(新文化)

ずぼら(즈보라, 칠칠치 못한 사람)

일본어로 죽다는 死ぬ(しぬ, 시누)입니다. 여러 번 언급한 대로 し(시) 는 시간의 흐름이라는 속성을 가지고 있고 시간의 마지막 종착역은 죽음이기 때문에 しぬ(시누, 죽다)의 의미를 이해할 수 있습니다.

죽음에 대한 수많은 정의 중의 하나가 '삶과 죽음은 시간의 차이일 뿐이다'라는 명제이며, 죽음은 이미지적으로 슬프거나 좋지 않은 속 성을 가지고 있습니다.

し(시)와 같은 행인 す(스) 역시 시간의 흐름이라는 속성이며, 특히 탁음이 붙은 ず(즈)는 대체로 좋지 않은 의미를 내포하고 있습니다.

❖ **ずるい**(狡い, 즈루이): 교활한

❖ **むずかしい**(難しい, 무즈카시): 어려운

❖ **はずかしい**(恥ずかしい, 하즈카시): 창피한

❖ **めずらしい**(珍しい, 메즈라시): 이상한

❖ **いたずら**(悪戯, 이타즈라): 장난

❖ **くず**(구즈, 屑): 쓰레기

❖ **まずい**(不味い, 마즈이): 맛없는

❖ **ずぼら**(즈보라): 게으른, 칠칠치 못한

> * ずぼら(즈보라)는 TV 리모콘을 발가락으로 집을 정도로 게으르고 정리정돈을
> 하지 않는 생활 스타일의 사람을 뜻하나, 최근에는 그런 사람을 위한 간 편식
> (ズボラ飯, 즈보라한)이 나올 정도로 자주 쓰이는 표현 중 하나입니다.

반전 문화

すごい(스고이, 대단해)는 칼에서 유래되었다

반전은 일본어로 どんでん返し(どんでん がえし, 돈덴 가에시)라고 합니다. 무대장치를 바꾼다는 뜻에서 유래했고, 추리 영화에서 범인이라고 다들 믿고 있었는데 마지막에 반전이 일어나서 의외의 인물이 범인으로 밝혀지거나 하는 소재는 많이 있습니다.

흥행을 위해 반전 요소를 일부러 영화에 적극 접목시키는 경우도 많습니다. '대단하다'라는 표현으로 자주 쓰는 凄い(すごい, 스고이) 역시 한자는 처량할 처를 쓰고 있는 데다 원래는 칼(刀, かたな, 가타나)이 많이 놓인 모습을 보고 '무섭다'라는 의미였으나, '무서울 만큼 대단하다'라는 긍정의 강조 표현이 되었습니다. 소소한 반전이기도 합니다.

일본은 칼의 나라라고 하는데 칼이 물건을 싹뚝 자르는 명쾌함과 명예를 중시하는 문화와 일면은 칼은 공포의 대상이기도 해서 칼에 대한 유래를 아는 것도 일본어와 일본 문화 습득에 좋은 방법입니다.

分かる(わかる, 와까루, 이해하다)나 分かります(わかります, 와까리마스, 이해합니다)라는 표현도 칼로 싹뚝 잘라진 것처럼 명쾌하게 이해했다는 의미입니다.

공포의 대상이라고 무조건 피하는 것은 아니고 오히려, 칼을 소재로 한 잔혹한 장면의 영화나 만화 콘텐츠(7인의 사무라이, 바람의 검심, 귀멸의 칼날 등)가 공전의 히트를 기록하는 것도 무섭지만 잔혹함을 재밌게 보고 있다는 것이 인간 본성의 반전입니다.

또 하나의 공전의 만화히트작이며 누적 판매량 1억 권을 넘긴 진격의 거인(進撃の巨人, しんげきの きょじん, 신게키노 교진)도 작가가 이자카야 알바를 하면서 말안 통하는 진상 취객에서 느낀 공포감을 만화에 묘사한 것이라고 하는데, 식인 거인이 사람 머리와 팔다리를 뜯어먹는 모습 등 적나라하게 묘사한 것은 공포감의 극치이자 지나친 반전

모티브로도 볼 수 있습니다.

일본어로 '참다'라는 단어는 我慢する(がまんする, 가만스루)입니다. 그런데 我慢(아만)은 불교 용어로 자신이 고집스럽고 오만하다는 뜻이지만, 고집부리는 것이 참고 인내하는 모습으로 긍정적 변화가 되어 약간의 반전이 일어난 것입니다.

스시(すし) 문화

스시와 축의금

すし(寿司, 스시, 수사)는 초밥이고, す(酢, 스, 초)로 밥(しゃり, 샤리)을 버무리기 때문에 すし(스시)라는 단어가 す(스, 초)에서 유래된 것은 쉽게 짐작할 수 있지만 수사(寿司)라는 한자어만큼은 가장 어려운 표현 중 하나입니다.

- 초밥 가게에서 사용하는 밥을 しゃり(샤리)라고 하는데 砂利(しゃり, 샤리)는 불교계에서 화장 후 나오는 하얀색 물질(사리)로 쌀과 비슷하게 생긴 것에서 유래됨
- す(스), し(시) 모두 흰색의 속성

寿(수)는 목숨 수 자로 ことぶき(고토부키)라고 하며, 경사, 좋은 일 등을 의미합니다. 결혼식 축의금 봉투에 寿(수) 자를 많이 씁니다. 축의금은 친구 3만 엔(30만 원), 친한 친구 5만 엔, 친척 10만 엔 정도 수준으로 우리나라보다는 높은 수준(음식값 1~2만 엔, 답례품 감안 필요)이며, 축의금 때문에 그달 생활비가 쪼들릴 때 ことぶき(고토부키, 축의금) 貧乏(びんぼう, 빈보, 거지)라는 표현(고토부키 빈보, 축의금때문에 거지가 될 지경이다)도 있습니다.

가난한 여자가 부자인 남편을 얻는 경우를 玉の輿(たまの こし, 다마노 고시, 옥여). 즉, 옥 가마(수레 여)를 탔다는 표현을 씁니다. 반대로 가난한 남자가 부자인 신부를 얻는 경우는 ぎゃくたま(逆玉, 역옥, 캬쿠다마, 반대로 남자가 옥가마 타다)라고 합니다.

寿司(すし, 스시)의 司(사)는 つかさどる(츠카사도루). '관장하다'라는 뜻입니다. 즉 ことぶき(고토부키, 경사, 좋은 일)를 つかさどる(츠카사도루, 관장하다)한다는 의미입니다.

간단한 결론, すし(寿司, 수사, 스시, 초밥)는 좋은 일을 관장하는 곳에서 먹는 것, す(酢, 스, 초)로 만든 し(しゃり, 샤리, 밥). 즉, 초로 만든 밥으로 이해하면 됩니다.

언어 문화(방향성)

아래(した, 시타)를 향하는 글자 し(시)

し(시)는 화살표와 같은 '방향'의 속성을 가지고 있으며, 보다 세밀하게 말하면, 일본어 글자 중에서 가장 확실하게 아래의 속성을 가지거나, 아랫방향을 의미하는 글자입니다.

따라서, し(시)는 아랫방향의 속성을 가지고 있으며 그 자체로 아래나 아랫부분을 의미하는 것으로 간주해도 됩니다(아래 下의 중국어 발음은 '시아'). 중요한 속성이기 때문에 반복 학습을 통해 확실히 이해할 필요가 있습니다.

❖ **した(下, 시타): 아래**
❖ **しも(下, 시모): 아래, 아랫도리**
❖ **しも(霜, 시모): (하늘에서 아래로 내리는) 서리**
❖ **しり(尻, 시리): (아래) 엉덩이**
❖ **しっぽ(싯뽀): (아래) 꼬리**
❖ **しっこ(싯코): (아래쪽으로 싸는) 오줌, 소변**
❖ **したがう(從う, 시타가우): (아래쪽에서) 따르다**
❖ **したがって(시타갓떼): 따라서**
❖ **しく(敷く, 시쿠): (아래에) 깔다**
❖ **しずむ(沈む, 시즈무): (아래로) 가라앉다**

❖ **しみる(染みる, 시미루): (아래로) 스미다**

し(시)는 눈에 보여지는 그대로 아랫방향을 향하고 있으므로 し(시)로 시작하는 단어는 일단 아래를 연상하면 의미 이해가 쉽습니다.

교제 문화
튕기다(しぶって みる, 시붓테 미루) (1)

대화는 상황에 따라 미묘한 뉘앙스의 차이가 있기 때문에 하나의 표현으로 정형화할 수는 없지만 내용은 이해하고 있어야 상황판단이 쉽습니다. 연인관계의 대화에서 어떤 제안을 받았을 때 좋지만 일단 튕겨보는 경우가 있습니다.

❖ **しぶって みる(시붓테 미루, 튕겨보다)**
 - 渋る(しぶる, 시부루)는 '머뭇거리다, 주저하다'의 뜻입니다. 모임을 마치고 선뜻 계산하지 않고 주저하는 경우도 しぶる(시부루, 주저하다)라고 표현합니다.

점심을 먹고 나서 오후 세네 시쯤 배가 출출해지는 경우가 있습니다.

❖ **小腹(こばら, 고바라) すいた(스이타): 아랫배가 비었다. 즉, 출출하다**

- こばら(고바라)는 아랫배라는 의미, べつばら(베츠바라)는 소위 빵배(別 腹, 별도의 배)라고 불리는 표현입니다

- お腹すいた(おなか すいた, 오나카 스이타)가 기본적인 '배가 고프다'라는 뜻입니다

식당 영업이 잘 안 돼서 손님이 없을 때 '파리 날린다'라는 표현을 합니다. 이는 閑古鳥(かんこどり, 간코도리, 뻐꾸기)が 鳴ってる(なってる, 낫테루, 울리고 있다)와 같은 뜻입니다.

- 뻐꾸기 소리가 울리고 있다(파리 날리다)는 뻐꾸기 우는 소리가 들릴만큼 손님이 없다는 의미입니다(단, 식당 안에서 사용하면 결례)

이밖에도 ぷんすか(푼스카, 뾰루퉁)나 レベチ(레베치, 차원이 다르다, レベチが ちがい) 등의 표현이 있습니다.

언어 문화(밀접한 관계성)

じゃない(쟈나이, ~하지 않다)

불교에서는 百八(はゃくはち, 햐쿠하치, 108) 가지의 번뇌(煩悩, ぼんのう, 본노)가 인간에게 있다고 합니다. 虚無僧(こむそう, 고무소)라는 불교 수도승은 尺八(しゃくはち, 척팔, 샤쿠하치)이라는 전통 악기(퉁소 모양)를 불며 공양을 하는 수도승입니다(악기 사이즈가 한 척 여덟 치, 약 50센티).

이렇듯, 수도승(こむそう, 고무소)과 샤쿠하치(しゃくはち)는 바늘 가는 데 실 간다는 표현으로 쓰일 만큼 밀접한 관계를 뜻합니다.

じゃ(쟈)는 일어 회화에서 명사 부정문(ない)과는 바늘과 실 같은 밀접한 관계를 만들거나, 긍정문이라도 제한(조건)을 가하는 접속사(수단, 장소의 제한)로서 없어서는 안되는 중요한 표현입니다(じゃ(쟈)는 では(데와)의 구어체, 회화체).

❖ **私(わたし)じゃ ない(와타시쟈 나이): 내가 아냐**
   - 명사(또는 형용동사) 부정

❖ **私(わたし)じゃ 無理(와타시쟈 무리): 저로는 무리**
   - 수단(제한된)

❖ **社内(しゃない)じゃ 秘密(ひみつ)(샤나이쟈 히미츠): 사내에서는 비밀**
   - 장소(제한된)

❖ **私(わたし)じゃ できる(와타시쟈 데끼루): 나라면 할 수 있어**

- 수단(제한된)

じゃない(쟈나이, ~잖아, ~지 않아)를 다양하게 활용하면 회화에서의 확장성이 높아집니다.

언어 문화(시간성)

시공(時空)을 넘어가는 す(스)

す(스)는 시간의 흐름과 방향(し(시)는 아랫방향)을 나타내는 속성이 있고, 그 방향성으로 공간을 넘어가기도 합니다. 시간은 과거에서부터 현재, 미래, 물(물체)은 위에서부터 아래로 흐른다는 기본적 섭리를 가지고 す(스)를 이해하면 됩니다.

❖ **すごす(過ごす, 스고스): (시간을) 보내다**

❖ **すむ(住む, 스무): 살다**

- 사는 것도 시간을 보내는 것이고, 인생을 보내는 것입니다

❖ **すける(透ける, 스케루): 틈 사이로 지나가다**

❖ **すぎる(過ぎる, 스기루): 지나가다, 너무 (넘다)**

- すぎる(스기루)는 회화에서 매우 중요한 단어이며 각종 품사 뒤에 붙어 '너무 ~하다'라는 표현을 만들기 때문입니다. 너무는 넘다에서 온 강조 부사어입니다(정도가 넘다)

- たかすぎる(高過ぎる, 다카 스기루, 너무 비싸다, 비싸 너무), たべすぎた(食べ過ぎた, 다베 스기타, 너무 먹었다, 먹었어 너무), きれいすぎる(綺麗すぎる, 기레이 스기루, 너무 예쁘다, 예뻐 너무)

한글에도 순서를 치환해서 강조하는 도치법이 있듯이 すぎる(스기루)도 뒤에 붙어 앞 단어를 강조하는 것입니다(예뻐 너무로 이해해도 됨). 아주 중요한 단어 すぎる(스기루)는 시공을 넘어(너머, 너무)가는 속성을 가지는 す(스)의 대표적 단어입니다.

언어 문화(방향성)
쓰러지는 것에는 す(스)가 붙는다

さしすせそ(사시스세소) 같은 さ(사)행의 글자들은 대체로 방향성을 가지고 있습니다.

❖ **さす**(刺す, 사스): (어느 방향으로) 찌르다

- 刺身(さしみ, 사시미, 생선회)는 생선의 종류를 알리려는 목적에서 생선살 (み)에 생선 이름이 적힌 작은 나무 깃대(▶)를 꽂은(さす, 사스, 꽂다) 것에서 유래됨

❖ **さがす(探す, 사가스): (방향을) 찾다**

❖ **さぐる(探る, 사구루): (방향을) 찾다**

특히, す(스)는 맨 앞이 아닌 맨 뒤에 있어도 강한 방향성을 가지고 있어 어떤 방향으로 쓰러뜨리려는 속성이 있습니다.

❖ **たおす(倒す, 다오스): 쓰러뜨리다**

❖ **おとす(落とす, 오토스): 쓰러뜨리다, 떨어뜨리다**
   - おとす(오토스)는 물건뿐만 아니라 이성을 넘어뜨리다(꼬시다)라는 의미로 쓰이기도 함

❖ **ころがす(転がす, 고로가스): 쓰러뜨리다, 굴리다**
   - ころころ(고로고로): 데굴데굴

❖ **くずす(崩す, 구즈스): 무너뜨리다**
   - 一万円(いちまんえん, 이치망엔, 일만 엔)を(오, 을) くずす(구즈스, 깨다, 천 엔짜리 등으로 바꾸다)라는 표현처럼 큰 단위 지폐를 작은 단위로 바꿀 때도 쓰는 표현입니다

ころがす(고로가스)는 '굴려 쓰러뜨리다'라는 뉘앙스, くずす(구즈스)는 잘게 부수며(わる, 와루, 깨다) 무너뜨리는 듯한 뉘앙스를 가지고 있습니다.

교제 문화

호불호(すききらい, 스끼 키라이)

누구든지 여러 가지 이유에 의해 호불호(好不好, すききらい, 스끼 키라이, 좋고 싫어함)라는 것이 있습니다. 사람을 좋아한다는 일본어 표현은 すき(好, 스키)입니다. 연인 사이에서 가장 많이 쓰이는 표현인 すき(스키)를 완벽하게 어원으로 이해하는 것은 어렵지만 추정은 해볼 수 있습니다.

한자 좋을 호(好)는 여자(女)가 아이(子)를 가졌다는 것에서 유래했다는 것이 다수의 가설이며, 세상에 좋아하는 대상은 여자(女子)밖에 없어서 그렇다는 우스갯소리도 있습니다. 결국 すき(스끼)는 사람의 속성을 가진 す(스)와 역시 사람의 속성을 가진 き(기)에서 출발해서 사람이 사람을 좋아한다는 단순한 출발점이며, きらい(嫌い, 기라이, 싫은)도 사람의 き(기)와 사람의 ら(라)로 이해해야 합니다(싫어하는 대상도 사람이므로).

좋을 호(好)를 사용하는 또다른 표현은 このむ(好む, 고노무, 좋아하다)가 있습니다.

❖ **おこのみ やき(お好み 焼き, 오꼬노미 야끼): 일본식 부침개**
  - 좋아하는(このむ, 고노무) 재료를 함께 반죽하여 부쳐내는(やく, 야쿠) 일본을 대

표하는 대중 음식

❖ **より ごのみ(選り好み, 요리 고노미): 좋아하는 것만 가리기(까다롭게 가린다는 부정적인 뉘앙스가 있음)**

- たべものを よりごのみ する(다베모노오 요리고노미 스루, 음식을 (까다롭게) 가린다

우선, 단어 이해를 위해서는 좋아하는 대상도 사람, 싫어하는 대상도 사람으로 간주하고, すき(스끼, 좋아함), きらい(기라이, 싫어함), このむ(고노무, 좋아하다)를 이해해야 합니다.

꼰대
부정의 표현 ず(즈)

꼰대는 속어이긴 하지만, 자주 사용하는 표현이고 일본어로 표현하면 老害(ろうがい, 로우가이, 노해). 즉, 나이든 사람(老いた ひと, おいた ひと, 오이타 히토)이 젊은 층(若手, わかて, 와카테)에게 迷惑(めいわく, 메이와쿠, 폐)를 끼치거나, 방해하는(さまたげる, 사마타게루) 것을 말합니다.

시간이 흐르고 나이가 드는 것을 막을 수는 없지만, 신구 간의 세대차와 갈등은 기원전에도 존재하였습니다.

- 소크라테스 왈: 요즘 애들은 버릇이 없다

시간의 흐름을 대표하는 글자를 す(스)로 소개하였지만, 인생의 측면에서 보면 시간의 흐름의 마지막인 죽음은 다소 비관적이고, 부정적 이미지를 띄기도 합니다.

무소유의 な(나), 정중형의 부정표현(ません, 마셍)과 함께 ず(즈)는 부정(하지않고, 없어서, 나쿠테)을 뜻하는 글자(문어적 표현이지만, 최근에는 회화에서도 자주 사용)입니다.

❖ **それにも 拘わらず(それにも かかわらず, 소레니모 가까와라즈): 그럼에도 불구하고(그럼에도 구애받지 않고)**
❖ **せずに(세즈니): 하지 않고**
   - する(스루, 하다)가 せ(세)로 변형
❖ **老害ず(ろう がいず, 로우 가이즈): 꼰대들**
   - 여기서 がいず(가이즈)는 부정형이 아니라 Guys(가이즈)라는 발음의 유사성을 가지고 복수형을 만든 것임

삶과 죽음은 시간의 차이일 뿐이라는 단순명제를 전제로 한다면 若手(わかて, 와카테, 젊은 층)와 老いた 人(おいた ひと, 오이타히토, 나이 든 사람) 간의 입장의 차이를 서로 이해(역지사지)할 필요도 있어 보입니다.

스포츠 문화

스모(すもう)와 순위 문화

相撲(すもう, 스모)는 일본의 전통 씨름이고 국기이며, 1,000년 이상의 역사를 가지고 있는, 일본 내에서 인기 있는 프로 스포츠 중 하나이기도 합니다. 전통 씨름인 만큼 의식을 중요시여기는 것으로 유명하며, 土俵(どひょう, 도효우)라는 씨름판 위에서 力士(りきし, 역사, 리키시) 둘이서 대결하며, 발바닥을 제외한 부분이 땅에 닿거나 도효우 밖으로 밀려나면 지는 어떻게 보면 간단한 룰입니다.

시합 전에 역사들이 한 다리를 들어 땅을 구르는 것은 땅의 나쁜 기운을 몰아내는 것이며, 소금을 한 줌 뿌리는 것도 나쁜 기운을 몰아내기 위한 의식입니다.

스모심판은 行司(きょうじ, 교지)라고 하며 역사들의 싸움을 독려하는 의미로 はっけよい(핫케요이), のこった(노콧타, 남았다)를 외치는데 핫케요이는 한글로 '할께요'라는 발음과 유사한데 '더 해라' 정도의 의미이고 '노콧타'는 도효(씨름판) 경계선까지 '아직 남았으니 더 싸우라'라고 독려하는 말입니다.

스모선수(역사)는 태권도와 같이 품계가 있어 승리횟수 등에 따라 승단 심사를 하는 체계이며 최고 품계가 10단 정도, 우리나라의 천하

장사에 해당되는 橫綱(よこづな, 요코즈나)로 불립니다. つな(綱,츠나)는 '줄'이라는 뜻으로 요코즈나만이 두를 수 있는 금색의 줄을 허리에 차는 것입니다.

이러한 역사들의 순위를 매긴 품계표를 番付(ばんづけ, 반즈케)라고 하며 이러한 순위에 따라 연봉, 상금, 대우 등 모든 것이 달라지기 때문에 순위를 올리기 위해 고된 훈련과 시합을 하는 것이며, 반즈케에 기인해서 엔터테이먼트 쪽이나, 일상에서도 일본인들이 유독 순위를 정하는 것에 흥미를 느끼는 것으로도 이야기되고 있습니다.

맛집 순위는 물론이고 아이돌 인기 순위 등등 ランキング(랑킹구, 랭킹)에 집착(こだわり, 고다와리)하는 경향이 있다고도 볼 수 있습니다.

스모의 특징

1. 시합을 시작할 때 시작신호를 심판이 주지 않는다(두 선수가 적당한 타임에 동시에 부딪히며 시작함).
2. 시합에서 승리를 해도 웃거나 세레머니를 하지 않는다. 거꾸로 패자도 특별히 인상을 찡그리지 않는다(상대에 대한 배려로 추정).
3. 스모는 체중에 따른 체급이 없으며 상위 품계에 대해서는 나이, 출신 불문하고 복종한다(요코즈나를 제외하고는 하위 품계로 강등될 수도 있기 때문에 위아래 상호존중은 하되, 기본적으로는 실력지상주의 원칙임).

결혼 문화

부부싸움으로의 이동(ずらす, 즈라스)

콩나물국 끓일 때 콩나물을 먼저 넣느냐? 두부를 넣느냐?를 가지고 부부싸움을 하다가 이혼한 사례가 일본실화TV에 방송된 적이 있습니다. 그만큼 부부싸움(夫婦喧嘩, ふうふ けんか, 후우후 겡카)은 사소한 것에서부터 시작합니다.

차 안에서 부부의 대화

女: シ-ト ずらした?(시토 즈라시타?, 시트 조금 이동했는데?)

男: しらない(시라나이, 모르겠는데.)

女: 香水(こうすい) かわった?(고우스이 가왔타?, 향수 바꿨어?)

男: いや(이야, 아닌데.)

女: カナビ履歴(りれき) みても いい?(카나비 리레키 미테모 이이, 카 내비게이션 이력봐도 돼?)

男: それは(소레와, 그거는.)

女: 携帯(けいたい) 暗証番号(あんしょう ばんごう おしえて?(게이타이 안쇼반고 오시에테, 휴대폰 비밀번호 알려줄래?)

男: 信じてないの(신지테 나이노, 안 믿는 거야?)

전형적인 부부싸움으로 전개가 되는 대화 패턴입니다. ずらす(즈라스)는 위치나 시간을 '조금 이동시키다'라는 의미이고, 일본어로 비밀번호를 암증번호(暗証番号, あんしょう ばんごう, 안쇼반고) 또는 ロック ばんごう(로쿠반고, 잠금번호)로 표현합니다.

浮気(うわき, 우와끼, 바람)에는 항상 거짓말이 동반됩니다. 이때, 嘘つき(うそつき, 우소츠끼)는 거짓말쟁이라는 뜻입니다.

언어 문화(방향성)
옆(そば, 소바)에 있는 접속사

접속사는 문장을 연결해주며, 순접, 역접, 병렬 등 여러 가지의 기능을 가지면서 역할을 합니다. 중요한 것은 접속사 역시 사람의 의지를 표현하는 것이기 때문에 어원학적으로 사람의 바로 '옆(そば, 側, 소바)에 있는 것이다'라는 속성을 반드시 이해해야 합니다.

❖ **たかが(高が, 다카가): 고작, 기껏**
- 높아(高い, 다까이, 높다)봐야 고(高)작
- 고작은 순수 한글입니다.
- たかが一万円, されど一万円(다카가 이치망엔, 사레도 이치망엔): 고작 1만 엔,

그래도 1만 엔

- 돈의 가치는 생각하기 나름

❖ **したがって(従って, 시타갓떼): 따라서**

- したがう(従う, 시타가우, 따르다)에서 왔음

❖ **そばから(側から, 소바카라): 족족**

- そば(소바, 옆)의 의미에서 ~하는 족족, 하자마자

- かった(買った)そばから こわれ(壊れ)て しまった(갓타 소바카라 고와레테 시맛타): 사자마자 고장나버렸다)

❖ **もっとも(最も, 못토모): 가장**

- も(모)는 눈의 속성, 눈은 인체에서 가장 중요한 기관으로 이해하면 됩니다
- もっともらしい(못토모라시이): (가장) 그럴듯한

それで(소레데, 그래서), そして(소시테, 그리고), それから(소레카라, 그리고), それと(소레토, 그리고) 같은 접속사들은 약간의 뉘앙스는 다르지만, 문장의 옆(そば, 소바)에, 사람의 옆(そば, 소바)에 있는 단어일 뿐이라는 점을 이해하면 접속사 활용이 어렵게만 느껴지지는 않을 것입니다.

언어 문화(유사성)

풀(くさ, 구사)과 잔디(しば, 시바)

풀은 일본어로 くさ(草, 구사)입니다. くき(茎, 구키, 줄기)가 ちいさい(작은) 식물에서 유래되었다는 설이 있습니다. くさい(臭い, 구사이, 썩다)에서 볼 수 있듯이 풀(くさ, 구사)이 썩어서 거름이 되는 것 또는 냄새는 항상 입냄새가 신경이 쓰이므로 입의 속성을 가진 く(구)를 살짝 연상해도 좋습니다. くち(口, 구찌, 입)에서 どぶ(溝, 도부, 시궁창)같은 냄새가 나지 않도록 歯磨き(はみがき, 하미가끼, 양치질)하는 습관이 중요합니다.

- ど(도)는 흙, 진흙 등 土(흙 토)의 속성과 기운을 가지고 있습니다
- やえば(야에바, 덧니)는 구취의 원인이 되기도 하는데, 일본은 덧니가 귀엽다는 인식과 교정 비용 부담으로 인해, やえば (덧니)를 유지하는 경향이 있습니다

しぐさ(仕草, 시구사, 행동, 몸짓)는 くさ(구사, 풀)의 종류가 많은 것처럼 행동이나 행위의 종류가 많음에서 유래되었습니다. 비슷한 단어로 しば(芝, 시바, 잔디)가 있습니다.

- し(시)는 아래, ば(바)는 잎의 속성으로 아래쪽(땅)에 잎이 난 잔디를 의미합니다.

❖ **しば(芝, 시바): 잔디**

❖ **しばふ(芝生, 시바후): 잔디, 잔디밭**

❖ **しばい(芝居, 시바이): 연극**

   - 가부키 같은 연극이나 공연을 잔디밭에 앉아 구경했기 때문에 잔디밭(しば)에 있다(いる, 앉아있다)는 의미로 이해하면 됩니다.

こうどう(行動, 고우도우, 행동) 같은 딱딱한 한자어보다는 しぐさ(仕草, 시구사, 행동) 같은 표현이 더 자연스러우며, 역시 같은 의미지만, 演劇 (えんげき, 엔게키, 연극)같은 한자어 기반의 표현보다는. しばい(芝居, 시바이, 연극) 같은 표현이 좀 더 자연스러운 표현입니다.

음식 문화

소바(そば) 이야기

소바(そば, 蕎麦, 소바)는 메밀 또는 메밀로 만든 국수 등을 통칭하며, 라멘, 우동과 함께 일본을 대표하는 면 요리입니다. あぶらっこい(아브 랏코이, 기름진)한 라멘(돈코츠라멘 등)보다는 담백한 것을 선호하는 사람들이 소바를 많이 찾습니다. 메밀의 어원 역시 뫼 산(山)에 비롯되어 뫼(메) 밀. 즉, 산에서 나는 밀이라는 것에서 어원이 되었듯이, そば(소바)가 다른 한자이기는 하지만 각진 모양을 뜻하는 そば(소바,각)에서 메밀 알갱이모양이 원래 삼각면체처럼 각진 모양에서 そば(소바)로 불린다는 설이 있습니다.

메밀은 찰기가 없기 때문에 밀가루를 혼합해서 반죽을 하는데 오히려 순수 메밀 함량이 높을수록 면이 툭툭 끊어집니다. 제주도 향토 음식인 메밀칼국수의 경우, 원조(메밀 100%)집에 가면 면이 다 끊어져서 숟가락으로 떠먹는 손님을 많이 볼 수 있을 정도입니다.

같은 일본어 글자인데 다른 한자어를 써서 의미가 다른 단어들은 매우 많습니다. 5円(ご えん)은 5엔짜리 동전입니다. 같은 발음의 ご縁(ごえん)은 인연을 뜻하는 한자어이기 때문에 5엔짜리 동전은 좋은 인연을 가져다준다는 의미가 있어 신사 안에 있는 나무 등에는 좋은 인연과 행운을 비는 의미에서 5엔짜리 동전 구멍에 줄을 매달아 걸어놓은 모습을 많이 볼 수 있습니다.

뜻대로 안 되는 일이 더 많은 세상이기에 5엔짜리 동전을 매달아서라도 좋은 기운이 오기를 바라는 마음일 것입니다. 縁起(えんぎ, 엔기)는 운이나 재수를 뜻하는 표현으로 샷을 했는데, 나무맞고 OB(out of bounds, 플레이 금지 구역) 구역으로 가면 えんぎが わるい(엔기가 와루이, 운이 안 좋다)라고 말하고, 페어웨이 안쪽(플레이 구역)으로 떨어지면 えんぎが いい(엔기가 이이, 운이 좋다)라는 표현을 사용하는 것입니다.

帰る(かえる, 가에루)도 집으로 돌아오다, 귀가하다라는 뜻인데 蛙(かえる, 가에루, 개구리)라는 뜻도 있기때문에 일본 가정집 현관 위에 개구리(かえる, 가에루)인형 같은 것이 놓여 있다면, 아빠가 출근했다가 빨리 집에 돌아오라는 의미가 있는 것입니다.

蝙蝠(こうもり, 고우모리, 편복)은 박쥐라는 뜻입니다. 중국어 얘기이지만 여기서 쓰인 박쥐 편(蝙), 박쥐 복(蝠)중 복자는 복 복(福)자와 같은 중국어 발음(푸)이기 때문에 오히려 중국 에서는 박쥐가 복을 가져다 준다는 의미도 있어 중국 도자기 등에 그려진 박쥐 문양은 이상한 그림이 아닌 복을 상징하는 의미입니다.

そば(소바), ラメン(라멘), うどん(우동)은 대표적인 일본의 면 요리이기 때문에 종류도 다양하고 점포도 매우 많습니다. 후쿠오카 나카스에 있는 라멘집 이치란 본점은 어느 시간대에 가도 기본 30분에서 1시간 대기 행렬(きょうれつ, 교레츠, 행렬, 行列)이 있습니다.

스포츠 문화(등산)

솟아오른(そびえる, 소비에루) 후지산

일본에서 가장 높은 산(3,776m)은 후지산이며, 2023년에는 4만 명의 등반객으로 쓰레기 적치와 분뇨 문제로 입장 요금 징수 및 입장 정

원제 등을 검토하고 있다고 합니다. 후지산 정도의 높은 산이 우뚝 솟은 경우 そびえる(聳える, 소비에루, 우뚝 솟다)라고 합니다.

そ(소)는 방향의 속성을 가지고 있기 때문에 위로 우뚝 솟은 모양입니다. そびえる 摩天楼(まてんろう, 소비에루 마텐로, 우뚝 솟은 마천루, そびえる ロケット(소비에루 로케토, 우뚝 솟은 로켓) 등의 표현이 가능합니다.

비슷한 단어로 そびれる(소비레루)는 そびえる(소비에루)에 비해서는 우뚝 솟지 못한 단어로 보입니다. 그래서 동사연용형에 붙어 '~하지 못하다'라는 뜻의 의미로 사용되고 있습니다.

❖ **たべそびれる**(다베 소비레루): **먹지 못하다**
❖ **いきそびれる**(이키 소비레루): **가지 못하다**
❖ **ねそびれる**(네 소비레루): **잠을 못 자다**(설치다)
❖ **いいそびれる**(이이 소비레루): (말하고는 싶었는데) **말하지 못하다**

そびれる(소비레루)는 하고는 싶었는데 하지 못하다, ~할 기회를 놓치다의 의미로써 일부러 안 하는 것이 아니라 하고 싶은데 못하는 것(못한 것)의 뉘앙스를 가지고 있습니다. 조금 어려운 표현이고, 어원적으로 설명하기 곤란하지만 회화에서 요긴하게 사용되는 표현이라 불가피 발음적으로 유사한 단어인 そびえる(소비에루, 우뚝 솟다)와 비교하였습니다.

た(다)행

たちつてと(다치쯔데도)로
이해하는 일본 문화

た(다)행 (たちつてと, 다치쯔데도)으로 시작하는 단어들은
다리, 손, 땅, 정적인 것의 속성을 가지고 있다.

언어 문화(언어유희)

だじゃれ(다쟈레) 문화는 만국공통

駄洒落(だじゃれ, 다쟈레)는 우리말의 신소리(엉뚱한 말, 익살)에 해당하는 것으로, 발음이 비슷한 단어를 이용해서 말장난이나 언어유희를 하는 것을 의미합니다.

아재 개그가 될 수도 있지만 일드, TV프로에도 자주 나오고 일상 대화에서도 분위기 업을 위해 사용하며, 일본어 학습을 위해서도 나름 좋은 방법입니다.

❖ いくら(이크라)は(와) いくら(이크라)?: 연어알은 얼마?

❖ いか(이카)は(와) いかがですか(이카가데스카): 오징어는 어떻습니까?

❖ さわら(사와라)は(와) さはらない(사와라나이): 삼치는 만지지 않는다

❖ むし(무시)を(오) むしする(무시스루): 벌레를 무시한다

❖ まえがみ(마에가미)で(데) まえが みない(마에 가 미나이); 앞머리로 앞이 보이지 않는다

음식점 문화

공짜(ただ, 다다)입니까?

일본 여행 중 음식점 이용 시 무료 제공인지 아닌지 물어보는 경우가 있습니다. ただですか(다다 데스까, 무료입니까?) 또는 한자어를 이용해서 無料(むりょう, 무료) ですか(무료우 데스까, 무료입니까?)로 물어봐도 같은 의미입니다. た(다)는 て(데, 손)의 속성을 가지고 있으므로 た(다, 손), だ(다, 손) 양손(빈손)만으로 무엇을 얻을 수 있으니 ただ(다다)가 공짜의 의미로 된 듯합니다.

한자어를 제외하고 일본어 중에서 한글과 유사한 발음의 단어는 공짜로 쉽게 배우는 느낌입니다.

우연의 일치일 수도 한일 간 언어전파의 증거일 수도 있습니다.

- ❖ **そっくり(솟쿠리): 쏙(싸그리) 빼닮은**
- ❖ **靡く(なびく, 나비꾸): 나부끼다**
- ❖ **任せる(まかせる, 마카세루): 맡기다**
    - 오마카세(おまかせ): 셰프에게 메뉴를 맡기는 것
- ❖ **まず(마즈): 먼저**
- ❖ **ほか(호카, 外): 바깥**
- ❖ **辛い(つらい, 츠라이): 쓰라리다**
- ❖ **とくり(도쿠리): 독(항아리)같이 생긴 술병**

❖ **眩しい(まぶしい, 마부시이): 눈부시다**

- ま(마)는 め(메, 눈)와 같은 의미로 보았습니다

세상에 공짜는 없지만, 쉽게 얻을 수 있는 지름길(ちかみち, 찌카미치)은 있습니다.

언어 문화(신체 표현)

손(て, 데)을 번갈아서 움직이다

어떤 말이나 행위를 반복하거나 중복하는 것은 그것의 중요성에 대해 강조하는 것입니다. た(다)행 (たちつてと, 다찌츠데도)은 손과 발의 속성을 가지고 있습니다. 따라서 동일한 글자가 반복되는 것은 반복되는 이유가 있는 것이며 강조의 의미가 있는 것입니다.

❖ **たたむ(畳む, 다타무): (손으로 반복해서) 접다, 개다**

- た(다, 손)와 た(다, 손)가 두 번 반복되는 것입니다

- 흔히 일본식 방을 다다미방이라고 하는데 たたみ(다다미)는 바닥에 까는 바닥재(짚이 들어 있음) 깔개이며 여러 번 접을(たたむ, 다타무) 수 있다는 의미에서 유래되었습니다

- 畳む(たたむ, 다타무)의 한자어는 갤 첩자로 畳(じょう, 죠)은 和室(わしつ, 와시츠, 일본식 방)의 사이즈를 의미하며 1畳(じょう, 죠, 첩)은 90×180cm이고, 2畳(にじょう, 니죠)이 1평정도의 크기입니다

❖ **たたく(叩く, 다타쿠): (손으로 여러 번) 때리다**

❖ **たたかう(戦う, 다타카우): (손으로 여러 번 주먹질하며) 싸우다**

❖ **つづく(続く, 츠즈쿠): (손으로 여러 번) 계속하다**

❖ **つづける(続ける, 츠즈케루): (손으로 여러 번) 계속하다**

❖ **とどく(届く, 도도쿠): (손과 발을 여러 번 움직여) 도달하다, 도착하다**
   - 多い(おおい, 오오이, 많다)나 大きい(おおきい, 오오키이, 크다)역시 이유없이 お(오)를 두번 반복한 것은 아니며 그만큼 많거나 크다는 점을 강조하고 있는 것입니다

てつだう(手伝う, 데츠다우, 돕다)는 손을 뜻하는 글자(て, つ, だ, 데, 츠, 다)가 세 글자나 들어가 있습니다. 그만큼 손을 많이 들여서 도와준다는 의미인 것입니다.

건강 문화

体調(たいちょう, 다이쵸, 컨디션)

국민체조는 80년대, 90년대에는 익숙한 용어 중 하나였으며 전국민 건강증진을 위해 시행하였으나, 군사 문화 잔재설 및 코로나 영향 등으로 점차 사라지는 문화가 되어가고 있습니다.

체조는 体操(たいそう, 다이소우)라고 합니다. 体操(たいそう)와 발음과 한자가 비슷한 体調(たいちょう, 다이쵸우)는 몸의 상태, 컨디션을 말하며, 요즘같이 감기에 많이 걸리는 계절에는 자주 사용됩니다.

❖ **体調(たいちょう) いい(이이): 몸상태가 좋다**
❖ **体調(たいちょう) わるい(와루이): 몸상태가 나쁘다**
❖ **体調(たいちょう) たもつ, 다모쯔): 컨디션을 유지하다.**
❖ **体調(たいちょう) 悪い(わるい) (다이쵸 와루이)는 감기기운이 있을 때, 배가 살살 이플 때, 나른하고 기운이 없을 때 등 무언가 몸의 상태(컨디션)가 안좋을 때 쓰는 표현입니다.**

우리식 표현대로 몸이 아프다(からだが いたい, 가라다가 이따이)는 구체적으로 상처가 생겨 아프거나, 통증이 느껴질 정도의 상황에서 쓰는 표현이여서 몸 상태가 안 좋을 때는 たいちょう わるい(다이쵸 와루이)를 우선적으로 사용합니다.

생활용품 매장인 다이소(ダイソ-)는 일본기업 대창산업(大創産業, だいそう さんぎょう, 다이소 산교)에서 유래되었는데, 体操(다이소우), 体調(다이쵸우), 大創(다이소우) 발음 및 한자어 차이에 유의해야 합니다.

다이소와 대창(산업), 같은 단어이지만 발음의 차이와 브랜드의 차이는 존재합니다.

음식 문화

다시(だし, 국물) 이야기

出し(だし, 다시, 국물)는 다시마나 멸치 등 재료로 육수를 우려낸 국물을 의미하며, 出す(だす, 다스, 내다, 내놓다)에서 유래된 명사형(だし, 다시, 국물을 낸 것)입니다. だし(다시)가 요리에 중요하듯이 だす(다스, 내다)는 일본어 회화에 중요한 복합동사(동사 두 개가 합쳐진 것)가 만들어져 사용되고 있습니다.

활용도가 매우 높은 복합동사이기 때문에 반드시 이해해야 하는 표현들입니다.

❖ **思い出す(おもいだす, 오모이다스): 생각해내다**

- おもいだした (오모이다시타): 생각났다

❖ **呼び出す(よびだす, 요비다스): 불러내다**

- よぶ (요부, 부르다)와 だす (다스, 내다)의 합성

❖ **はみ出す(はみだす, 하미다스): 삐져나오다**

- はみだした 贅肉(ぜいにく) (하미다시타 제이니쿠): 빠져나온 군살

❖ **踏み出す(ふみだす, 후미다스): 내딛다**

- いっぽ ふみだした (잇포 후미다시타) 한발 내딛었다

다치(たち)문화
다치의 유래

혼밥을 일본어로 표현하면 ひとり ごはん(히토리 고항, 혼밥) 또는 ぼっち ごはん(봇찌 고항, 혼밥)이라고 합니다.

- ひとり ぼっち(히또리 봇찌, 외톨이)에서 유래된 표현들입니다

혼밥을 하러 식당에 가면 보통 カウンタ-席(せき, 자리, 석)(카운타 세끼, 카운터석)로 안내를 받기도 하는데 우리나라에서 가끔 카운터에

혼자 앉는 자리를 다찌(たち)나 立ち席(たちせき, 다치세키, 입석)라는 표현을 하곤 하는데 다치세키는 기차 입석의 경우에 사용하는 표현이며, 일본 식당에서는 거의 카운타 세키라고 합니다

- カウンタ-せき どうぞ, (카운타세키 도조): 카운터석 부디(카운터석으로 앉아주세요)

たち(다찌, 서 있음)는 たつ(立つ, 다츠, 서다)의 명사형이며, 서서 술 마시는 가게를 立ち飲み(たちのみ, 다찌노미, 서서 마심)라고 합니다. 통영에서는 たち(다찌)라는 의미가 술을 시키면 안주가 무료로 나오는 술집 형태를 말하기도 하며, たちのみ(다찌노미)에서 유래는 되었으나, 의미와 やりかた(야리카타, 운영방법)는 다른 형태로 변화된 것입니다.

핵심은 たつ(立つ, 다츠, 서다), たてる(立てる, 다테루, 세우다), たてもの(다테모노, 建物, 건물) 등 '(다리로) 서다'를 기본으로 한 단어의 의미를 연상해서 이해하는 것입니다. 속어 중에서 다찌(たち)라고 해서 현지 여성이 외국인을 대상으로 부적절한 애인 관계 등을 유지하고, 그런 여성들의 의미로 사용되기도 하는데 立ち(たち, 다찌)에서 유래된 것이 아닌 인칭명사의 복수형을 표현하는 たち(다찌, 들)에서 유래했고 '그런 일을 하는 여성들' 정도의 의미입니다.

매춘

たちんぼう(다친보)

언어는 빠른 시대변화에 고정되지 않고 신조어를 양산하며 변합니다. 모든 단어를 외울 수는 없지만 만들어지는 패턴은 이해하는 것이 좋습니다. パリピ(파리피)는 '파티피플'의 약자로서 파티를 즐기며 신나게 노는 사람에서 유래되어 '인싸'로 불리는 사람을 말합니다.

❖ 好きぴ(스키피)는 'すきな(스키나, 좋아하는) 피플(People)'이란 말로 좋아하는 사람이나 애인을 지칭하기도 합니다

❖ したぴ(시타피)는 'した(시타, 혀)'와 '피어싱'의 합성어로써 혀에 피어싱(Piercing)을 한 것을 말합니다. 처음 뚫을 때는 고통이 있지만 개성을 표현하고자 젊은 층에서 많이 합니다.

❖ はなぴ(하나피)는 코(はな, 하나)에 피어싱을 한 것이고, くちぴ(구치피)는 입술에 피어싱을 한 것을 말합니다. 即レス(소쿠레스)는 '즉시(そくじ, 即時)'에다가 응답(Response)의 합성어로써 카톡 문자를 보내면 '읽씹'하지 않고. 즉각 답변하는 것을 말합니다(일본은 라인(line)이 우리나라의 카톡에 해당합니다). 일본에서도 소쿠레스(즉각 답변)하는 시간을 판단해서 상대방의 관심이나 애정의 정도를 가름하는데 이는 우리도 마찬가지일 것입니다.

❖ スメハラ(스메하라)는 냄새(Smell)이나 구취, 지나친 향수 등으로 피해(Harassment)를 주는 것을 말합니다. 이밖에도 パワハラ(파와하라)는

권력(Power)로 피해를 주는 것으로써 '갑질'을 의미합니다.

최근 일본의 사회문제가 되고 있는 立ちん坊(たちんぼう, 다친보)는 원래 새벽에 일용직 노동을 위해 대기하고 있는 노동자를 뜻하는 말이었는데 최근에는 도쿄 오쿠보 공원 등에서 매춘을 위해 서 있는 젊은 여성을 의미하는 말로 바뀌었습니다.

매춘은 売春(ばいしゅん, 바이슌)이라고도 쓰지만 해당 여성들은 순화된 표현으로 わりきり(割り切り, 와리키리)라는 말을 사용합니다. 와리키리는 '단절'이라는 뜻으로 연인관계나 사랑 같은 의미는 완전히 단절하고, 오직 돈거래만을 위해 일을 한다는 의미에서 나온 말입니다. 신조어도 사회현상을 반영하는 것이기에 의미를 이해하면 사회문제 해석의 접근이 용이합니다.

언어 문화(탁한 발음)
탁주(막걸리)와 탁음 だ(다)

막걸리는 증류하거나 거르지 않고 쌀 등을 발효시켜 만든 술이며, 색깔이 흐리고 탁하다는 의미에서 탁주(濁酒)라고도 합니다. 일본어

와 한글 발음의 차이가 있는 점도 일본어는 탁음이 있다는 것인데 か
さたは(가사다하)행에 탁음을 붙여 がざだば(가자다바)로 발음이 탁하
게 되는 것입니다.

탁음은 글자 그대로 목청이 떨리며 탁하게 발음하는 것입니다. 일
본어 한자 시험에서 제일 어렵게 느껴지는 것이 같은 한자인 大(대)가
たい(다이) 또는 탁음이 붙은 だい(다이)로 발음되는 것에 유의해야 합
니다.

❖ **大事(だいじ, 다이지): 중요하다**
❖ **大丈夫(だいじょうぶ, 다이죠부): 괜찮다**
❖ **大学生(だいがくせい, 다이가쿠세이): 대학생**
- 탁음은 탁음끼리 어울린다는 점을 기억

❖ **大切(たいせつ, 다이세츠): 중요하다**
❖ **大会(たいかい, 다이카이): 대회**
❖ **大変(たいへん, 다이헨): 큰일**
- 청음은 청음끼리 어울린다는 점을 기억

1923년 관동대지진 발생 직후 민심 혼란을 잠재우기 위해 일본 내
조선인들이 우물에 독을 넣는다는 등의 유언비어로 조선인을 선별
학살하는 과정에서 조선인을 구별하기 위해 十五円 十五銭(십오원 십
오전, 쥬고엔, 쥬고센, じゅうごえん じゅうごせん)을 발음시켰다는 역사적 일
화가 있습니다(쥬고엔(탁음)이 아니라 주코엔(청음)으로 발음하면 계엄

군인들이 체포해 갔다고 함).

언어 문화(신체 표현)

일본어의 국가대표 つ(츠)

언어학적으로 한글과 가장 다른 일본어의 글자는 つ(츠, 쯔)입니다. 한글에서 쯔로 시작하거나 구성된 단어는 거의 없으며 방언으로 쯔끄레기(찌꺼기) 정도의 단어가 있을 뿐입니다. 그만큼 일본어가 한글발음과 유사하지만 확실히 다른 유일한 일본어 글자는 つ(쯔)입니다.

따라서, つ(쯔)는 일본어에서 주요 단어들에 많이 활용되고 있으며 접속어로도 요긴하게 사용됩니다. つ(쯔)는 손의 속성을 가지고 있습니다. 한 손을 조금만 오므려보면 손이 つ(쯔)모양처럼 된다는 것을 알 수 있습니다.

❖ **つくる**(作る, 쯔끄루): (손으로) 만들다
❖ **つかう**(使う, 쯔까우): (손으로) 사용하다
❖ **つたえる**(伝える, 쯔따에루): (손으로) 전하다
❖ **つかむ**(掴む, 쯔까무): (손으로) 잡다

❖ **つむ**(摘む, 쯔무): (손으로) **따다**

❖ **つける**(付ける, 쯔께루): (손으로) **붙이다**

위에서 보는 것처럼, つ(쯔)는 손을 이용해서 하는 동사의 주요한 쓰임으로 활용되고 있습니다.

한국인의 경우 つ(쯔) 발음이 익숙하지 않다 보니 쭈로 발음하는 경우가 많은데 정확히 입꼬리를 평행하게 해서 정확히 つ(쯔)로 발음해야 합니다. 쭈로 발음하면 조금 귀여운, 어린애같은 이미지로 보여 언밸런스한 느낌을 줄 수 있습니다.

일본어 중에서도 つ(쯔)로 시작하는 단어를 정확히 구사하는 것은 일본어 학습에서 매우 중요하고 의미있는 일이며, 일본어 회화를 능숙하게 하는 지름길입니다.

보양식 문화

달(つき, 츠키)과 자라의 연관성?

용봉탕은 잉어와 닭 또는 자라와 닭을 넣고 만드는 보양식 중 하나입니다. 자라는 すっぽん(슷뽕, 자라)이라고 하며, 일본에서도 스태미너에 좋다고 해서 자라피도 먹고 슷뽕나베(자라전골)식으로도 먹습니다.

관용어구 중에는 月と鼈(つき と すっぽん, 츠키토 슷뽕, 달과 자라)이라고 해서 천지차이, 천양지차를 의미하는 말입니다(자라가 둥글다고 해서 달(つき, 츠키)은 아니라는 의미입니다.)

右(みぎ, 미기, 오른쪽)와 ひだり(히다리, 왼쪽)는 일본 운전 시 내비게이션 음성에서 제일 많이 나오는 표현입니다. 右方向(みぎ ほうこう, 미기 호코우, 오른쪽 방향) 또는 左方向(ひだり ほうこう, 히다리 호코우, 왼쪽 방향)로 안내합니다

원래, みぎ(미기)도 みぎり(미기리)에서 り(리)가 탈락한 것이지만, 불가피 단어를 외우기 위해서는 み(미)의 속성이 둥글게 말다라는 점이 있기에, 시계 방향 오른쪽으로 돌다(まわる, 마와루), 말다(まく, 마쿠)로 연상하는 것이 좋고 반대(はんたい, 한타이)가 ひだり(히다리,왼쪽)입니다.

수산시장에 가면 흔히 말하는 광어와 도다리 구별법, 좌광우도(즉,

머리 쪽부터 보면 좌측에 눈이 몰린 것이 광어, 우측에 눈이 몰린 것이 도다리입니다)와 같습니다.

- ❖ **ひだり**(히다리, 좌) **ひらめ**(히라메, 광어),
- ❖ **みぎ**(미기, 우) **めいたがれい**(메이따 가레이, 도다리)

すっぴん(슷삥)은 맨얼굴, すっぽんぽん(슷뽕뽕)은 알몸, すっぽん(슷뽕)은 자라라는 뜻이기 때문에 차이를 잘 구별해야 합니다.

언어 표현(붙임성)

달라붙는(つく, 쯔꾸)

つく(付く, 쯔꾸)는 '붙다'라는 의미입니다. くっつく(굿쯔꾸)는 '달라붙다'라는 의미입니다. く(구)는 입의 속성, つく(쯔꾸)는 붙다의 뜻으로 입에 짝 달라붙는다는 의미입니다. 외우기 쉽게 쭈꾸미처럼 달라붙는다(쯔꾸, つく)고 기억해도 됩니다. つく(쯔꾸)가 매우 중요한 단어이기 때문에 쭈꾸미까지 언급해보았습니다.

- ❖ **からだつき**(体つき, 가라다 쯔끼): 몸매(몸에 붙어있는 모습)

❖ **かおつき**(顔つき, 가오 쯔끼): 용모(얼굴에 붙어있는 모습)

❖ **めつき**(目つき, 메 쯔끼): 눈매(눈에 붙어있는 모습)

つく(付く, 쯔꾸)는 '붙는다(붙어있다)'는 의미에서 '포함된다'는 의미로 확장되어 쓰이고 있습니다.

❖ **ひとづきあい**(히토 즈키아이): 붙임성

❖ **キャディつ-き**(캬데이 쯔끼): (골프) 캐디 포함

❖ **朝食付き**(ちょうしょく つき, 쵸쇼쿠 쯔끼): 조식 포함

❖ **露天風呂付き**(ろうてんぶろ つき, 로텐부로 쯔끼): 노천탕 포함

쭈꾸미는 飯蛸(いい だこ, 이이 다꼬)입니다. いい(이이)는 밥의 고어로써 산란기 쭈꾸미의 머리 속에 밥알 같은 알이 들어있는 것에서 유래합니다.

付く(つく, 쯔꾸)는 '붙다'라는 뜻이지만, 일상 회화에서는 からだ つき(가라다 쯔끼)와 같이 몸매를 뜻하거나, 호텔 예약 시 朝食 つき(쵸우쇼쿠 쯔끼)와 같이 조식 포함과 같은 표현으로 자주 활용되고 있습니다.

언어 문화(접근성)

팔로워가 붙다(つく, 쯔꾸)

리더(Leader)의 중요성과 함께 팔로워(Follower)가 중요한 시대로 변화되고 있습니다. 유명 유튜버나 틱톡커 역시 유명세의 기준은 팔로워이며 그들은 리더라고 불리우는 것에는 큰 의미를 두지 않습니다. 이제는 조직에서의 리더 역시 팔로워가 양적, 질적으로 따라오느냐 따라오지 않느냐가 리더십의 관건입니다.

❖ **付いて くる(ついて くる, 츠이테 쿠루): 따라오다**

❖ **付いて こない(ついて こない, 츠이테 코나이): 따라오지 않는다**

❖ **付く(つく, 츠쿠): (가까이) 붙다**

た, ち, つ, て, と(다치츠데도)는 손의 특성이며 손으로 붙일 수 있는 가까운 거리라는 의미에서 付く(つく, 츠쿠, 붙다)와 近い(ちかい, 찌카이, 가깝다)는 같은 의미로 이해하면 좋습니다.

❖ **付く(つく, 츠쿠): (가까이) 붙다**

❖ **付ける(つける, 츠케루): (가까이) 붙이다**

❖ **次(つぎ, 츠기, 다음): (가까이) 다음**

❖ **近い(ちかい, 찌카이): 가까운**

❖ **縮まる(ちぢまる, 찌지마루): (가깝게) 줄어들다**

일본 여성의 직업 중 투잡(ダブル ワーク, 다브루 와쿠, Doble work)으로 전환이 많은 직업 중의 하나는 看護師(かんごし, 강고시, 간호사)입니다. 백의의 천사(白衣の 天使, はくいの てんし, 하쿠이노 텐시)로서 직업적인 보람은 높은 편이지만 가장 큰 이유는 힘든 일에 비해 급여가 높지 않기 때문이라고 합니다.

- 給料が 付いて こない(きゅうりょうが ついて こない, 규료가 츠이테 코나이): 급료(보수)가 따라오지 못하다

언어 문화(접근성)

땅(つち, 츠치)이 있는 지구, 그리고 달

일본어로 달은 つき(月, 츠끼)입니다. 지구라는 행성의 입장에서 보면 달은 매우 중요한 행성으로 지구의 위성으로 가깝게 붙어(付き, つき, 츠끼)있기 때문에 つき(츠끼)로 부르게 된 듯한 느낌도 있습니다.

달이 지구를 한달 주기로 돌기 때문에 달력(30일)이 생긴 것이고 달의 인력 때문에 조수간만도 안정적으로 유지되는 것입니다. 지구는 한자어 그대로 地球(ちきゅう, 치큐)입니다. '땅이 둥글다'라는 뜻입니

다. 地(지)는 じ(지) 또는 ち(치)로 발음되는 글자입니다.

- 한자어로 月(월)은 がつ(가츠), げつ(게츠)로 발음 및 활용됩니다

- ❖ **じもと(地元, 지모토): 태어난 곳, 고장**
- ❖ **じどり(地鶏, 지도리): (양계가 아닌) 토종닭**
- ❖ **じみ(地味, 지미): (타고난 기질, 모양) 수수한**
  - 넥타이나 외모가 じみめ(지미메, 수수한 모양)라고 말하면 실례가 될 수 있습니다

화려하다는 はで(派手, 하데)라고 하며, 전통적인 연주법에 비해 새로운 파(派)들의 연주기법(手, て, 테)이 화려하다는 의미로까지 확대되었습니다.

- ❖ **ちず(地図, 치즈): 지도**
- ❖ **ちきゅう(地球, 치큐): 지구**
- ❖ **ちけい(地形, 치케이): 지형**
  - つち(土, 츠치, 흙)에서 보듯이 ち(치)는 땅의 속성이 강합니다. 실물의 흙이나 땅을 나타내는 경우는 지구, 지형, 지도에서처럼 ち(치)를 사용하고, 타고난 것, 태어난 곳과 같은 단어에는 じ(지)를 사용하는 경향이 있습니다

つき(月, 츠끼, 달)같은 단어는 쉽지만 의외로 기억해내기 어려울 수 있으므로, 항상 지구에 붙어있는(付き, つき, 츠끼) 유일한 위성이자 행성으로 기억하면 좋습니다.

결혼 문화

아내(つま, 츠마)의 존재

골프에서 처음 필드에 나가는 경우 '머리 올리다'라는 표현을 쓰는데 사전적 의미로 장가를 갈 때, 시집을 갈 때처럼 처음 한다는 의미로 머리를 올린다는 의미가 유래가 되었다는 이야기가 있습니다

남존여비의 비유적 상징물로 천하대장군, 지하여장군이라고 쓰여진 장승을 예로 많이 듭니다(남장군도 아니고 대장군).

일본어에서도 아내는 안과 보조 역할, 남편은 바깥과 주인 역할의 의미가 많습니다. 아내 자체도 '안에', '안사람'에서 유래되었습니다.

妻(つま, 츠마, 처, 아내), 아내 처도 여자(女)가 머리를 올린다는 의미이며, つま(츠마)는 사시미와 곁들인 것(무채, 해초 등)을 의미합니다.

家内(かない, 가나이)도 아내를 의미하며, 奥さん(おくさん, 옥상)도 아내를 의미합니다. 구석 오(奥)자는 안 内(내)보다 더 안쪽의 느낌입니다.

ご主人(ごしゅじん, 고슈진)은 남편의 의미입니다. 主人(주인) 그 자체입니다. 旦那(だんな, 단나)도 남편의 의미로 자주 쓰이며, 단나는 불교용어로 施主(시주, 절에 물건 등을 공양하는 사람)의 의미로서 역시 주인

주(主)를 사용하고 있습니다.

夫(おっと, 옷또) 역시 남편의 의미로서 지아비 부자에 크다(大)라는 의미가 내포되어 있습니다.

- ❖ **아내: つま(츠마), おくさん(옥상), かない(가나이)**
- ❖ **남편: ごしゅじん(고슈진), だんな(단나), おっと(옷또)**

맞장구(あいづち, 아이즈치) 문화

枕詞(まくら ことば, 마쿠라 고토바, 수식어)

한글에서 맞장구는 장구를 서로 마주 보고 함께 친다는 의미에서 상대의 말에 적절히 호응하는 것을 의미(맞장구친다)합니다. 일본에서 맞장구는 대장간에서 서로 망치질을 하며 합을 맞춘다는 의미에서 相槌(あいづち, 아이즈치)가 맞장구친다는 표현입니다. '맞망치를 친다' 가 단어 의미적으로 맞는 것이며, 일본인의 머리 속에는 아마도 장구가 아니라 망치(槌, つち, 츠찌)와 대장간 모습이 있을 것입니다.

- 相槌(あいづち)を 打つ(うつ) (아이츠치오 우츠): 맞장구를 치다 (=맞망치질을 하다)

- つち(츠찌, 망치)나 うつ(우츠, 치다)나 つ(츠)의 손의 속성을 기억하면 손으로 잡
  고 치는 것입니다

金槌(かなづち, 가나즈치)는 쇠망치라는 의미이며, 수영을 못하는 사
람을 의미하기도 하며, 우리나라에서의 맥주병과 같은 의미입니다.
맥주병을 물에 던지면 물에 뜨기는 하나, 허우적대는 형상 때문에 그
런 유래가 되었고, かなづち(가나즈치, 쇠망치)는 당연히 물에 바로 가
라앉기 때문입니다.

쇠망치와 맥주병은 아이러니하게도 동일한 의미(수영 못 한다)입니
다. 상대방의 말에 호응을 잘해주는 것은 사회생활 대인관계, 연인관
계에 있어서도 매우 중요합니다.

相槌(あいづち, 아이즈치, 맞장구)를 잘하는 것을 ひと たらし(히토 타라
시, 타인에 대한 호응을 끌어내는 말)가 좋다는 표현을 합니다. たらす(다라
스, 속이다)가 좋은 의미로 바꿔어서 사용됩니다.

참고적으로 枕詞(まくら ことば, 마쿠라 고토바, 수식어)는 어떤 말의 앞
에 놓여서 그 말을 상징하는 의미로 수식해주는 단어를 말합니다. 예
를 들어, 글로벌 리더 아무개라는 표현에서 글로벌 리더가 まくら こと
ば(마쿠라 고토바, 수식어)가 되는 것입니다. まくら(마쿠라, 베개)가 잠자
리에 꼭 필요하고, 주변에 가까이 있다(가까이에서 수식)는 의미에서 ま
くら ことば(마쿠라 고토바, 수식어)가 생기게 되었습니다.

대화에서 수식어를 넣어주고 리액션으로 호응해주고, 적절한 타이 밍으로 맞장구, 맞망치(あいづち, 아이즈찌)치는 것은 매우 중요한 대화 법입니다.

지진과 문화

츠나미(つなみ, 해일) 이야기

2024년 1월 초 일본 서부 해안 이시가와현 등에 진도 7.6의 강진이 발생하여 큰 피해와 공포심을 일으켰습니다. 지진과 함께 동반되는 つなみ(津波, 츠나미, 해일)는 가장 심각한 피해를 일으키는 원인 중의 하나입니다.

つなみ(츠나미)는 항구나 제방(둑)을 의미하는 つ(津, 츠)와 なみ(波, 나 미, 파도)가 합쳐진 말로 '항구나 제방으로 밀려드는 파도'라는 의미입니 다. 특히, み(미)는 물(みず, 미즈)의 속성이라는 점을 이해해야 합니다.

❖ **みず(水, 미즈): 물**
❖ **なみ(波, 나미): 파도(물)**
❖ **つなみ(津波, 츠나미): 해일(바다)**

- ❖ **つつみ**(堤, 츠츠미): (물을 막는)제방
- ❖ **うみ**(海, 우미): 바다(물)
- ❖ **みなと**(港, 미나토): 항구(바닷물과 연계)
- ❖ **みさき**(岬, 미사키): 곶(바닷물과 연계)

지진과 같은 자연재해가 수시로 발생하기 때문에 시스템이 마비될 수 있는 신용카드보다는 현금계산과 현금보관을 중시하는 일본인의 성향이 지진과 같은 중대재해에 기인한다고 알려져 있습니다.

언어 문화(땅의 속성)

つち(츠치, 땅)

창세기에는 하나님과 함께하는 약속의 땅을 젖과 꿀이 흐르는 땅으로 표현하고 있습니다. 일본어로 젖은 ちち(치치, 젖), 꿀은 はちみつ(하치미츠, 벌꿀), 땅은 つち(츠치, 땅)입니다. 젖(목축)과 벌꿀(식물)은 모두 땅(つち, 츠치)으로부터 얻어낸 소중한 산물입니다.

ち(치)는 생명의 근원인 땅과 관련된 단어가 많습니다.

- ❖ **つち(土, 츠치): 땅**

- ❖ **みち(道, 미치): 길**

- ❖ **まち(街, 마치): 길거리**

- ❖ **うち(家, 우치): 집**

    - 땅 위에 지은 집

- ❖ **はち(蜂, 하치): 땅벌**

    - 땅에서 나는 식물의 영양을 먹고사는 벌

- ❖ **さち(幸, 사치): 자연에서 나오는 산물**

落ちる(おちる, 오치루, 떨어지다)를 분석하면, お(오)는 아랫방향(겸손)과 ち(치)는 땅의 속성이므로 땅쪽으로 떨어진다는 의미가 됩니다.

주차(ちゅうしゃ, 츄샤) 문화

일본 주차장 이용하는 법

주차를 잘하는 경우, 능숙하다라는 표현이 필요합니다. 바로 上手(じょうず, 죠우즈, 상수)입니다. 반대로 서툴다는 下手(へた, 헤따, 하수)입니다. 하수는 너무 못한다는 이미지가 있어 조금 완화된 표현으로 苦手(にがて, 니가테, 서툴다)라는 표현도 자주 사용합니다.

일본 여행 시 렌트를 주로 하기 때문에 불가피 유료주차장을 사용하는 경우가 많습니다. 유료주차장은 통상 コイン パ-キング(코인 파킹구, Coin parking, 코인 주차장)으로 부릅니다. 유료주차장에 파킹을 하고 현금이나 카드로 정산하고 출차하는 방식입니다. 주차장에 따라서는 파킹존 차량 하부 지면에는 플랩(Flap, 날개)이라는 장치로 잠금이 이루어지고, 요금 정산을 하면 플랩이 내려가고 차량 출발이 가능해집니다

플랩 확인을 안 할 경우 차량 손상이 생길 수 있기 때문에 출차 전후 세심한 확인이 필요합니다. 근래에는 감시 카메라 방식으로 대체되고 있는 중입니다.

- フラップ(후랏푸, 플랩, 날개판), ロック板(로쿠반, 잠금판), 車止め(くるまどめ, 구루마도메, 차량통행금지) 등도 모두 동일한 표현입니다

유료주차장 요금은 후쿠오카의 경우, 시간당 싼 곳은 천원에서 비싼 곳은 오천 원 정도이며, 도쿄 긴자 중심가는 10분당 오천 원, 육천 원 정도의 相場(そうば, 소바, 시세)도 있습니다. 지역과 시설에 따른 차이를 고려해야 합니다.

자전거(ちゃり, 챠리) 문화

생활 속에서 보이는 일본 문화

자전거는 自転車(じでんしゃ, 지덴샤)입니다. 다만, 일상생활에서는 ちゃり(챠리, 자전거)가 흔하게 쓰입니다.

- ちゃりん(챠링, 따르릉)이라는 의성어에서 유래된 ちゃりんこ(챠린코, 자전거)의 약어
- チャリ通(ちゃりつう, 챠리츠우): 자전거 통학

한국인들이 생소하게 보는 자전거 타는 모습은 특히 여고생들이 스커트를 입고 통학하는 경우입니다. 교통비가 비싸기 때문에 웬만한 거리는 자전거로 통학하며, 교복이 스커트이기 때문에 이상할 것도 없는 모습입니다. 문화로서 자연스럽게 정착된 것입니다.

- ❖ **チャリ通 あるある(챠리츠우 아루아루): 여고생들의 자전거 통학하면 있을법한 일들**
- ❖ **スカ-トが 巻き込まれた(まきこまれた, 스카토가 마키코마레타): 스커트가 말려버렸다**
- ❖ **前髪(まえがみ)が 死んじゃった(마에가미가 신쟛타): 앞머리가 죽어버렸다**
- ❖ **スカ-トが 食い込んだ(くいこんだ, 스카토가 구이콘다): 스커트가 먹었다 (엉덩이에 끼였다)**

❖ **ママチャリ(마마 챠리): 바구니 달린 자전거**

   - 마마챠리는 엄마(ママ, 마마)들이 슈퍼 등 쇼핑갈 때 사용하는 바구니(か ご, 카 고)달린 자전거를 말합니다.

   참고로 일본 도로교통법상 자전거를 타면서 우산을 쓰는 것(かさを さす, 가사오 사스), 이어폰, 헤드폰 사용 행위, 친구와 나란히 달리는 것 (並走, へいそう, 헤이소우)은 안전상 금지되어 있습니다.

   자외선이 강하고 피부암 발병률이 높은 호주에서 사람들이 모자를 자주 쓰고 다니는 것은 자외선을 막기 위한 생활 필요성이 모자 쓰는 문화로 형성된 것이며, 벼의 삼모작을 하는 베트남에서 쌀국수가 대표 음식으로 발달한 것은 생활환경에서 생성된 자연적인 생활 문화의 정착입니다.

   야외활동을 하는 골프도 모자를 쓰는 것이 매너인 것도 생활 필요성에서 나온 문화입니다

일회용(つかいすて, 츠카이스테) 문화

스타킹

스타킹(ストッキング, 스톳킹구)은 올이 자주 나가기 때문에 사실상 일
회용처럼 사용합니다. 일회용은 使い捨て(つかいすて, 츠카이스테, 사용
하고 버리기, 일회용)라는 표현을 사용합니다. 一回(いっかい, 잇카이, 일회)
로 표현하면 안됩니다.

- つかう(츠카우, 사용하다)와 すてる(스테루, 버리다)의 합성어, 쓰고 버리는 일회용

使う(つかう, 츠카우)는 '사용하다, 쓰다, 소비하다'라는 뜻을 가지고
있으며 つ(츠)는 손, か(가)는 칼(돈)의 속성으로 손으로 칼(돈)을 '사용
하는' 것입니다.

- 刀(かたな, 카타나): 칼, 검, 도

일본 역사와 문화에 있어 칼(か(가))은 강하고, 무서운 상징물이기
때문에 언어에도 か(가)에는 그러한 강함(つよい, 츠요이)과 무서움(こわ
い, 고와이)이 함축되어 있습니다.

❖ **여고생들의 お使い(おつかい, 오츠카이): 심부름**
 - 칼이나 돈을 사용하는 것뿐만 아니라 사람을 사용하여 일을 시킨다는 의미

❖ **お小遣い(おこつかい, 오코츠카이): 용돈**

- 작게 사용하는 돈, 적은 돈이라는 의미에서 용돈을 의미함

❖ **使い捨て(つかいすて, 츠카이스테): 일회용**

- 사용하고 버리는 것이 일회용이나, 한국인에게는 일회용이라는 말이 너무 자주 사용되어, つかいすて(츠카이스테, 일회용)를 끄집어내기가 쉽지 않기 때문에 각별히 기억해야 함

- 使い捨て 手袋(つかいすて てぶくろ, 츠카이 스테 테부쿠로): 일회용 장갑

스타킹의 올이 나가는 것을 伝線(でんせん, 덴센, 올이 풀리거나 나감)이라고 하며, 올(줄)이 전달, 전달되면서 풀린다는 의미입니다.

- 伝線(でんせん)した(덴센시타): 올이 풀렸다

ストッキング(스톳킹구, 스타킹)는 발음이 비슷한 ストーキング(스토킹구, 스토킹, 따라다니며 괴롭하는 행위)와 잘 구별해야 됩니다. 일본어는 일회용이 사용하고 버리기(つかいすて, 츠카이스테)인 것입니다.

모노즈쿠리(ものづくり)문화

일본제조업의 기본 정신

ものづくり(物作り, 모노즈쿠리)는 의미적으로는 '물건 만들기'이지만 제조업 강국인 일본의 물건을 만드는 장인정신 그 자체를 뜻하는 표현입니다.

이와 함께 ものがたり(物語, 모노가타리)도 '이야기'라는 뜻이지만 스토리텔링을 중시하는 일본 마케팅 문화의 한 요소입니다.

일본 내 인기 おみやげ(오미야게, 지역특산품) 중 넘버원을 다투는 白い恋人(しろい こいびと, 시로이 고이비토, 하얀 연인)는 삿뽀로의 제과 회사(石屋, いしや, 이시야) 창업주가 설원을 스키로 내려오는 연인의 모습을 보고 착안하였다고 합니다.

- 회사는 삿포로 내 시로이 고이비토 파크 운영 중(홋카이도산 우유를 활용, 수제과자 만들기 체험)

교토를 대표하는 八つ橋(やつはし, 야츠하시) 餅(もち, 모찌, 떡)은 일본 전통음악의 시조인 야츠하시 겐교를 기리는 화과자로 처음에는 가야금 모양의 전통악기 모양(직사각형)에서 지금은 앙금이 들어있는 삼각형 모찌까지 출시되고 있습니다.

히로시마를 대표하는 おみやげ(오미야게, 지역특산품)는 紅葉饅頭(も
みじ まんじゅう, 모미지 만쥬)로 단풍 모양의 화과자입니다. 히로시마에
있는 섬인 미야지마(일본의 3대 절경)의 단풍을 ものがたり(모노가타리,
이야기)로 하고 있습니다.

- もみじ(紅葉, 모미지): 단풍

위의 3대 お土産(おみやげ, 오미야게, 지역특산품)에 꼽히는 것 외에 우
리나라 관광객에게 인기 있는 도쿄 바나나빵도 과일 특산물이 없는
도쿄의 도시 이미지를 살려 수입 과일 중 30년 전 당시는 고급 과일
이미지가 있었던 바나나를 ものがたり(모노가타리, 이야기) 소재로 마케
팅을 한 성과물입니다.

태풍피해로 과수원의 사과가 대부분 떨어져 농사를 망치게 되자,
그나마 나무에 매달려있는 사과를 떨어지지 않는(落ちない, 오찌나이)
사과(林檎, りんご, 링고)로 마케팅(합격 스티커 부착)하여 시험에 합격을
바라는 수험생 부모들 대상으로고가에 판매해 성공한 실화는 もの
がたり(모노가타리, 이야기)를 활용한 스토리텔링의 정석으로 회자되는
이야기(ものがたり, 모노가타리)입니다.

성문화

콘돔을 끼다(ゴムを つける, 고무오 츠케루) (1)

하반신에 입거나 신는 것은 穿く(はく, 하쿠)를 사용합니다. 履く(はく, 하쿠)라는 한자로도 사용합니다.

- ❖ **スカ-トを はく**(스카토오 하쿠): 스커트를 입다
- ❖ **パンツを はく**(판츠오 하쿠): 바지를 입다
- ❖ **パンティを はく**(판테이오 하쿠): 팬티를 입다
- ❖ **くつを はく**(구츠오 하쿠): 신발을 신다
- ❖ **くつしたを はく**(구츠시타오 하쿠): 양말을 신다

상반신에 입는 것은 대체로 着る(きる)를 사용합니다. 역시 '입다'라는 뜻입니다.

- ❖ **ふく(服)を きる(着る)** (후쿠오 키루): 옷을 입다
- ❖ **ブラウスを きる**(브라우스오 키루): 블라우스를 입다

주의할 점은 상반신 중 ブラジャ-(브라자)는 つける(츠케루, 착용하다)를 사용하고, 최근 사용빈도가 높은 マスク(마스크)는 かける(가케루, 걸치다) 또는 つける(츠케루, 착용하다), する(하다) 등을 주로 사용합니다. 일본은 피임기구인 콘돔을 이야기할 때 コンド-ム(콘도무)보다는 ゴム

(고무)라는 표현을 주로 사용하고, スキン(스킨)이라고도 합니다.

콘돔 재질은 고무나무에서 채취하는 라텍스로 만들기 때문입니다. ゴムを つける(고무오 츠케루, 콘돔을 착용하다)라고 주로 표현합니다. ゴムを する(고무오 스루, 고무를 하다)라고도 합니다. 조금 더 설명하면 ネクタイ(네쿠타이, 넥타이)는 しめる(시메루, 매다, 조르다)를 사용하고, てぶくろ(데부쿠로, 장갑)은 はめる(하메루, 끼다)라는 표현을 사용합니다.

성문화
매독과 장마(つゆ, 츠유)의 연관성? (2)

梅毒(ばいどく, 바이도쿠, 매독)와 梅雨(つゆ, 츠유, 장마)는 모두 매화 梅(매)자를 쓰는 공통점이 있습니다. 매독은 성병의 하나로 초기매독 증상이 매화꽃 모양으로 궤양이 생기는 것에서 비롯되었습니다. 나폴레옹, 카사노바, 가등청정(가토 기요마사, 임진왜란 당시 2군 선봉장이였고, 쿠마모토성을 축조한 인물) 등도 매독에 걸렸던 역사적 기록이 있습니다.

지금은 페니실린(항생제) 초기 치료 시 주사 한 방으로 완치가 되지만, 예전에는 감염병 사망의 주요 원인이었고, 최근 일본도 코로나 이후 매독 환자가 급격히 늘어나서 사회 문제로 기사에 가끔 나옵니다.

梅雨(つゆ, 츠유, 장마)는 매화 열매(매실)가 열리는 시기가 통상 5월, 6월이여서 장마 시기 와 겹치기 때문입니다. 한자어 그대로 ばいう(바이우)보다는 つゆ(츠유)로 주로 사용하고 露(つゆ, 츠유, 이슬)와의 연계성 때문으로 보입니다.

- ❖ **梅雨入り(つゆいり, 츠유이리): 장마 시작**
- ❖ **梅雨明け(つゆあけ, 츠유아케): 장마 끝**

위와 같은 표현도 장마철에 일기예보나 일상생활에서 자주 쓰이는 표현입니다.

레져 문화

줄다리기(つなひき, 츠나히키)

영화 오징어 게임의 명장면 중 하나로써 줄다리기(綱引き, つなひき, 츠나히키)게임하는 장면도 포함될 것입니다.

- 綱(つな, 츠나, 밧줄), 引く(ひく, 히쿠, 당기다)
- つな(츠나, 밧줄)는 어떤 것을 연결해주거나 묶는 도구 중 하나입니다
- つ(츠)는 손의 속성입니다

つな(츠나, 밧줄) 덕분에 쉽게 외울 수 있는 단어가 つながる(繫がる, 츠나가루, 이어지다, 연계되다, 맬 계)라는 표현입니다. つな(츠나, 밧줄)와 동사를 만드는 표현인 がる(가루, ~해 하다, ~하고 싶다)가 합해진 것으로 이해하면 됩니다. 동사를 만드는 역할을 하는 がる(가루)는 회화에서 매우 중요한 표현 방법입니다. 바로, 형용사나 형용동사를 동사로 바꾸어주는 역할을 하기 때문입니다(단, 화자가 아닌 제3자가 주어가 되는 경우가 많습니다).

❖ **怖がる(こわがる, 고와가루): 무서워하다**
  - こわい(고와이): 무섭다

❖ **痛がる(いたがる, 이타가루): 아파하다**
  - いたい(이따이): 아프다

❖ **強がる(つよがる, 츠요가루): 강해하다(강한 척하다)**
  - つよい(츠요이): 강하다

일본의 전통 씨름인 相撲(すも, 스모) 용어 중에서 최고 지위(챔피언)에 해당하는 横綱(よこづな, 요코즈나)는 요코즈나만이 시합 전 의식에서 허리 옆에 두르는 금색 줄(つな, 츠나, 줄)을 차고 오르는 것에서 유래된 명칭입니다.

- よこづな(요코즈나)라는 표현은 비만인 상태를 비유적으로 의미하기도 합니다(橫綱時代, よこづなじだい, 요코즈나 지다이, 요코즈나 시대, 비만 시절)

화장실(おてあらい, 오테아라이) 문화

화장실도 문화다

해외여행 시 화장실 이용 편의성도 매우 중요한 방문지 결정의 요소입니다

그런 면에서 일본은 편의성이 높은 나라 중 하나이고, 재래식 화장실(くみとり べんじょ, 구미토리 벤죠, 소위 푸세식 변소) 문화를 바꾸는 것에 기여한 회사는 세계최초로 자동식 비데를 개발한 TOTO(토토)사입니다(くみとる(구미토루)는 '퍼내다'라는 뜻).

TOTO는 세계시장 점유율 17%에 달하는 세계 최대 비데 및 위생도기 회사입니다. 1917년 창업당시 사명 東洋陶器(동양도기, とうよう とうき, 토요우 토우키)의 앞 글자만 따서 TOTO로 사명을 변경하였습니다(본사는 후쿠오카현 기타큐슈시 고쿠라구 소재).

비데(Bidet)는 프랑스어로 조랑말이라는 뜻이고, 당시의 수동식 세척 변기(비데) 이용 모습이 조랑말을 타고 있는 것처럼 보인 것에서 기인합니다.

일본 여행 시 화장실이라는 다양한 표현을 볼 수 있는데 トイレ(토이레, Toilet, 화장실), お手洗い(おてあらい, 오테아라이, 손 씻는 곳)를 가장 많이 사용하며, 백화점이나 마트에는 化粧室(けしょうしつ, 게쇼우시츠, 화장실)로 표기되어 있는 곳이 있고, 사찰이나 신사 등 오래된 건물에는 べんじょ(벤죠, 便所, 변소)로 적힌 경우도 있습니다.

우리나라도 절이나 전통찻집에 가면 해우소(解愚所, 근심을 푸는 곳)라고 화장실을 표기하는 곳도 있습니다. 대변을 의미하는 うんこ(웅꼬)는 우리나라의 응가에서 유래됐다는 설이 있으며 소변은 しっこ(싯꼬)입니다. おしっこ 漏れそう(おしっこ もれそう, 오싯꼬 모레소우)는 '오줌 쌀 것 같다'라는 의미입니다.

언어 문화(신체 표현)

일본어는 손(て, 데)으로 다룬다

일본어 학습에 있어 て(데, 손)를 이해하면 시작이 반이라는 말처럼 상당수의 일본어단어 핵심 키워드를 알게 되는 것입니다. 일본어에서 가장 많이 쓰는 표현방식이 て(で) (데, 데, ~이고)라는 접속조사이며 です(데스, ~입니다)라는 보조동사입니다.

て(手, 데, 손)는 글자 그대로 손이라는 뜻이고 여기에서의 품사는 당연히 명사입니다. て(데) 글자 모양을 자세히 보시면 가위바위보의 손바닥 편 모양(보)이나 가위를 냈을 때 모양하고도 비슷해서 손으로 이해하기 매우 쉬운 글자입니다.

- ❖ **手袋(てぶくろ, 데부쿠로): 손장갑**
- ❖ **手作り(てづくり, 데즈쿠리): 수제**
- ❖ **手伝う(てつだう, 데츠다우): 손을 거들어 돕다**
- ❖ **軍手(ぐんて, 군테): 목장갑**
  - 군대에서 목장갑을 주로 쓴다고 해서 목장갑이라는 뜻이 됨

위와 같이 て(데, 손)가 들어간 단어는 매우 많습니다. 손은 사람의 행동을 보조하여 물건을 집거나, 거들거나 하는 신체기관이며, '손에 손잡고(てに てを つないで, 데니 데오 츠나이데, 손에 손잡고)'처럼 무엇인가

를 보조하고 연결해주는 기능을 한다고 이해하면 됩니다.

て(데)는 손이라는 명사인 동시에 손에 손잡고처럼 무엇인가를 연결해주고, 무엇인가를 보조해주는 글자로서의 속성을 가지고 있다라는 점만 이해해도 일본어 학습의 초급은 마스터할 수 있습니다. 즉, 손(て, 데)이라는 명사와는 완전 별개로 형용사(예쁘다), 형용동사(아름답다)처럼 명사 뒤에서 보조해주는 역할을 하는 경우(~て(데), ~で(데), ~です(데스))에는 접속조사가 되거나, 보조동사가 되기도 합니다. 즉, 품사로서 て(데), で(데)는 연결을 해주는 접속조사이고, です(데스)는 동사, 형용사, 형용동사, 명사를 뒤에서 보조해주는 조동사인 것입니다.

おいしい(오이시이, 맛있다) 라는 형용사만 쓰면 맛있다(동시에 비정중형. 즉, 반말입니다), おいしくて(오이시쿠테, 맛있고) 하면 형용사에 て(데)(형용사는 무조건 くて(쿠데)의 지정된 변형 방식, 명사나 형용동사는 뒤에 で(데)를 붙여 변형)로 형용사 접속을 시키면 두 개의 단어를 연결하는 표현(~하고)이 가능해지는 것입니다.

これは おいしくて やすいです。(고레와 오이시쿠테 야스이데스, 이것은 맛있고 쌉니다)라고 연결해서 두 마디로 표현하면 한마디 워딩 단계에서 점점 벗어나게 되고, 일본어 초급단계를 지나게 되는 것입니다.

おいしいです(오이시데스, 맛있습니다)와 같이 형용사를 보조하는 です(데스, 입니다)를 사용하면 반말이 아닌 정중형의 표현이 되는 것입니다.

언어 문화(숫자 표현)

숫자는 손(て, 데)으로 센다

일본 여행 시 쇼핑할 때 수량적 표현 활용은 필수적입니다.

- これ ひとつ ください(고레 히토츠 구다사이): 이것 하나 주세요

일이삼사오(いち, に, さん, し, ご, 이치니산시고)는 한자어이기 때문에 발음적으로 숫자를 외우기 쉽지만 하나, 둘, 셋에 해당하는 和語(わご, 와고, 순수 일본어)는 이해가 필요합니다.

❖ **ひとつ(一つ, 히토츠): 하나**
 - ひと(히또, 사람), ひ(히, 해)가 하나인 것을 연상

❖ **ふたつ(二つ, 후타츠): 둘**
 - ふた(후타)는 뚜껑의 의미, 본체와 뚜껑까지 둘
 - ふたり(후타리, 두 사람), ふたえ(후타에, 쌍꺼풀),
 - ふたご(후타고, 쌍둥이), ふたまた(후타마타, 두갈래), ふたけた(후타케타, 두 자리)

❖ **みっつ(三つ, 밋츠): 셋**
 - み는 물의 속성, 석 삼(三)과 내 천(川)의 유사성

❖ **よっつ(四つ, 욧츠): 넷**
 - 四(し)가 死(し, 죽음)와 비슷해서 よ(요)로 대체한 것으로 어둠을 뜻하는 よ(요)로 이해

❖ **いつつ(五つ, 이츠츠): 다섯**

　- 五(ご, 고)와 같은 あ(아)행 (あいうえお,아이우에오)의 い(이) 활용

　- 五(오)는 한국어 오, 중국어 우, 일본어 고로 발음

❖ **むっつ(六つ, 뭇츠): 여섯**

　- むし(虫, 무시, 벌레, 곤충)의 다리가 여섯 개로 연상

❖ **ななつ(七つ, 나나츠): 일곱**

　- なつ(夏, 나츠, 여름)가 시작되는 7월로 연상

❖ **やっつ(八つ, 얏츠): 여덟**

　- 八(はち, 하치, 팔)는 많다(여러 가지, 사방팔방)라는 의미가 있으며, よっつ(욧츠, 넷)보다 두배많은 やっつ(얏츠, 여덟)로 연상

　- 여러 가지의 여는 일본어의 야(や)에 해당

❖ **ここのつ(九つ, 고코노츠): 아홉**

　- 九(く, 구)와 유사한 발음인 こ(고)를 활용

❖ **とお(十, 도오): 열**

　- と(도)는 손의 속성, 손가락 열 개를 모두 사용하거나 잡는(とる, 도루) 것으로 연상

기본적으로 つ(츠)는 손의 속성입니다. ひとつ(히토츠), ふたつ(후타츠), みっつ(밋츠) 등등 숫자를 세면서 손가락을 하나씩 펴는 것(손가락 하나, 손가락 둘)으로 이해하면 됩니다.

음식 문화

한라봉(でこぽん, 데코퐁)의 유래

　한라봉은 일본으로부터 건너온 교잡종 과일입니다. 일본에서는 で
こぽん(데코퐁)이라고 부릅니다. 감귤류 품종인 청견과 폰카를 교잡한
것이고 과일 윗부분이 볼록 튀어나온 모양에서 凸凹(でこぼこ, 데코보
코, 올록볼록, 울퉁불퉁)의 でこ(데코, 볼록)를 따와서 데코퐁이라고 부르
게 되었습니다.

　한라봉은 볼록 튀어나온 모양이 한라산 모양을 닮은 것으로 착안
하여 품명을 지었습니다. 제주도 특산물(먹거리) 중에는 한라봉, 귤, 오
메기떡 등이 유명합니다.

　도로에 차량의 속도를 줄이기 위한 요철이나 장치도 でこぼこ(데코
보코)라고 하며, 영어는 Sleeping policeman(과속방지턱)이라고도 합
니다.

　でこぼこな 毛穴(けあな, 게아나, 모공)는 데코보코나 게아나. 즉, 울퉁
불퉁한 모공이라는 표현입니다. 또한, 유난히 볼록(でこ, 데코) 튀어나
온 이마를 おでこ(오데코, 이마)라고 불렀으나, 지금은 일반적인 이마의
의미로 쓰입니다.

성형외과에서도 이마 필러 주사 등을 안내할 때도 おでこ(오데코, 이마)로 표현합니다. でこぼこ(데코보코, 울퉁불퉁)와 おでこ(오데코, 이마)를 연계해서 이해하면 됩니다.

스포츠 문화(골프)

팔 스윙은? て(手)うち(데우치)

골프는 전신운동이라고 하지만, 결국 손으로 공을 맞추는 것인데 팔 스윙보다는 몸통 스윙을 강조합니다. 일본어로는 팔 스윙은 손으로 친다는 의미에서 手打ち(てうち, 데우치)라고 하며 てうち(데우치, 팔 스윙)하지 말고 몸통 스윙을 하라는 표현으로 레슨을 합니다.

手打ち(てうち) 蕎麦(そば) (데우치 소바)와 같이 손으로 쳐서 반죽해서 만든 소바(메밀국수) 요리를 표현할 때도 사용합니다. 수타 짜장면 같은 표현입니다.

중요한 스윙 레슨 중의 하나로 머리를 들지 말라(頭を 上がらない, あたまを あがらない, 아타마오 아가라나이)라는 표현도 자주 사용됩니다.

스윙 자세를 잡을 때 발끝을 어느 방향으로 하는지도 중요한데 발끝은 爪先(つまさき, 츠마사키). つま(츠마) 자체의 의미가 끝이라는 의미도 있으나, つめ(츠메, 발톱, 손톱)에서 유래된 것으로 보고, さき(사키. 끝)가 합쳐진 단어입니다.

참고로 つめ(츠메, 손톱)와 きり(키리, 자름)가 합쳐진 단어가 つめきり(츠메키리, 손톱깎이)로 예전에는 손톱깎이보다는 츠메키리라는 말도 꽤 사용되었습니다.

아마추어 골퍼들의 난제인 뒷땅은 ダフる(다후루, 뒷땅치다)라고 표현하며 영어 Duff(쓸모없는, 잘못 친다는 의미, 더프)에 동사를 만드는 접미어 る(루)를 붙인 것입니다.

일본어 단어 중에는 영어에 동사형 る(루)를 붙인 단어가 많기 때문에 한 번만 의미를 이해하면 사용하는 데 어려움이 없습니다. 예를 들어 バズる(바즈루, 유행이 되다, 핫하다)는 영어 Buzz(윙윙거리다)에서 나온 말이고, ググる(구구루, 검색하다)는 Google에서 유래된 표현입니다. サボる(사보루, 농땡이치다)라는 표현도 학교생활에서 상당히 많이 사용되는 표현으로 공부 안 하고 농땡이친다는 표현입니다. 직장인들도 업무시간에 이런저런 농땡이치기 위한 궁리를 할 때도 サボる(사보루)라고 합니다.

프랑스어 Sabotage(사보타쥬, 태업)에서 유래된 표현이고, 사보타쥬는 노동자들의 고의적 태업을 의미하는 용어입니다.

배달(でまえ, 데마에) 문화의 차이

한국과 일본 배달의 차이

우리나라의 대표적인 음식배달 애플리케이션 배달의 민족(우아한 형제들)의 사훈중 하나는 '9시 1분은 9시가 아니다'라고 합니다. 그만큼 약속과 시간의 중요성을 강조하고 있습니다.

일본어로 음식배달은 フド-デリバリ-(Food delivery, 후도 데리바리, 음식배달) 또는 出前(でまえ, 데마에, 음식배달)라고 합니다. 데마에(でまえ)는 나가면 바로앞에 놓여져 있다는 의미에서 음식을 배달시키는 것, 배달음식자체를 말합니다.

다만, 주의할 것은 デリバリ-(데리바리)는 호텔이나 집에서 출장마사지를 부르는 용어로도 자주 쓰이기 때문에, ピザ デリバリ-(피자 데리바리)처럼 구체화하거나, 일반적으로는 でまえ とろう(데마에 도로우, 배달음식 시키자)처럼 데마에(でまえ)를 주로 사용합니다.

일본에서 제일 유명한 2대 음식배달 앱(App)은 出前館(でまえかん, 데마에칸)과 Uber eats(ウ-バ-イ-ツ, 우바 이츠)입니다. 인터넷쇼핑이나 홈쇼핑에서 물건을 주문해서 배달(配達, はいたつ, 하이타츠)받는 경우는 주로 宅配(たくはい, 타쿠하이, 택배)나 宅配便(たくはい びん, 타쿠하이 빈, 택배 편)이라는 표현을 사용합니다.

언어 문화(땅의 속성)

と(도)는 땅의 속성

일본어 글자중 땅의 속성을 가장 강하게 가지고 있는 글자는 と(도)입니다. 공교롭게 한자어도 토(土)이기 때문에 연상해서 기억하기는 매우 쉽습니다.

❖ **どくろ(髑髏, 도쿠로): 해골**
   - 해골은 땅(と)속에 묻혀 있습니다(と(도)는 땅, く(구)는 검다, ろ(로)는 사람의 속성, 검은 땅안의 사람)

❖ **とみ(富, 도미): 부**
   - 예나 지금이나 땅 소유 여부는 부자의 척도입니다

❖ **ところ(所, 処, 도꼬로): 곳, 장소**
   - 추상적인 장소를 의미하며, 위치나 땅과 관련되어 있습니다, ところ(도꼬로)는 바 소, 곳, 처라는 불특정한 장소를 의미하는 장소 명사이지만 회화에서 활용도가 가장 높은 단어 중 하나입니다. 다양한 의미(~한 바, ~한 곳, ~하는 중 등)가 있지만 대표적인 다음 표현 세 가지는 반드시 이해해야 됩니다
   - ところ(도꼬로)의 다양한 의미가 기억이 안 날 경우 우선, '부끄러워하기는 (커녕) (참) (뻔)뻔하다.' 라는 문장을 기억하면 됩니다
   - ご飯(ごはん) どころか パンもない(고항도꼬로까 팡모나이): 밥은 커녕 빵도 없다
   - ご飯(ごはん)を たべる ところです(고항오 다베루 도꼬로데스): 밥을 먹으려던 참입니다
   - しぬ(死ぬ) ところ でした(시누 도꼬로 데시타): 죽을 뻔했습니다

시사 문화

묻지 마(とおりま, 도오리마) 사건의 유래

마귀 마(魔)자를 일상에서 활용하는 경우는 다음 세 가지 경우 정도입니다.

❖ **魔が 差す(まが さす, 마가 사스)는 마가 끼다. 즉, '장애나 훼방이 생기다'라는 뜻입니다. 마귀 같은 나쁜 기운이 끼어든 것입니다**

❖ **邪魔に なる(じゃまに なる, 쟈마니 나루)는 '방해가 되다'라는 뜻입니다**

❖ **邪魔(じゃま, 쟈마, 사마)는 사악한 마귀라는 뜻으로 역시 마귀가 방해를 놓는 것입니다. おじゃまします(오쟈마시마스)는 남의 집에 들어갈 때 '실례하겠습니다(방해 좀 하겠습니다)'라는 정도의 의미로 자주 사용됩니다**

마지막은 최근 사회적 충격이 되고 있는 通り魔(とおりま, 도오리마, 묻지 마)입니다. 글자 그대로의 의미는 길가 위의 마귀, 지나가는 마귀(악마) 정도입니다만 실제 의미는 아무런 이유 없이 불특정 다수를 대상으로 폭행, 상해, 살인까지도 저지르는 묻지 마식 범죄행위를 의미합니다.

通り魔 殺人 事件(とおりま さつじん じけん, 도오리마 사츠진 지켄, 묻지 마 살인사건)

일본 드라마 중 거의 유일한 20년 장수프로그램인 相棒(あいぼう, 아이보우, 단짝)는 우리나라에서는 파트너라는 타이틀로 방영된 범죄수사 드라마입니다. 아직도 흉악한 범죄가 끊임없이 발생하고 있다는 반증인 것입니다.

언어 문화(전파성)

노가다의 유래는? 도카타(どかた)

건설현장에서 삽질을 하거나, 자재를 나르는 등의 노동(잡부)을 하는 것을 '노가다'라고 부르곤 합니다. 이는 일본어 土方(どかた, 도카타)에서 나온 말이고 막노동을 하는 사람을 뜻합니다. '노가다'같이 일본어가 발음이 변형되어 쓰이는 것도 있지만, 일본과는 고대부터 많은 문화적, 인적교류가 있었던 관계로 언어의 전파로 인한 유사성을 확인할 수 있습니다.

예를 들어 '위'를 뜻하는 うえ(上, 우에)는 발음적으로 상당한 유사성을 가지고 있습니다. 일본술을 의미하는 さけ(酒, 사케)도 한글 '삭히다'에서 유래됐다는 설도 있습니다. 쌀이나 고구마를 삭혀서 (발효)서 만든 것이 술입니다.

❖ なびく(나비쿠)는 '나부끼다'라는 뜻입니다. 발음적으로 상당히 유사합니다

❖ まかす(마카스)는 '맡기다' 라는 뜻으로 한글과 발음적으로 유사합니다

❖ めし(飯, 메시)는 '밥'이라는 뜻입니다. 전혀 다른 발음입니다만, 우리나라에서 제사를 지낼 때 쓰는 밥을 '메'라고 부르는 것을 보면 발음의 유사성이 있다고도 볼 수 있습니다

참고로 '식은 죽 먹기'처럼 쉽다는 일본어 표현은 'あさめしまえ(朝飯前), 아사메시마에'라고 합니다. '아침밥 먹기 전'에도 할수 있는 아주 간단하고 쉬운 일이라는 뜻입니다.

❖ ひ(日, 히)는 '해'라는 뜻입니다. '히'와 '해', 어느 정도의 발음적 일치성은 존재합니다. 日の丸(ひのまる, 히노마루)는 일본 국기를 의미하며 국기 중앙에 동그라미가 붉은 태양(해)를 상징합니다.

일본어를 공부하면서 위와 같이 한글과 비슷한 발음이 나와준다면 더할 나위 없이 외우기 좋은 연상 방법입니다.

보양식 문화

토요일(どようび)과 추어탕의 관계?

추어탕과 토요일의 언어적 공통점은 흙이라는 점입니다. 토요일(ど
ようび, 도요우비, 土曜日)은 흙 土(土)가 ど(도)로 발음됩니다. 일본어로
미꾸라지를 의미하는 泥鰌(どじょう, 니추, 도죠)에서 볼 수 있듯이 진흙
니, 미꾸라지 추로서 진흙을 의미하는 どろ(도로)의 ど(도)를 취한 것입
니다(논바닥이나 진흙에 사는 미꾸라지의 습성에서 유래됨).

결국 ど(도)는 발음적으로나 의미적으로 흙의 속성을 가지고 있다
는 것이며, ど(도)에 붙은 탁음(점)은 흙탕물이 튄 모습으로 기억하면
됩니다.

どろ(도로)는 흙이나 진흙을 의미한다는 점을 기억하면 몇가지 중요
단어를 기억할 수 있습니다

❖ 泥棒(どろぼう, 니봉, 도로보우)는 도둑의 의미로 예전에는 도둑이 자신
  을 감추기 위해 얼굴에 진흙을 바르고 몽둥이(봉)를 들고 도둑질을 했
  다는 것에서 유래되었습니다
❖ 泥酔(でいすい, 니취, 데이스이, 만취)는 한자(泥)를 음독한 でい(데이)라는
  특이한 발음(시험에 잘 나옴)으로 활용되며, 필름이 끊길 정도, 진흙탕이
  될 정도로 만취했다는 의미입니다

❖ 顔に 泥を 塗る(かおに どろを ぬる, 가오니 도로오 누루)는 얼굴에 먹칠(진흙)을 하다(망신시키다)라는 관용어구로 사용합니다

여름철 보양식인 추어탕은 泥鰌じる(どじょう じる, 도죠 지루) 또는 泥鰌鍋(どじょう なべ, 도죠 나베)라고 표현합니다.

언어 문화(정중동)
정중동에서 と(도)를 배운다

정중동은 겉으로는 조용히 머물고 있는 것 같은데 실제로는 부지런히 움직이는 경우에 많이 사용되는 표현입니다. 일본어 글자중 에서 정(머물다, 정적)에 해당하는 글자는 土(토). 즉, 흙(땅)의 속성을 가진 と(도)에 해당(땅에 머물다)합니다.

이와 반대로 동(동적)의 움직임을 대표하는 글자는 く(구)가 해당합니다. く(구)가 들어간 동사는 대체로 활발한 움직임을 표현하는 경우가 많습니다.

정(静, 조용히 머물다, と(도))

❖ **とまる**(泊まる, 도마루): 머물다, 숙박하다

❖ **とめる**(止める, 도메루): 멈추다, 정지하다

 - 약 이름에 とめ(도메)가 붙어있으면 앞의 증상을 멈추게(방지) 하는 것입니다

 - げり どめ(게리(下痢) 도메): 설사 멈춤, 지사제

 - せき どめ(세키(咳) 도메): 기침 멈춤, 기침약

 - 코로나의 대표적 증상: せき(세키, 기침), ねつ (熱, 네츠, 열), はなみず(鼻水, 하나미즈, 콧물),けんたいかん(倦怠感, 겐타이칸): 권태감

 - ひやけ(日焼け) どめ(히야케 도메): 볕에 타는 것 방지, 썬크림 또는 자외선차단제

 - ち どめ(치(血) 도메): 피 멈춤, 지혈제

 - とむらう(弔う, 도무라우): (조용히) 애도하다

동(動, 움직이다, く(구))

❖ **いく**(行く, 이쿠): 가다

❖ **くる**(来る, 구루): 오다

❖ **うごく**(動く, 우고쿠): 움직이다

❖ **はたらく**(働く, 하다라쿠): 일하다

❖ **こぐ**(漕ぐ, 고구): (노를) 젓다

쉬운 단어라도 속성을 이해하면 기억에 오래오래 남습니다.

な(나)행

なにぬねの(나니누네노)로
이해하는 일본 문화

な(나)행 (なにぬねの, 나니누네노)으로 시작하는 단어들은
느낌, 나무, 자연(동식물), 날씨, 시골, 본능, 욕구, 무(無)의 속성을 가지고 있다.

자연의 문화

な(나)는 무위자연이다

무위자연은 인위적인 것을 하지 않고 자연의 순리를 따른다는 철학
적 개념이고 골프도 일에서 벗어나 잠시 자연과 함께한다는 점에서
이러한 개념에 가장 근접한 스포츠입니다. 일본어 글자 중 이러한 무
위자연(無為自然)에 근접한 글자는 な(나)입니다.

일본어 표현 시 없어서는 안 되는 중요한 단어 중 하나는 無い(ない,
나이, 없다 또는 아니다)입니다. 우선 な(나)는 없음과 자연적 느낌의 속
성을 가지고 있습니다. 따라서, ない(나이)는 영어의 No(not), 한글의
아니다, 없다와 같은 의미입니다.

무위(無為, むい, 무이)

❖ **無い(ない, 나이): 없다, 아니다**

❖ **無くす(なくす): 나쿠스, 없애다**

❖ **流す(ながす, 나가스): 흘려보내다, 없던 것으로 하다**

❖ **無くなる(なくなる, 나쿠나루): 없어지다, 죽다**

❖ **萎える(なえる, 나에루): 기운이 없어지다**

자연(自然, しぜん, 시젠)

❖ **為る**(なる, 나루): (자연스럽게) **되다**

❖ **流れる**(ながれる, 나가레루): (자연스럽게) **흐르다**

❖ **慣れる**(なれる, 나레루): (자연스럽게) **적응하다**

철학적 개념으로 설명하다 보니 어려운 감은 있으나, な(나)는 없음 (No)과 자연적(Natural) 느낌(느낌)이 충만한 글자라는 점과 ない(나이, 없다, 아니다)의 의미만 이해해도 부정형 표현을 마스터하는 데 도움이 됩니다.

장수 문화

장수(ながいき, 나가이키)의 비밀

長生き(ながいき, 나가이키)는 장수라는 뜻으로 평소에는 의식하지 않지만 건강이 나빠지는 경우나, 나이가 들면서 한번쯤은 장수에 대한 생각을 하게 됩니다. 장수의 요인은 너무 많기 때문에 특정하는 것은 적절하지 않으나, 무엇을 먹어야 건강해지는지는 끊임없이 고민하게 됩니다.

장수(건강)에 좋은 음식은 들깨로 알려져 있습니다. 들깻잎(우리가 먹는 깻잎장아찌는 들깻잎입니다), 들깨가루, 들기름 등 형태를 불문하고 들깨를 섭취하면 노화를 방지할 수 있다고 합니다. 논거로는 오메가3 지방산, 비타민 등 우수한 항산화물질이 많이 함유되어 있기 때문이라고 합니다.

들깨는 えごま(에고마), 참깨는 ごま(고마)입니다. 유명한 일본인 의사가 닭의 특정 부위의 세포 생존 실험을 하였는데 하나는 세포가 담긴 물을 그대로 유지하고, 다른 하나는 세포가 담긴 물을 교체하면서 비교실험을 한 결과, 물을 교체해준 세포가 5배 이상의 생존기간을 보여주었다고 합니다.

시사하는 바는 인체도 신선한 물을 지속적으로 마셔주는 것이 세포의 노화를 방지한다는 점입니다. 물은 마신다는 개념이 아니라 인체 내의 더러운 물을 새로운 물로 교체해주는 것(세포주변의 환경을 건강하게 해주는 것)입니다.

물은 水(みず, 미즈)입니다. 일본의 장수마을 중 하나인 오키나와의 특산물에도 장수의 시그널이 있습니다. もずく(모즈쿠, 큰실말)는 해조류로서 끈적거리는 식감인데 식이성 식이섬유인 알긴산, 면역 증강 다당류인 후코이단과 같은 성분이 함유되어 있고, *海ぶどう*(うみ ぶどう, 우미 부도우, 바다포도)는 포도처럼 생긴 해조류로써 비슷한 성분이 함유된 오키나와 특산물입니다.

간단한 예로 설명해도 육식보다는 채식(해조류)을 중요시하는 식단, 인체에 적절히 수분을 보충해주는 습관만으로도 ながいき(나가이키, 장수)가 가능해진다는 장수 연구 전문가들의 견해입니다.

그러나, 장수의 전제조건은 좋은 것을 많이 먹는 것이 아니라 나쁜 것을 먹지 않는 것입니다.

운전 문화
나가리(ながれ, 나가레)의 유래

나가리는 화투치다가 판이 무효가 되는 경우나 게임하다가 어떤 사정으로 역시 무효판이 되는 경우에 쓰는 일본어의 잘못된 표현입니다. 원래는 ながれる(流れる, 나가레루, 흐르다)에서 유래된 말로 물로 씻겨 아무것도 안 남게 되었다는 의미에서 나가리라는 말이 생겼습니다. 정확히 ながれ(나가레)로써야 맞는 표현입니다.

ながれ(나가레, 흐름)는 흐름이라는 원래의 의미대로 유용하게 쓰이는 표현입니다. 운전을 하는 경우, 안전한 운전을 위해서는 다른 차량의 흐름(ながれ, 나가레)을 잘 보고 운전해야 하는 것이 중요합니다. 흐

름에 따라서는 빠른 속도로, 어떤 때는 느린 속도로 운전해야 합니다.

- *ながれを みつつ*(나가레오 미츠츠): 흐름을 보면서

운전과 관련되어 자주 쓰는 단어는 飮酒運転(いんしゅ うんてん, 인슈 운텐, 음주 운전), 代行運転(たいこう うんてん, 다이코우 운텐, 대리운전), あおり運転(아오리 운텐, 난폭 운전) 등이 있습니다. あおり(아오리)는 あおる (아오루, 부채질하다, 급히 몰아치다)라는 동사의 의미에서 나온 말입니다.

일본은 운전석이 오른쪽에 있고, 자동차가 좌측통행을 하기 때문에 일본 차의 경우 핸들 왼쪽에 와이퍼가, 핸들 오른쪽에 깜빡이가 있어, 한국에서 운전하는 습관이 남아있어 의도한 반대로 와이퍼나 깜빡이를 켜게 되는 실수를 종종 하게 됩니다.

❖ **깜빡이는 ウインカ-**(윙카, Winker)
❖ **와이퍼는 ワイパ-**(와이파, Wiper)
❖ **비상등은 ハザ-ドランプ**(하자도람프, Hazard Lamp)

영역주의 문화

縄張り(なわばり, 나와바리)

縄張り(なわばり, 나와바리)는 세력범위나 세력권을 의미하는 단어로 야쿠자 같은 폭력단에서 자신들의 관리영역, 영향력, 동물들의 영역 표시 등을 뜻하는 말로 쓰이곤 합니다.

縄(なわ, 나와, 끈)으로 일정 구역을 펼쳐놓아(張る, 하루, 펼치다) 구획을 지어 놓은 상태라는 의미인 것입니다. 나와바리라는 단어는 물론, 일본 문화의 특징 중의 하나로 꼽는 영역주의, 迷惑(めいわく, 메이와쿠, 민폐)나 世間体(せけんてい, 세켄테이, 체면). 즉, 세간의 체면(体面, たいめん, 타이멘)을 중시하는 성향 등을 바로 경계선의 문제로써 설명하기도 합니다.

영역주의는 남의 영역을 침범하지 않는 대신 나의 영역에 들어오는 것에 대해서도 싫어하거나, 거부하는 성향을 의미합니다. 남에게 민폐를 끼치지 않으려는 めいわく(迷惑, 메이와쿠, 민폐) 개념 역시 이러한 경계선을 중요시하고 지키려는 성향을 가지고 있기 때문입니다.

이것은 언어에서 상반되는 개념과 경계선이 존재하는 이유이기도 합니다.

❖ **まえ**(前, 마에, 앞)**과 うしろ**(後ろ, 우시로, 뒤)

❖ **うえ**(上, 우에, 위)**와 した**(下, 시타, 아래)

❖ **おもて**(表, 오모테, 겉)**과 うら**(裏, 우라, 속)

인간사회는 앞뒤, 위아래, 겉과 속 그리고 각각의 경계선을 사이에
두고 타인과 끊임없이 교류해야 하므로 다양한 문제가 발생할 수밖
에 없으며, 각각의 선을 넘지 않도록 주의해야 합니다.

일본의 주차장의 특색이 문콕(ドアパン, 도아팡)을 방지하기 위해 선
으로 구획하지 않고 일정 여유공간을 확보해 주차공간을 구획하는
것은 상대의 나와바리(なわばり)를 가급적 침범하지 않으려는 의식의
발상으로도 볼 수 있습니다.

바가지(ぼったくり, 봇타쿠리) 씌우기

바가지 조심

'다구리당하다'는 여러 명에게 두들겨 맞거나 놀림을 당했을 때 쓰는
속어입니다. 일본어 殴り(なぐり, 나구리, 때림)에서 온 발음의 변형이며 土
方(どかた, 도카타, 건설현장 잡부)를 노가다로 부르는 것과 같습니다.

'바가지를 쓰다'는 ぼったくり(봇타쿠리)라고 하는데 ぼっ(봇)은 강조, 手繰り(たくり, 다쿠리)는 '손으로 감다'라는 뜻으로 감아 옭아매어 부당한 이익을 취하는 것으로 이해됩니다

다구리(때리기)당하는 것이나 봇타쿠리(바가지) 쓰는 것이나 뭔가 피해를 당하는 것으로 일맥상통합니다.

어릴 때 어머니가 추운데 '도코리(도쿠리) 하나 떠(뜨개질) 줄까?'라는 말을 하곤 했는데 德利(とくり, 도쿠리)는 목이 잘록한 모양의 술병을 말하는 것으로, 이자카야에 가면 とくり(도쿠리) 단위로 술을 파는 곳이 많으며 이러한 도쿠리 모양 때문에 목까지 올라가는 니트를 도쿠리(도코리)라고 부르는 것입니다.

어떤 일을 자기만의 방식으로 혼자 하는 것을 독고다이라고도 하는데 独(홀로 독)과는 전혀 관계없는 特攻隊(とっこうたい, 돗코우타이, 특공대)에서 유래된 것입니다.

- 제2차 세계대전 당시 神風(かみかぜ, 가미카제) 같은 특공대(비행기를 타고 전함에 부딪혀 자살하는 공격)가 역사적으로 유명합니다

일본에서 드물지만 택시요금을 ぼったくり(봇타쿠리, 바가지)당하지 않으려면 택시기사에게 ホテルまで どれぐらい かかりますか(호테루마데 도레구라이 가까리마스까, 호텔까지 어느 정도 걸립니까?)라고 목적지까지 걸리는 시간을 미리 물어봐 두는 것도 좋은 방법입니다.

음식 문화

일본의 여름(なつ, 나츠)과 팥빙수

팥빙수의 계절은 여름입니다. 팥빙수는 かきごおり(가키 고오리)라고 합니다. かく(가쿠, 부수다, 갈다) 와 こおり(고오리, 얼음)가 합쳐진 말입니다.

얼음 간 것 정도의 의미가 빙수라는 뜻입니다. 지금은 다양한 종류의 빙수가 판매되고 있지만, 원래 우리나라 팥빙수는 얼음, 우유, 미숫가루에 반드시 팥 고명이 올라가는 것에 비해, 일본은 팥이 올려진 팥빙수는 오히려 흔하지 않습니다.

과일이나 말차, 다양한 시럽 등이 올려진 것이 통상의 빙수(かきごおり, 가키 고오리)이며, 우리나라와 비슷한 비쥬얼의 팥빙수는 金時(きんとき, 긴토키)라고 해야 팥이 올려진 것입니다. きんとき(긴토키)는 팥의 품종 중의 하나이며, 일본 전래동화의 주인공 이름이기도 합니다. 주인공 きんとき(긴토키)의 얼굴이 붉은색으로 팥색과 같다해서 팥(あずき, 아즈키)의 의미가 되었습니다.

작년여름 우리나라 유명호텔에서는 제주산 망고가 토핑된 12만 원짜리 팥빙수가 판매되어 화제의 기사가 된 바 있습니다. 망고 중의 왕이라고 하는 쎄인딸롱(미얀마산, Seintalone)도 미얀마 현지에 가면 몇

백 원에 먹을수 있는데 희소가치, 차별화된 마케팅 전략이 팥빙수에는 통하는 듯합니다.

일본에서는 7월 25일이 빙수의 날입니다. かき氷(かきごおり, 가키고오리)를 なつ(나츠, 여름)ごおり(고오리, 얼음)라고도 하는데 725의 의미는 아래와 같습니다.

7(なな, 나나, 칠)
2는 영어 two(ツ-, 츠)
5(ご, 고, 오)おり
이렇게 앞 글자만 따서 7(나)2(츠)5(고)오리(빙수)입니다.

일본어 숫자 중에 4는 し(시), 7은 しち(시치)인데 し(시)가 죽음을 뜻하는 한자 死(し, 시)와 발음이 동일해서 죽음이라는 좋지 않은 발음을 하고 싶지 않기에, 4는 よん(욘), 7은 なな(나나)의 별칭이 있습니다.

❖ **なながつ(7月, 나나가츠): 7月**
❖ **なつ(夏, 나츠): 여름**
❖ **なつめ(나츠메): 대추**
❖ **ななめ(斜め, 나나메): 대각선**

이와 같이 7(월)과 관련된 단어들이 많습니다. なつめ(나츠메, 대추)는 여름이 되면 대추꽃이 피고, 가을에는 열매가 맺힙니다. 숫자 7의 형태를 보시면 대각선이 보입니다. 그래서 대각선은 ななめ(나나메)입니다. なな(나나, 7)를 め(메, 눈)로 보면 대각선이 보입니다.

정(情) 문화

파도(なみ, 나미)와 감정의 연관성 (1)

감정(感情)에 기복이 있다는 표현을 위해 起伏(きふく, 기복, 기후쿠)를 사용하는 것은 문어적 표현입니다. 오히려 간단히 波(なみ)が ある(나미가 아루)라고 하면 감정의 기복이 있다라는 뜻이 됩니다. なみ(나미)는 글자 그대로 파도라는 의미입니다. 이러한 의미에서 확장되어 파도가 높게 치고 낮게 치고, 밀려오고 빠져나가고 하는 모습에서 감정의 기복이 있다는 표현으로 사용됩니다. 지진이 났을 때 생기는 해일을 津波(つなみ, 츠나미)라고 합니다

❖ 溝(みぞ, 미조)는 도랑이라는 뜻입니다. 도랑에 골이 패인 모습에서 감정의 골이라는 뜻도 됩니다. みぞが ふかまる(미조가 후카마루)는 '감정의 골이 깊어지다'라는 뜻입니다

❖ もつれる(縺れる, 모츠레루)는 실이 '엉클어지다'라는 뜻입니다. 엉클어지다라는 의미에서 확장되어 감정의 갈등이란 의미까지 확장되고 있습니다

- もつれに もつれた(모쯔레니 모츠레타) かんけい(간케이)는 '엉키고 엉킨 관계'
  라는 뜻입니다

감정에 관한 여러 가지 표현이 있지만 한국인의 정(情) 문화가 외국인
에게는 화제가 되는 경우가 많습니다. 식당에서 밥 한공기 정도는 더
드세요 하면서 그냥 내어주는 문화는 정을 느끼게 하는 모습입니다.

한국에 있는 어느 식당의 경영방침

❖ 走り(はしり, 하시리): 달리기라는 뜻도 있지만 제철(첫물)이라는 뜻도 있
  어 제철 재료를 사용하겠다는 뜻
❖ 念入り(ねんいり, 넨이리): 정성이라는 뜻으로 음식에 정성을 다하겠다
  는 뜻
❖ 名残(なごり, 나고리): 나고리는 여운이라는 뜻으로 다시 한번 방문하고
  싶도록 여운을 남기는 서비스를 하겠다는 뜻

정(情) 문화

눈물(なみだ, 나미다)은 물보다 진하다 (2)

な(행) (なにぬねの, 나니누네노)은 자연적, 본능적 느낌의 속성을 가지고 있습니다. な(나) 행은 공교롭게도 느낌과 감정이 속성이 담겨 있어 물보다는 진한 물질들이 많습니다.

❖ **なみだ(涙, 나미다): 눈물**
   - 슬프거나 아주 기쁜 감정이 생길 때

❖ **にごりざけ(濁りざけ, 니고리 자케): 탁주(막걸리)**

❖ **にきび(니키비): 여드름**
   - 여드름의 화농, 사춘기의 감정(이유 없는 반항기)

❖ **ぬめり(누메리): 점액질**
   - 토란, 마, 오크라의 점액질 성분
   - 싱크대 배수구의 끈적한 점액질도 ぬめり(점액질, 누메리)라고 합니다

❖ **ぬる(누루): 점액, 진**

❖ **ねばり(粘り, 네바리): 찰기, 끈기**

❖ **ねだり(네다리): 조르기, 보채기**

❖ **ねばねば(네바네바): 끈적끈적**

❖ **ねとねと(네토네토): 끈적끈적**

❖ **のり(糊, 노리): 풀**
   - のり(海苔, 김) 같은 해조류(가시리)의 끈적한 성분으로 풀을 만들기도 합니다

な(행)은 무조건 느낌(Feeling)입니다.

일본의 헌팅(なんぱ, 난파) 문화

난파(なんぱ)의 유래

처음 본 여성에게 말을 걸거나 데이트 신청을 하는 의미의 헌팅은 軟派(なんぱ, 난파, 연파)라는 표현을 일반적으로 사용합니다. 硬派(こうは, 고우하, 경파)에 대비하여 軟派(なんぱ, 난파, 연파)라 하고, 헌팅은 남성스럽지 못한 사람들(난파는 부드러운 스타일)이 하는 것이라는 것에서 유래했고 신쥬쿠 거리에서는 なんぱ(난파), 逆軟(ぎゃくなん, 갸쿠난, 반대로 여성이 먼저 말거는 것)은 매우 흔한 풍경입니다.

실패했을 때의 창피함과 성공했을 때의 기쁨이라고 하는 긍정, 부정적 요소가 동시에 존재하기에 심리학적으로 접근회피갈등(Approach&Avoidance Conflict, 말을 걸어볼까? 말까?)이 생기는 것입니다.

軟派(なんぱ, 난파) 성공 확률 높이는 방법

❖ **褒める(ほめる, 호메루): 칭찬하기**

　- かわいい(可愛い, 가와이이, 귀엽다), きれい(綺麗, 기레이, 예쁘다)

❖ **奢る(おごる, 오고루): 사주기**

　- おいしい もの(오이시이 모노, 맛있는 것), おくりもの(贈り物, 오쿠리모노, 선물)

❖ **優しい(やさしい, 야사시이): 친절하기**

　- きを つけてね(기오 츠케테네, 조심해), 無理するな(むりするな, 무리스루나, 무리

　하지 마)

❖ **失敗(しっぱい)は 成功(せいこう)の もと(싯빠이와 세이코노 모토): 실패는**

　성공의 근원(어머니)

언어 문화(후각의 속성)

냄새나는 に(니)

に(니)는 후각(느낌)의 속성을 가지며 냄새 관련 단어가 많습니다.
이해하기 쉽도록 냄새가 모여있는 것이 다행입니다

❖ **にんにく(닌니쿠): 마늘**

- 忍辱(인욕)의 한자어 발음이 어원이기는 하지만 대표적으로 강한 냄새를 풍기는 향신채소임

❖ **ねぎ(葱, 네기): 파**

  - たまねぎ(玉葱, 다마네기, 양파)도 냄새에는 일가견이 있는 향신채소임

❖ **にら(韮, 니라): 부추**

  - 모츠나베(곱창전골), 추어탕 등에 부추를 넣는 것도 냄새(향)로써 냄새를 잡는 것

❖ **にしん(鰊, 니신): 청어**

  - 스웨덴의 청어발효식품은 최고의 악취 식품 중 하나임

❖ **にきび(니키비): 여드름**

  - 여드름도 냄새와 직접 연결짓기는 어렵지만 독특한 화농 냄새도 있기 때문에 이해도를 돕는 차원

  - 거꾸로 발음하면 비키니(ビキニ)이기 때문에 기억하기는 쉬움

におい(니오이, 냄새)로 발음해도 匂い(におい, 니오이)는 좋은 냄새, 臭い(におい, 니오이)는 좋지않은 냄새로 한자에 따라 구별됩니다. におう(匂う, 니오우)는 '냄새가 나다'라는 뜻입니다. にんにく(닌니쿠, 마늘), にら(니라, 부추), たまねぎ(다마네기, 양파), ねぎ(네기, 파) におい(니오이, 냄새) 등은 に(니)의 속성 (냄새나는 느낌)을 가진 단어들로 이해하면 됩니다.

언어 문화(성대모사)

목소리가 닮다(にる, 니루)

성대모사는 こえまね(声真似, 고에마네)라고 합니다. 声(こえ, 고에, 목소리)를 真似る(まねる, 마네루, 흉내내다)하는 것입니다. まねる(마네루)는似る(にる, 니루, 닮다)에서 시작해서 진짜(真, 참 진) 닮은 것처럼 흉내를내는 것입니다. まねる(마네루)보다는 まねを する(마네오 스루, 흉내를 내다) 표현으로 주로 사용합니다(に(니), ね(네)는 모두 느낌의 속성, 닮은느낌).

* ❖ **にる(似る, 니루): 닮다**
  - パパに にる(파파니 니루): 아빠를 닮다

* ❖ **まね(真似, 마네): 흉내**
  - さるの まねを する(사루노 마네오 스루): 원숭이 흉내를 내다

  - うの まねを する からす(우노 마네오 스루가라스): 가마우지 흉내를 내다(가마우지 흉내를 내는 까마귀, 황새와 뱁새 속담과 같은 의미로 '헤엄 못 치는 까마귀가 가마우지 흉내 내다가는 물에 빠진다'는 의미로 분수를 지켜야 한다는 뜻입니다)

* ❖ **るいじ(類似, 루이지): 유사**
  - 類は 友を 呼ぶ(るいは ともを よぶ, 루이와 도모오 요부): 같은 부류는 친구를 부른다. 즉, 유유상종이라는 뜻입니다

닮은 듯 헷갈리는 위의 표현은 일상생활에서 자주 사용하는 표현

입니다.

언어 문화(전파성)

당근과 인삼(にんじん, 닌징)의 연관성?

당근은 일본어로 人参(にんじん, 닌징)입니다. 인삼이라는 한자를 썼는데 당근의 의미라 헷갈릴 수 있는데 원래는 せり にんじん(세리 닌징, 미나리인삼, 당근)으로 불리다 せり(세리, 미나리)가 빠진 것이며, 당근 줄기는 미나리같이 생겼고 뿌리는 인삼 모양으로 생겼기 때문입니다.

Ginseng(진생, 인삼)은 高麗人参(こうらい にんじん, 고우라이 닌징, 인삼)으로 표현해야 맞는 표현입니다.

고려라는 나라 이름이 KOREA(코리아)의 기원이 된 것은 다 아는 사실입니다. 삼국(고구려, 백제, 신라)을 통일한 신라는 일본어로 しらぎ(시라기, 신라)라고 합니다. 다양한 설이 있지만 단어 암기를 위해 유리한 설을 따르면 しら(시라)는 흰색을 의미하며, 신라인들이 하얀색 옷을 주로 입었다는 것에 기원한다는 설이 있습니다. 白い(しろい, 시로이, 흰색), 白髪(しらが, 시라가, 하얀 새치 머리)도 しら(시라, 흰색)에서 유래되었습니다.

백제는 くだら(구다라, 백제)로 불리며 한글 '큰나라'에서 기원했다는 설이 있으며, 고구려, 신라와 다르게 일본은 백제와 문화적 교류가 활발했으며, 신라의 삼국통일 후에도 백제, 일본이 동맹을 맺어 백제부흥 전쟁을 했을 정도로 절친한 동맹국이었던 것으로 보입니다. 그 증거로 くだらない(구다라나이, 하찮은, 시시한)의 의미가 백제(くだら, 구다라) 것이 아닌(ない, 나이) 것은 '별볼일 없는 물건이다'라는 뜻이 되었다는 설이 있습니다.

고구려는 한자음대로 こうくり(고우쿠리, 고구려)또는 こま(코마)라고 불리는데 こま(고마)는 くま(구마, 곰)족, '고구려는 곰족이다'라는 것에서 나왔다는 설도 있습니다(단군신화에 곰 이야기가 나온 것 등의 영향).

최근 북한의 미사일실험으로 예민해져 있는 일본은 북한을 北朝鮮(きたちょうせん, 기타 쵸우센)으로 부르고, 한국은 韓国(かんこく, 강코쿠)라고 부릅니다. 일본어 발음 주의사항으로 꼭 언급되는 것이 監獄(かんごく, 강고쿠, 감옥)으로 발음 차이입니다. 물론 정황상 한국을 감옥으로 이해할 일본인이 많지는 않겠지만 わたしは 韓国人(かんこくじん) です.(와타시와 강코구진데스,나는 한국인입니다)를 '와타시와 강코쿠(한국)진데스'를 '와타시와 강고쿠(감옥)진데스'로 발음하지 않도록 주의하셔야 됩니다.

일본은 모병제이기 때문에 自衛隊(じえいたい, 지에이타이, 자위대)를 운영하고 있고 징병제인 한국의 병역(兵役, へいえき, 헤이에키)의무에

대해 관심과 흥미가 많습니다. 군 생활 이야기를 하면 드라마 영향도 크지만 굉장히 신기해합니다(사격, 훈련 등등).

언어 문화(본능의 속성)
본능과 느낌

느낌은 순수 한글이며 글자 그대로 몸과 마음으로 무엇인가를 느낀다는 것이 구체적이지는 않지만 신비스러운 단어 중 하나로 생각됩니다.

일본어는 '느' 발음이 없으며 느(낌)와 발음적으로 유사한 일본어 발음은 な, に, ぬ, ね, の(나, 니, 누, 네, 노)이며 의미적으로도 느낌(특히 성적, 본능적 느낌, ぬ(누)가 가장 강함)을 표현하는 단어들이 많습니다.

❖ 脱ぐ(ぬぐ, 누구): 옷을 벗다(Nude, Naked, Take off)
❖ 抜く(ぬく, 누쿠): 빼다, 사정(射精)하다
    - 栓抜き(せんぬき, 센누끼, 병따개), あさぬき(아사누끼, 아침밥 거르기), 毛抜き(けぬき, 게누끼, 털뽑기) 등으로도 자주 사용됩니다
❖ 濡れる(ぬれる, 누레루): 젖다, 정사를 나누다

❖ **寝る**(ねる, 네루): **자다, 잠자리를 하다**

기존에 언급한 な(나)도 없음의 의미와 느낌(ぬき, 누끼)의 의미로 구획하면 이해하기 쉽습니다.

❖ **悲しい**(かなしい, 가나시이): **슬픈 느낌이 든다**
❖ **虚しい**(むなしい, 무나시이): **허무한 느낌이 든다**
❖ **切ない**(せつない, 세츠나이): **애절한 느낌이 든다**

느낌(なにぬねの, 나니누네노)을 곰곰이 생각해보면 단어의 의미를 이해하는 데 도움이 됩니다. 나니누네노(なにぬねの)로 시작하는 단어는 강하게 느낌의 속성을 가지고 있습니다.

언어 문화(의문형)
일본어 의문사 か(까)와 の(노)?

뭐라카노는 뭐라고 한 거니?의 경상도 사투리입니다. 한글과 다르게 일본어에 없는 것 세 가지는 띄어쓰기, 받침, 물음표입니다. 물음표는 방송이나 일상생활에서 사용하는 경우도 많으니 철칙은 아닙니다.

물음표가 없지만, 일본어에는 의문형 조사가 딱 두가지가 있습니다. 뭐라카노의 뒷부분에 해당하는 *か*(까)와 *の*(노)입니다. 의문형 발음(*か*, 까)이 한글이나 일본어나 거의 같다는 것은 상호 간 학습하기 쉬운 조건입니다.

대부분의 문장에서 정중형 의문사는 *か*(까)를 사용합니다. '합니까?, 했습니까?' 등의 정중형 표현에 *か*(까)를 사용하고, '하니?, 했니?' 등의 비정중형 표현에 *の*(노)를 사용합니다.

- ❖ **そうですか(소우데스까): 그렇습니까?**
- ❖ **そうなの(소우나노): 그렇니?**

일본인들이 한글을 배우기 어려운 점 두 가지는 받침(ㄱ, ㄹ, ㅇ)과 된 발음(쌍자음, ㄲ, ㄸ, ㅃ 등)인데 일본인들 입장에서 ㄱ(기역), ㄹ(리을),ㅇ(이응)의 받침 발음이 어렵게 느껴지며, '까'와 '카'는 거의 같은 발음으로 들리기 때문입니다. 한국인이 소우데스까나 소우데스카로 발음해도 똑같이 들린다는 얘기입니다. 우리에게는 까와 카는 전혀 다른 발음입니다. 군대 들어가면 '다나까'로 끝나는 말투를 써야 한다고 신병교육을 받습니다. 다 나(or) 까. 즉, '했니, 했어요'는 안되고, '했습니다, 했습니까'로 대답하거나 질문해야 됩니다.

다음은 군대를 개그 소재로 한 이야기 중 하나로 회자되었습니다.

> 조교: 군대에서는 다나까로만 말합니다. 알겠습니까?
> 신병: 알았다니까~

일본어 의문문은 우선 か(까)와 の(노)를 기억하시면 됩니다。

교통 문화

동그란 바퀴에 타다(のる, 노루)

가장 이해하기 쉬운 일본어 단어 하나만 꼽으라면 단연 乗る(のる, 노루, 타다)를 얘기하고 싶습니다. 왜냐하면 のる(노루)의 の(노)는 동그란 바퀴 모양이기 때문입니다.

일본어 글자 오십음도(46글자) 중 가장 완벽한 동그란 형태이며 바퀴 모양을 닮은 것은 사실이니 과학적 근거는 차치하고 쉽게 외울 수 있는 것입니다.

동그란 형태의 바퀴 달린 것을 のる(노루, 타다) 하는 것입니다.

❖ **馬(うま)に のる**(우마니 노루): 말을 타다

❖ **電車(でんしゃ)に のる**(덴샤니 노루): 전차를 타다

❖ **飛行機(ひこうき)に のる**(히코우키니 노루): 비행기를 타다

이와 같이 운송 수단에 조사 に(니)를 붙이고, のる(노루)를 활용하면 무엇을 탄다는 의미가 됩니다.

일본 전철을 이용하는 경우, 호선을 갈아타는 경우 乗り換える(のりかえる, 노리카에루, 갈아타다, 환승하다)라고 하는데 환승이 아니라 거꾸로 승환(のりかえ, 노리카에)으로 표현하고 있다고 보시면 됩니다.

기차, 전철역사 전광판에 *ダイヤ みだれ*(다이야 미다레, 지연, 정체)로 표시되는 경우의 의미는 전철 시간표에 혼선이 생겼다는 의미이며, 도착 시간이 확정되지 않아 정체 또는 지연되고 있다는 의미입니다.

Diagram(다이아그램, 시간표)과 *みだれ*(미다레, 혼선, 혼란, 어지러짐)의 두 단어를 합성하여 쓰고 있습니다. 예정 시간표가 사고나 사정 등으로 정체, 지연 등의 혼선(변경)이 발생하였다는 의미입니다. 乱れ髪(*みだれ がみ*, 미다레 가미)는 흐트러진 머리, 산발을 의미합니다.

飲む(のむ, 노무)는 '마시다'라는 뜻입니다. 이 역시 동그란 술병, 동그란 잔, のど(노도, 목구멍)을 연상하면서 단어를 이해하면 됩니다.

- **一杯(いっぱい) のもう**(잇빠이 노모우): 한잔 마시자

覗く(のぞく, 노조쿠)는 '엿보다'라는 뜻인데 동그란 구멍을 통해 몰래 엿보다로 이해하고 외우면 역시 쉬운 방법입니다.

우선, 단어 암기의 흥미를 위해 형태적인 접근을 해보았습니다.

심리학자 프로이트도 특히 성충동(Libido)의 개념을 통해 엿보기, 관음증 등에 대해서는 성도착증 정의 등 정신분석학적인 학문 연구를 많이 했지만, 성을 상품화하는 대부분의 형태는 결국 覗く衝動(のぞく しょうどう, 노조쿠 쇼도). 즉, 엿보는 충동의 하나이며, 봐서는 안 되는 것, 성적인 것을 엿보는 것, 남의 것을 보는 것 등의 심리에서 시작한다고 해도 과언은 아닐 듯합니다.

は(하)행

はひふへほ(하히후혜호)로
이해하는 일본 문화

は(하)행 (はひふへほ, 하히후혜호)으로 시작하는 단어들은 바깥(안), 잎, (이파리),
시작(처음), 해, 불, 바람(팽창과 수축)의 속성을 가지고 있다.

언어 문화(바깥의 속성)

잎새(は, 하)에 이는 바람

'죽는 날까지 하늘을 우러러 한 점 부끄럼이 없기를/ 잎새에 이는 바람에도 나는 괴로워했다'로 시작하는 윤동주의 서시 잎새는. 즉, 잎, 잎사귀는 일본어로 は(葉, 하, 잎)입니다.(한자어는 잎 엽). は(하)는 대표적인 바깥을 뜻하는 단어이며 밖으로 나오면서 자라는 잎을 의미합니다.

- ❖ **はっぱ(葉っぱ, 핫빠): 잎**
  - はっぱ(핫빠)는 속어로 대마초를 뜻하기 때문에 사용에 주의 필요

- ❖ **はがき(葉書, 하가키): 엽서**
  - 잎사귀 같은 종이에 글을 쓰는 것

- ❖ **おちは(落ち葉, 오찌하): 낙엽**
  - おちる(오찌루, 떨어지다)에서 나온 말

- ❖ **ことば(言葉, 고또바): 말**
  - 잎이 나는 것처럼 입 밖으로 나오는 말을 의미하며 は(葉, 하)는 잎과 바깥의 속성이 매우 강하기 때문에 여러 단어들이 파생됩니다

- ❖ **は(歯, 하): 이(이빨, 치아)**
  - 잇몸 밖으로 나오는 이

- ❖ **は(羽, 하): 날개**
  - 몸통 밖으로 나온 날개

❖ **は(刃, 하): (칼)날**

- 바깥으로 날카롭게 나온 칼날

❖ **は(端, 하): 끝단**

- 바깥쪽 끝

- 端物(はもの, 하모노, 파치)는 귤 등이 떨어져서 상처가 나거나 파손되서 상품화 되기 어려운 것들을 '파치'라고 부릅니다

言葉(ことば)は 刃物(はもの), 고토바와 하모노라는 격언이 있습니다. 말은 칼날과 같아서 남에게 상처를 줄 수 있다는 의미입니다. 고토바 와 하모노를 기억하면 잎새에 이는 바람처럼 は(하)가 잎과 바깥의 속 성이라는 점을 기억할 수 있습니다.

건강 문화

동안 비결은 치아(は, 하)

조선시대 등 과거와 다른 현대인의 동안 비결은 검은 머리와 건강 한 치아로 동안의 필수요건입니다. 그래서 치아 관리는 매우 중요합니 다. 일본어로 치아(이)는 歯(は, 하)입니다.

は(하)나 ば(바)는 바깥을 의미하고, 이(は, 하) 역시 밖으로 자라서 나오는 것입니다.

- ❖ **八重歯(やえば, 야에바): 덧니**
  - 야에(やえ)는 겹이라는 의미
- ❖ **奥歯(おくば, 오쿠바): 어금니**
  - 오쿠(おく)는 구석 안이라는 의미
- ❖ **虫歯(むしば, 무시바): 충치**
  - 무시(むし)는 벌레라는 의미

사랑니는 おやしらず(오야 시라즈)입니다. おや(오야)는 부모, しらず(시라즈)는 모른다는 뜻으로 부모도 모를 정도로 깊숙한 곳에 난다는 것에 유래합니다.

나이를 셀 때 才(세, さい, 사이)를 쓰지 않고, 유일하게 20세는 二十歳(はたち, 하타치)라고 합니다. は(하, 이)와 たち(다치, 서다)가 합쳐진 말로 위에 언급한 사랑니가 20세까지 나면서 영구치가 완성이 되어 성인이 된다는 설에 기원합니다(이가 스무살까지 나다).

치아 관리를 위한 기본 세 가지

(1) 歯ブラシ(は brush, 하 브라시): 칫솔
(2) 歯磨き(は みがき, 하 미가키): 치약
(3) すきま いと(스키마 이토): 치실

すきま(스키마)는 틈, いと(糸, 이토)는 실로 치아 틈 사이 찌꺼기를 제거해줍니다(糸 ようじ, 이토 요우지, 실 이쑤시개)라고도 합니다).

음식 문화

가위(はさみ, 하사미)로 고기 자르기

외국인들이 한국식당 이용 경험 중 신기한 장면 중의 하나가 가위로 고기를 자르는 모습입니다. 외국에서는 거의 없는 문화. 일본어로 표현(가위로 자르다)하면 はさみ(鋏, 하사미, 가위) で(데, 로) きる(切る, 기루, 자르다)입니다. 음식을 자르는 가위를 키친하사미(はさみ)로 구체화하기도 합니다.

はさみ(하사미, 가위)는 挟む(はさむ, 하사무, 끼다)에서 유래했고, は(하, 잎, 날)의 의미로 유추해보면 날이 달린 도구로, 두날이 서로 끼여가면서 자르는 것입니다.

한편, きる(切る, 기루)의 き(기)는 가위(금속)의 속성을 가지고 있습니다.

- ❖ **きる**(切る, 기루): (가위로) 자르다
- ❖ **きっぱり**(깃빠리): (가위로 자른 듯) 딱 잘라, 단호히
- ❖ **きる**(着る, 기루): (가위로 잘라 만든) 옷을 입다
- ❖ **きず**(傷, 기즈): (가위나 칼에 베인) 상처
- ❖ **きつい**(기츠이): (가위로 만든) 옷이 꽉 끼다

치아에 '고춧가루(음식물)가 끼다'라는 표현을 할 경우, 一味(いちみ, 이치미, 식당에서 고춧가루의 의미로 사용)が(가, 가) はさんでる(하산데루, 끼어 있다)라고 합니다.

- 一味唐辛子(いちみ とうがらし, 이치미 토우가라시, 고추가루)의 축약형이 いちみ (이치미)
- 挟む(はさむ, 하사무): 끼다

연애 문화

첫사랑(はつこい, 하츠코이)

첫사랑은 일본어로 初恋(はつこい, 하츠코이, 초연)입니다. はつ(初, 하츠, 처음)의 は(하, 잎)는 잎과 바깥의 속성이므로 잎이 처음 바깥으로

나기 시작한 것에서 처음과 시작의 의미를 가지고 있습니다.

일이든 사랑이든 처음과 끝은 매우 중요하기 때문에 언어표현에서도 시작과 끝을 의미하는 단어는 중요하며 강조되고 있습니다.

처음(시작)

❖ **はつ**(初, 하츠): **처음**
❖ **はじめる**(始める, 하지메루): **시작하다**
❖ **はじめまして**(初めまして, 하지메마시테): **처음 뵙겠습니다**
  - はじめ(하지메, 처음)와 まして(미마시테, 보다)의 합성으로 이해하면 됩니다

끝

❖ **おわる**(終わる, 오와루): **끝나다**
❖ **しまう**(終う, 시마우): **끝나다**
  - お(오)나 し(시) 둘 다 아래의 속성이며 맨 아래에 있는 서류일까지 모두 끝났다는 의미
  - 오늘은 일 시마이(しまい)하자는 일본어 표현임 しめきり(締め切り, 시메키리): 마감 시한(끝내야 하는 날짜)
  - 원고나 취재 마감 시한이 しめきり(시메키리)

이 밖에도 きわめて(極めて, 기와메테, 극히)도 きわめる(기와메루, 끝까

지 가다)에서 나온 부사 형태이며, どたんば(土壇場, 도탄바)는 마지막 순간, 막판이라는 의미입니다.

- どたんば(도탄바): 흙으로 쌓은 단상으로 죄수의 목을 베는 형장
- どたんばで キャンセルした(도탄바데 캰세루시타, 마지막 순간에 캔슬했다)

언어 문화(바깥의 속성)

바깥 바(ば, 바)

바밤바는 1976년 해태제과에서 생산한 막대형 아이스크림이며, 주류회사인 국순당과 콜라보하여 바밤바 막걸리(2021년)까지 생산하고 있는 레트로 감성을 대표하는 식품입니다.

일본어의 효율적 학습을 위해서 바밤바(아이스크림)를 언급하였으며, 바깥의 속성을 갖는 바깥 ば(바)에 대한 설명입니다.

❖ **現場(げんば, 겐바)**: (바깥) 현장
❖ **足場(あしば, 아시바)**: (바깥) 발판, 비계
  - 건물을 지을 때 발을 딛고(ふみだす, 후미다스) 작업하기 위해 설치하는 구조물

을 비계라고 합니다

❖ **飯場(はんば, 한바): (숙식용) 노무자 합숙소**
- 우리나라에서는 건설 현장의 밥집을 의미(함바집)

ば(바)는 발음 그대로 바깥을 의미하는 속성이 있습니다.

❖ **市場(いちば, 이찌바): (바깥에 있는) 시장**
❖ **馬場(ばば, 바바): (바깥의) 마장(승마장)**
❖ **土壇場(どたんば, 도탄바): 형장, 막판**
- 발음이 비슷한 とたん(途端, 도탄)은 길의 끝이라는 것에서 ~한 순간(하자마자) 을 의미합니다
- 立った 途端に 目眩が した(たった とたんに めまいが した, 닷타 도탄 메마이가 시타): 일어선 순간 현기증이 났다

❖ **穴場(あなば, 아나바): 숨은 맛집, 숨은 명소**

場所(ばしょ, 바쇼)와 같이 한자어그대로 장소의 의미로 이해하되, ば (바)는 바깥의 속성을 기본으로 공간적 장소로 이해하면 의미를 기억 하기 쉽습니다.

마사지 문화

마사지 용어 이해하기

マッサ-ジ(맛사지)는 운동 후에 피로한 근육을 릴렉스해주기 때문에 스포츠를 즐기는 사람들에게는 익숙한 癒し(いやし, 이야시, 치유) 방법 중의 하나입니다.

일본의 마사지샵에 방문한다면 마사지사가 요구하는 세 가지 표현 정도는 알고 있는 것이 좋습니다.

❖ **仰向け(あおむけ, 아오무케): 위를 보고 눕기**
  - 仰ぐ(あおぐ, 아오구, 위를 보다)와 向ける(むける, 무케루, 향하다)의 합성어
❖ **うつ伏せ(うつぶせ, 우츠부세): 엎드리기**
  - 伏せる(ふせる, 후세루, 엎드리다)와 엎드릴 복(伏, ふく, 후쿠)에서 발음과 의미가 유래됨
❖ **四つん這い(よつんばい, 요츤바이): 네발로 엎드리기**
  - 四つ(よっつ, 욧츠, 네 개)와 這う(はう, 하우, 기다)의 합성어입니다
  - 這う(はう, 하우, 기다)는 は(하)가 잎의 속성이므로 잎이나 줄기가 옆으로 기어가듯 나는 것으로 이해하면 됩니다

일본에서 브라질리언 왁싱샵이나 마사지업소 등지에서 よつんばい(요츤바이)라는 표현을 사용하기도 합니다.

기본적인 사람의 동작 중에 立つ(たつ, 다츠, 서다), 座る(すわる, 스와루, 앉다)는 익숙하지만 這う(はう, 하우, 기다)라는 표현도 연상해서 이해하면 좋습니다.

표절
표절은 일본어로 ぱくり(파쿠리)

표절하다는 일본어로 ぱくる(파쿠루)라고 합니다. ぱくぱく(파쿠파쿠, 덥석)라는 의태어에서 출발해서 훔치다, 빼앗다로 의미가 확장된 것입니다.

작사, 작곡과 같은 음악 장르에서의 표절은 물론 공산품이나 식품에서도 표절과 모방문제는 항상 이슈가 되고 있습니다.

인스턴트 라면을 세계 최초로 출시한 일본 식품회사 닛신이 인기가 높은 삼양식품의 불닭볶음면과 유사한 제품을 출시해서 ぱくった?(파쿳타, 표절했나?)라는 신문기사 제목으로 소개되었고, 우리나라 제품을 일본 유명 식품회사에서 표절하는 현상에 대해 기사화하였습니다. 예전에는 우리나라가 일본제품의 영향을 받은 사례가 많습니다.

えびせん(에비센)은 새우전병 과자로 일본에서 1964년에 나왔고, 농심 새우깡은 1971년에 출시되었습니다. 롯데 빼빼로는 1983년에 출시되었고, 이와 모양이 흡사한 pocky는 일본에서 1966년 일본에서 출시된 막대 과자입니다. 맛, 재료, 모양이 조금씩 다르기 때문에 표절이라고 할 수는 없지만 영향을 받지 않았다고 할 수도 없을 것입니다.

どらやき(도라야키)는 둥그런 빵안에 팥소를 넣은 제품으로, 일본에서는 징(타악기)을 どら(도라)라고 하며 징처럼 둥글게 생긴 구운 빵이라는 의미로 부르게 된 것입니다. どらやき(도라야키)는 브랜드명도 아니고 일반화된 명사이기에 우리나라 파리바게트에서도 도라야키라는 이름으로 판매되고 있습니다.

1986년 출시된 팔도 도시락면은 유독 러시아에서 인기가 많은 제품입니다. 도시락(다시락)이 컵라면이라는 일반 명사처럼 쓰이고 있고, 다시락이 러시아어로 인식될 만큼 유명해진 한국식품입니다.

이 역시 도시락이 일반 명사인 관계로 표절이라고 할 수는 없는 것입니다. 도시락면이 사각 용기인 관계로 부산을 출입하는 러시아 선원들이 흔들리는 배 안에서 넘어뜨리거나, 흘리지 않고 먹을 수 있어서 인기가 좋았고, 러시아로 돌아갈 때마다 몇 박스씩 사가는 바람에 러시아 본국에 전파된 것이라고 합니다.

우리나라 식품이 외국에서 유명해지고 표절이 되는 것은 그만큼 맛있고 질이 높다는 반증일 것입니다.

젓가락(はし, 하시) 문화

한국과 일본의 차이?

서양과 다른 동양(특히, 한중일)의 대표적인 식문화 중 하나로 젓가락을 사용하는 것을 말하기도 합니다.

젓가락(箸, はし, 하시)으로 콩자반을 집어 먹는 섬세함이 우리나라의 기술력의 바탕이라고까지 얘기하며, 일본의 ものづくり(모노 즈쿠리, 물건 만들기의 의미이나 좋은 물건을 만드는 장인정신의 의미로 확대됨)도 젓가락 사용 문화에서 출발했다고 말하기도 합니다. 유후인의 상점 거리에서는 다양한 종류의 젓가락만 전문적으로 판매하는 상점도 있습니다.

젓가락을 테이블 위에 놓는 방식이 다른 것은 특이한 점인데 한국은 縱置き(たておき, 다테오키). 즉, 세로로 젓가락과 수저를 놓으며 일본은 横置き(よこおき, 요코오키). 즉, 가로로 젓가락을 놓습니다. 세로로 놓으면 앞사람을 찌르거나 위협할 가능성(사무라이나 닌자) 때문에 그렇다고 하는데 속설 정도로 이해하면 됩니다.

다테오키(세로 놓기)를 하더라도 테이블 가장자리는 넘어서지 않게 놓아서 젓가락을 떨어뜨리는 실수를 줄이도록 하는 것도 테이블 매너 중의 하나입니다.

젓가락 받침은 はしおき(하시오키)라고 하며, 젓가락으로 음식을 다른 사람에게 집어 건네주는 것을 箸渡し(はしわたし, 하시 와타시)라고 하는데 이런 행위는 금기시되어 었습니다. 이유는 화장장에서 고인의 뼈를 젓가락으로 추스리는 데 이런 것이 연상되는 행위이기 때문에 친한 표시로 일본인 친구에게 음식을 건네주는 것은 하지 않는 것이 일본의 테이블 문화입니다. 우리나라도 코로나나 위생문제 때문에 개인 접시를 사용하거나 별도의 도구 (집게)를 사용하는 추세입니다.

테이블 매너 중 '좌빵우물'이라는 말이 있는데 호텔 결혼식장에서 테이블에서 양식 코스같은 것을 먹을 때 빵은 왼쪽(좌)에 놓여진 것이, 물(컵)은 오른쪽(우)에 놓여진 것이 본인 것입니다.

이런 것을 모르는 식사 모임에 참석한 시골 어르신이 왼쪽에 있는 물을 마셔서, 테이블에 있는 모든 사람이 결국 다른 사람의 물을 마시게 됐다고 하는 사례는 테이블 매너 교육 시 자주 등장하는 사례 중 하나입니다.

일본의 기시다 총리가 젤렌스키 대통령과의 만남에서 しゃもじ(샤모지, 주걱) 기념품을 선물하여 일본 국내에서 논란이 된 적이 있습니다. 샤모지는 스포츠 경기 등에서 승리를 염원하는 의미로 주는 것인데 전쟁 중인 국가에 샤모지를 주는 것이 국격에 맞느냐가 이슈가 된 것입니다. 샤모지와는 다르게 국자는 おたまじゃくし(오다마 쟈쿠시)라는 표현을 씁니다. 오다마쟈쿠시는 올챙이라는 뜻도 있어 둥그런 형태로 함께 이해하면 됩니다.

일본의 라면집이나 우동 가게에 가면 젓가락(はし)과 동글납작한 스푼을 주는데 이 스푼은 蓮華(れんげ, 렌게)라고 합니다. 중국 한자에서 기원된 말이며, 연꽃을 닮은 형태라는 것에 기원합니다. 혹시 식당에서 스푼(렌게)을 떨어뜨렸을 경우, 蓮華(れんげ)、もう ひとつ ください(렌게 모우 히도츠 구다시이, 렌게 하나 더 주세요)라고 말하면 됩니다.

렌게라는 단어가 생각이 안나면 '남묘호렌게교'를 연상하면 됩니다. '남묘호렌게교'라고 일본에서 창시된 종교(불교종파의 하나)가 있는데 '렌게'가 바로 같은 단어이며 여기서 쓰인 남묘호'렌게'교의 '렌게'는 당연히 스푼의 의미가 아니라 인연을 의미하는 연꽃(蓮華)의 본래 의미로 사용된 것입니다.

결혼 문화

돌싱은 ばついち(바츠이치)

돌아온 싱글은 이혼을 해서 독신으로 돌아온 경우를 말합니다. 일본어로도 シングル(싱구루, 싱글)라는 표현을 하지만, ばついち(바츠 이치, 돌싱)를 주로 사용합니다.

ばついち(바츠이치)의 ばつ(바츠)는 X(엑스)를 의미하고 いち(이치)는 1
입니다.

- ばつ(바츠)는 罰(벌)의 한자어 음독입니다

이혼을 하면 호적부에 X표시를 한 것에서 유래했고, 이혼 기록이
한 번이라는 의미입니다. 이혼 두 번 한 돌싱은 ばつに(X2, 바츠 니)가
되는 것입니다. 세번은 ばつさん(X3, 바츠 산)이 됩니다.

❖ **結婚(けっこん, 겟콘): 결혼**
❖ **新婚(しんこん, 신콘): 신혼**
❖ **離婚(りこん, 리콘): 이혼**
❖ **卒婚(そつこん, 소츠콘): 졸혼**

졸혼(そつこん, 소츠콘)은 2000년 초반 일본 작가가 만들어낸 신조어
로 황혼의 부부가 이혼은 하지 않고, 별거 상태로 각자의 삶을 영위
한다는 개념입니다.

외모 지상주의

はなし(하나시) 이야기

惣気話(のろけ ばなし, 노로케 바나시)는 친구들 사이에서 자신의 연애담, 잠자리, 이성 친구에 대해서 자랑하듯 이야기하는 것을 말하며 다소 나쁜 의미로 쓰이는 단어입니다.

나이 든 사람들이 해서는 안 되는 이야기 중에는 せっきょう(셋쿄, 설교), むかし ばなし(무카시 바나시, 과거 이야기), じまん ばなし(지만 비나시, 자기 자랑 이야기)라고 합니다.

남녀 간의 이야기 중에서 흔히 여성이 선호하는 이성의 조건 중에는 일본에서는 3高라고 분류하기도 합니다.

1. 学歴が 高い(가쿠레키가 다카이): 학력이 높다
2. 背が 高い(세가 다카이): 키가 크다
3. 年俸が 高い(넨포우가 다카이): 연봉이 높다

반대로 남성이 선호하는 이성의 조건은

1. 顔(かお, 가오): 얼굴
2. 顔(かお, 가오): 얼굴

3. 顔(かお, 가오): 얼굴이라며 우스갯소리로 얘기합니다.

우스게(うすげ, 薄毛)는 탈모로 머리숱이 적은 상태입니다. 이런 아재 개그도 아저씨들의 특징입니다. 얼굴 이야기가 나오는 것도 역시 남성들의 외모 지상주의의 문제점을 꼬집는 말일수도 있습니다만 선호하는 이성의 조건은 당연히 개인 차이가 있습니다.

외모 지상주의는 外見至上主義(가이켄 시죠슈기)라고 하며 ルキズム(루키즈무)라고도 합니다. 영어의 Lookism에서 나온 말입니다.

자연과 문화

자연과 문화: 사계절(はる, なつ, あき, ふゆ, 하루, 나츠, 아키, 후유)
봄, 여름, 가을, 겨울

四季(しき) ありて 楽しい(しき ありて たのしい, 시끼 아리테 다노시이)는 사계절이 있어서 즐겁다는 표현입니다. 봄, 여름, 가을, 겨울은 春(はる, 하루), 夏(なつ, 나츠), 秋(あき, 아끼), 冬(ふゆ,후유)입니다.

❖ **はる(春, 하루, 봄)는 葉(は, 하, 잎)라는 의미. 즉, 잎이 나고 싹이 밖으로 나오는 계절입니다**

❖ なつ(夏, 나츠, 여름)는 熱(ねつ, 네츠, 열)에서 왔다는 설이 있고, ななつ (나나츠, 일곱)의 7월에서 연상하여 뜨거운 여름으로 이해할 수도 있습니다

❖ あき(秋, 아키, 가을)는 あかい(빨간) 紅葉(こうよう, 코요, 홍엽, 단풍)에서 유래되었다고 합니다. 특히, 단풍은 한자어 こうよう(코요)로 음독하기도 하지만, もみじ(모미지, 단풍)나 かえで(가에데, 단풍)의 순수 일본어로도 자주 쓰입니다. もみじ(모미지, 紅葉)는 揉む(もむ, 모무, 비비다)의 뜻에서 단풍이 비벼지듯이 물들어가는 모습에서, かえで(가에데, 楓)는 かえる(가에루, 개구리)의 て(데, 손(발))가 단풍잎 모양(갈퀴)과 닮은 것에서 유래되었습니다

단풍이 주는 아름다운 이미지로 인해 코요, 모미지, 가에데 모두 온천여관 이름이나 이자까야 가게 이름, 여자 이름에 자주 사용되는 단어들입니다.

❖ ふゆ(冬, 후유, 겨울)은 한글발음과 유사하게도 훅 '불다(ふく, 후쿠, 바람이 불다)'처럼 바람이 세게 부는 계절의 의미입니다

언어 문화(바깥의 속성)

바깥으로 뻗다(はる, 하루)

❖ ぱりぱり(빠리빠리)는 '기운이 팔팔하다'라는 뜻입니다. 국어사전에도 경상도 사투리로 빠리빠리는 동작이 민첩한 것으로 나와서, 한글과 일본어의 유사성이 보이기도 합니다

❖ 張る(はる, 하루)는 뻗다는 의미이고 동사, 명사 뒤에 ばる(바루), ばり(바리), ぱる(빠루), ぱり(빠리)의 형태로 붙게 되면 더욱 강조의 의미가 됩니다

❖ さっぱり(삿빠리, 산뜻한)는 산뜻하다, 담백하다는 뜻입니다. さっぱり系(삿빠리케이)라고 하면 시오라멘, 쇼유라멘처럼 국물이 산뜻한 맛을 좋아하는 스타일이고 こってり(곳테리, 진한)系(けい, 케이)는 돈코츠라멘 등 국물이 진한 맛을 좋아하는 스타일입니다. さっぱり(삿빠리)는 좀 더 강조의 의미가 확장되어 부정형 앞에서 '전혀, 조금도'라는 뜻으로도 자주 쓰입니다

❖ やっぱり(얏빠리, 역시)는 역시라는 뜻의 부사로 회화에서 강조의 의미로 많이 쓰이는데 矢(화살)을 의미하는や(야)를 사용한 것은 역시(화살처럼 빠르다)라는 의미에서 나온 부사어로 보입니다

❖ きっぱり(깃빠리): 단호하게

❖ すっぱり(숫빠리): 싹둑

이런 표현도 회화에서 자주 쓰이는 표현입니다. ぱり(빠리)로 끝나

는 강조부사는 아래와 같습니다.

- ❖ **ぱりぱり**(빠리빠리): **팔팔한**
- ❖ **さっぱり**(삿빠리): **산뜻한**
- ❖ **やっぱり**(얏빠리): **역시**
- ❖ **きっぱり**(깃빠리): **단호하게**
- ❖ **すっぱり**(숫빠리): **싹둑**

이와 같은 정도이기 때문에 대화 중 ぱり(빠리)가 들리면, 무엇인가를 강조하고 있는 표현으로 이해하면 됩니다.

태양의 문화

해는 일본어로 ひ(히)다

일본어로 해(태양)는 ひ(히, 해, 날)입니다. 한글과 비슷한 발음(히, 해)이여서 외우기도 좋습니다. 다행인 것은 ひ(히)로 시작하는 많은 단어들이 해와 관련이 있다는 사실입니다

ひ(히, 해)를 암기하면 수십 개의 단어를 식은 죽 먹기처럼 외울 수

있습니다. 식은 죽 먹기는 일본어 표현으로 朝飯前(あさめし まえ, 아사메시 마에, 아침밥 전). 즉, 아침밥 먹기 전에 간단히 끝낼 수 있을 정도로 쉬운 일이라는 뜻입니다.

아래는 あさめし まえ(아사메시 마에, 식은 죽 먹기)

❖ **日(ひ, 히): 해**
 - 히는 해

❖ **昼(ひる, 히루): 낮**
 - 해가 떠 있는 낮 동안

❖ **光(ひかり, 히카리): 빛**
 - 당연히 해는 가장 빛나는 물체

❖ **ひまわり(히마와리): 해바라기**
 - ひ(히)는 해, まわり(마와리)는 돌다라는 의미로 해를 향해 도는 꽃, 해바라기를 의미

❖ **引く(ひく, 히쿠): 당기다**
 - 해(태양)는 지구를 포함한 행성을 당기고 있으며, 모든 대지의 생물도 빛을 당기고 있음

해는 ひ(히)입니다. 한여름 뜨거운 햇볕 속에서 야외운동을 하면 힘들어서 낑낑(ひいひい, 히이히이)거리게 됩니다

불의 문화

불(ひ, 히)로 배우는 일본어

불은 ひ(히)입니다. ひ(히)는 해의 속성을 가지고 있으며 동시에 뜨거운 태양에서 발산하는 불의 속성을 가지고 있으므로 ひ(히)는 해와 불의 의미를 가지고 있는 글자이자 단어입니다.

❖ **炭火(すみび, 스미비): 숯불**

- 炭(すみ, 스미)는 숯입니다. す(스)와 み(미)는 줄곧 물의 속성을 가지고 있다고 하였는데 すみ(스미, 숯)는 물기가 완전히 빠진 상태로 논리적 모순이기는 하나, みず(미즈, 물)를 거꾸로 한 단어로 간주해서 물이 빠진 상태(물의 반대, 불, 즉, 불에 태워진 마지막의 상태)로 이해하면 됩니다

❖ **焚き火(たきび, 다키비): 장작불, 모닥불**

- たき(다키)는 장작을 의미합니다
- 癒し(いやし)の 焚き火(たきび, 이야시노 다키비): 위안을 주는 모닥불
- 미묘하게 すみ(스미)는 숯, (모)닥불은 たきび(다키비)로 발음이 유사합니다

❖ **灯しび(ともしび, 도모시비): 등불**

- ともす(도모스): 불을 켜다
- 備長炭(びんちょう ずみ, 빈쵸우 즈미, 비장탄)는 일본식당 등지에서 고기 구울 때 쓰는 숯(졸가시나무)의 일종입니다(우리나라는 참나무숯)
- 入れ墨(いれずみ, 이레즈미)는 숯, 먹(すみ, 스미)을 いれる(이레루, 넣는다)한다는 의미로 '문신(Tatoo)'을 의미합니다

- 炭火焼き(すみびやき, 스미비 야키)는 숯불구이이고 蕨火焼き(わらび や き, 와라비 야키)는 짚불구이입니다

ひ(히)는 해와 불의 속성이라는 점을 이해하면 불에 관한 단어는 쉽게 이해할 수 있습니다.

- 겨울에는 불조심(火の 用心, ひの ようじん, 히노 요우진)

삐끼의 유래

ひき?(히키?)

삐끼는 ひく(引く, 히쿠, 당기다)에서 유래된 말로 술집이나 식당에서 손님을 끌어당긴다는 뜻이고, 호객하는 행위(客引き, きゃくひき, 갸쿠히키)를 말합니다.

그러나, 일본에서는 삐끼보다는 캿챠(キャッチャ-)라고 많이 부릅니다. 캿챠는 영어로 Catcher(잡는 사람, 야구에서 포수)를 일본어로 발음한 것입니다.

캿챠를 하는 것은 대부분 술집에 소속되거나 아르바이트를 하는 대부분 젊은 여성들이 거리에서 하는데 시간당 이용료나 메뉴 등(예로써 1時間 4,000円)정도 적힌 판넬을 들고 서 있는 정도입니다.

캿챠상(キャッチャ-さん)이 지나가는 손님에게 먼저 말을 거는 (こえをかける,코에오 가케루, 말을 걸다)은 금지되어 있으며, 손님이 먼저 말을 걸면 이야기를 할 수 있습니다(눈에 띄지 않는 곳에서는 알게 모르게 먼저 호객행위를 하는 경우도 있습니다).

캿챠를 하는 시간대와 구역도 정해져 있으며, 복장도 지나친 노출은 금지되어 있습니다. 판넬에도 '우리 가게로 오세요' 같은 문구는 사용할 수 없습니다. 법적인 부분도 있지만 같은 구역에서 영업을 하는 업소 간에 서로 상도의를 지키기 위한 것으로 볼 수 있습니다.

공공질서 문화
물건 절도(まんびき, 맘비키)와 바가지

수학 2에서 1을 빼다에서 빼다는 ひく(引く, 히쿠)입니다. 당기다, 빼다의 뜻을 가지고 있습니다. 마이너스적인 속성상 일상 회화에서는

다소 나쁜 의미의 단어들이 많습니다.

❖ **ひったくり**(引っ手繰り, 힛타쿠리): **날치기**(지갑을 당겨 채가는 절도 행위)

❖ **まんびき**(万引き, 맘비끼): **물건 훔치기**
  - 백화점이나 마트 등에서 물건을 몰래 숨겨 나오는 절도 행위
  - 맘비끼는 여러 번 반복되는 중독성이 있어 여러 번을 의미하는 まん(만)이 붙었다는 유래가 있습니다
  - 일본도 불경기 영향으로 맘비키(まんびき)가 늘고 있다고 합니다

❖ **ひきにげ**(ひき逃げ, 히키니게): **뺑소니**
  - ひく(히쿠, 치다)와 にげる(니게루, 도망치다)의 합성어입니다

❖ **くじひき**(籤引き, 구지히키): **제비뽑기**
  - 한글 제비는 접이(옛날에는 접은 종이를 함에 넣고 제비뽑기를 했다는 것에서 유래)에서 제비로 변화되었다고 합니다

발음이 비슷한 *ぼったくり*(봇타쿠리)는 바가지를 의미하며, 과거 쌀기근 시기에 폭리(暴利, ぼうり, 보우리)를 취해 단속을 하여 폭리 행위를 단축(短縮, たんしゅく, 단슈쿠)시켰다는 이야기가 단어 유래 중의 하나입니다.

めを ひく(目を 引く, 메오 히쿠)는 눈을 끌다, 눈길을 끌다, 이목을 끌다라는 긍정적 표현도 있지만, 신조어로서의 ひく(히쿠)는 분위기 깬다(갑분싸)라는 의미도 있고, 연인간에 질린다라는 상황에서 쓰여 좋지 않은 마이너스적 의미가 많습니다.

현금을 지갑에 넣지 않는 신용카드 사용과 감시카메라 확산으로 힛타쿠리(날치기), すり(스리, 소매치기)는 사라지고 있지만, 봇타쿠리(바가지)는 자주 뉴스에 화제가 되고 있습니다.

영화 문화

완전한 사육, 완벽한 타인(ひと, 히토)

'완전한 사육' 영화 시리즈는 특이한 심리와 선정성이 있는 영화입니다. 범인이 젊고 예쁜 여성을 납치 일본 성인영화 중 납치를 주제로 한 '완전히 가둔 채 강간은 하지 않고 시일을 두고 자신의 사랑을 꾸준히 고백하여 정성과 동정심으로 육체적 관계도 맺게 되지만, 결론은 납치가 발각되어 범인이 체포되는 전개'가 보통입니다.

- 完全なる 飼育(かんぜんなる しいく, 간젠나루 시이쿠): 완전한 사육

한국 영화 '완벽한 타인'은 이탈리아 영화를 리메이크한 것으로, 친한 동창커플들(부부 포함)의 저녁 모임에서 한 사람의 제안으로 저녁 식사 동안은 모두의 핸드폰을 스피커폰으로 전환해서 오픈하는 시간을 갖게 되며 이 과정에서 숨겨진 비밀(불륜, 동성애)들이 탄로나면서

벌어지는 에피소드물입니다.

- 완벽한 타인의 일본어판은 大人の 事情(おとなの じじょう, 오토나노 지죠, 어른의 사정)

일본어로 타인은 他人(たにん, 다닝, 타인) 또는 ひと(人, 히토, 타인, 남)를 사용합니다.

❖ **ひとみしり(人見知り, 히토미시리): 낯가림**
  - ひと(히토, 남)에 대한 면식(みしり, 미시리)을 신경쓰거나 가리는 것입니다

❖ **ひとなつこい(히토나츠코이): 붙임성이 있다**
  - ひと(히토, 남)에 대해 懐かしむ(なつかしむ, 나츠카시무, 반가워하다)하는 것과 같이 붙임성이 있다는 뜻입니다

❖ **ひとめ(人目, 히토메, 남의 눈)**
  - ひとめを きに する(히토메오 기니 스루): 남의 눈을 신경쓰다

ひと(人, 히토)의 원래 의미는 물론 사람의 의미이며 ひ(히)가 해의 속성인 것처럼 사람은 해처럼 유일무이한 하나밖에 없는 존재라는 의미로 이해하면 됩니다.

ひと(人, 히토)가 사람 또는 남(타인)의 의미로 중요하게 쓰이므로 문맥적으로 의미를 구별해야 합니다.

음식 문화

혼밥

식당이나 이자카야 등 가게에 들어갈 때 점원으로부터 가장 먼저 듣는 말은 '몇 명이십니까'입니다. '何名(なんめい) さまですか。(난메이 사마데스카)' 글자 그대로 몇 명이십니까?라는 표현입니다.

조금 주의할 것은, 답변은 한 사람이면 '一人(ひとり, 히토리)です(데스) (혼자입니다, 혼밥)', 두 사람이면 '二人(ふたり, 후타리)です(데스) (두 사람입니다)', 세 사람부터는 '三人(さんにん, 산닌)です(데스) (세 사람입니다)'로 표현합니다.

조금 주의할 점은 三名です(さんめいです, 산메이데스, 3명입니다)로는 답하지 않는 점입니다. 이유는 명(めい)은 인(にん)보다는 정중한 표현이기 때문입니다. 점원은 손님에게 정중하게 표현해야 하므로 なんめいさまですか(난메이사마데스까)로 높여 말하고, 손님은 자신과 일행을 다소 낮추어 3人です(さんにんです, 산닌데스)라고 표현하는 것입니다.

名監督(めいかんとく, 메이 칸토쿠). 즉, 명감독처럼 명(めい)에는 유명하다는 좋은 의미가 포함되어 있어 단순히 人(にん)보다는 정중한 수사로 쓰이는 것으로 보입니다. 음식을 1인분 주문하는 경우는 一人前(いちにん まえ, 이치닌 마에), 2인분을 주문하는 경우는 二人前(ににん まえ,

니닌 마에)로 표현합니다.

음식점에 예약전화를 하는 경우, 사람 수를 정확히 표현할 줄 알아야 하며, 음식을 주문할 경우에는 1인분 가격이 정확히 얼마인지 확인하고 의도한 대로 주문해서 나중에 과다하게 금액 청구가 되지 않도록 해야 합니다.

예를 들어 串焼き(くしやき, 구시야키). 즉, 꼬치구이 よっつ(욧츠, 네 개)를 주문했는데 やっつ(얏츠, 여덟 개)로 잘못 알아들어 꼬치가 여덟 개가 나오는 당황스러운 상황이 생길 수 있습니다. 일부러, 바가지를 씌우려 하지는 않겠지만 실수 방지를 위해 손가락을 사용해서라도 점원과는 정확한 소통을 할 필요가 있습니다. 더욱이 점원 중에는 대만계, 중국계 일본인 아르바이트 등 일본어에 능숙하지 않은 아르바이트생도 있다는 점을 감안해야 합니다.

언어 문화(방향성)

동서남북(ひがし, にし, みなみ, きた, 히가시, 니시, 미나미, 기타)

동서남북을 글자의 속성이나 어간이 있다는 전제로 이해하는 것도 단어를 외우는 하나의 방법입니다.

　동쪽은 ひがし(東, 히가시)입니다. ひ(日, 히)는 해입니다. が(가)는 ~가입니다 し(시)는 방향의 속성입니다. 따라서, ひがし(히가시)는 해(ひ)가 뜨는 방향(し,시). 즉, 동쪽이 되는 것입니다.

　서쪽은 にし(西, 니시)입니다. に(니)는 시골이나 자연의 속성이고 대도시 동경(東京)의 반대쪽입니다. し(시)는 방향의 속성입니다. 따라서, 도시의 반대쪽 시골(に) 쪽 방향 (し,시)이 서쪽이 되는 것입니다.

　- 沈む(しずむ,시즈무, 가라앉다, 지다)로 분석하는 설도 있습니다

　남쪽은 みなみ(南, 미나미)입니다. み(미)는 물(みず, 미즈)의 속성입니다. 북쪽에 산이 많다면 남쪽은 강이나 바다(うみ, 우미). 즉, 물(みず, 미즈)이 있습니다. な(나)는 시골의 속성입니다. み(미)는 물(みず, 미즈)의 속성입니다. 따라서, 강과 바다. 즉, 물(みず, 미즈)이 많은 남쪽이 みなみ(미나미)인 것입니다.

　북쪽은 きた(北, 기타)입니다. き(기)는 검은색의 속성입니다. た(타)는 땅의 속성입니다. 동양철학에서는 북쪽은 검고 어둡고(저승) 더러운 땅을 상징하는 경우가 많습니다.

　- きたない(汚い, 기타나이): 더러운
　- くろい(黒い, 쿠로이): 검은

동서남북(東西南北, とうざいなんぼく, 도우자이난보쿠)도 단어의 속성을 이해하면 쉽게 이해할 수 있습니다.

교제 문화

밀당, 밀고 당기기(ひき, 히키)

일본어로 밀당은 駆け引き(かけひき, 가케 히키)입니다. かける(가케루, 달리다)와 ひく(히쿠, 당기다)의 합성어입니다. 말이 달리고(かける, 가케루), 고삐를 당기는(ひく, 히쿠) 행위에서 유래했고, 거래에서 밀고 당기는 흥정을 뜻하는 의미로 쓰였다가 지금은 연인 사이의 밀고 당기는 상황을 かけひき(가케히키, 밀당)라고 합니다.

- 引く(ひく, 히쿠)의 ひ(히)는 해의 속성이며 해는 만물을 당기는 힘을 가지고 있습니다. 따라서, ひく(히쿠)는 강하게 당기는 것입니다

❖ **風邪(かぜ, 가제, 감기)を 引く(ひく, 히쿠): 감기에 걸리다(감기를 당기다)**
❖ **甘い(あまい)ものに 引かれる(ひかれる) (아마이 모노니 히카레루): 단것에 당겨지다(단것이 땡긴다)**

그러나, 引く(ひく, 히쿠)는 사람을 상대로 사용할 경우에는 뒤로 당겨져 움츠린다는 의미에서 '질리다'라는 의미로 회화에서 자주 사용됩니다.

❖ **わたしに 引いたの**(와타시니 히이타노): **나한테 질렸어?**

❖ **ドン引き**(どんびき, 돈비끼): **꺼려함(극혐)**

　- ドン(돈)은 강조, ひき(히끼)는 질리는 것

　- 서양인들이 일본 음식 소재 중 どんびき(돈비끼, 꺼려함, 극혐)하는 것 중에 松茸(まつたけ, 마츠다케, 송이버섯), 納豆(なっとう, 낫또), 牛タン(ギュ ウタン, 규탄, 우설), いきづくり(이끼즈쿠리, 산채로 회뜨기) 등이 있다고 합니다(송이버섯과 낫또의 독특한 냄새와 소혀(우설) 등은 먹지 않는 관습 등이 원인)

전형적인 밀당의 패턴은 주도권을 잡기 위해 敢えて 断わる(あえてことわる, 아에테 고토와루, 굳이 거절하다)하거나, 상대에게 모든 것을 털어놓지 않고 敢えて 秘密を 作る(あえて ひみつを つくる, 아에테 히미츠오 츠쿠루, 굳이 비밀을 만들다) 하는 것도 밀당(かけひき, 가케히끼)의 한 방법입니다.

날씨 문화

바람이 훅 불다(ふく, 후쿠) (1)

바람은 風(かぜ, 가제, 바람)입니다. 원래 気風(きじ, 키지, 기풍, 바람)에서 변형되었고 대기의 순환에 의해 생기는 것이 바람입니다(기상청도 대기의 순환 현상을 담당한다는 의미). 風(かぜ, 가제)는 바람이고, 분다는 吹く(ふく, 후쿠)입니다. ふく(후쿠, 불다)만큼 외우기 쉬운 일본어 단어도 없습니다. 훅 불다(후쿠)로 외우면 됩니다.

특이한 점은 ふ(후)로 시작하는 단어는 바람과 관계되는 단어가 많습니다. ふ(후) 자체가 바람의 속성을 가지는 단어로 생각해도 무방합니다(외우기 위한 방법론 중 하나).

❖ **吹く(ふく, 후쿠): 불다**
- 훅 불다

❖ **船(ふね, 후네): 배**
- 바람이 불면 움직이는 배

❖ **袋(ふくろ, 후쿠로): 봉투**
- 바람든 것처럼 부푼 봉투

❖ **膨らむ(ふくらむ, 후쿠라무): 부풀다**
- 바람든 것처럼 부풀다

袋(ふくろ, 후쿠로, 봉투)는 일본 여행 시 편의점 점원으로부터 자주 듣는 표현입니다. ふくろ(후쿠로) ご利用(ごりよう, 고리요)ですか(데스카)?(봉투 이용하십니까, 필요하신가요?) 필요하면 はい(하이, 네), 필요 없으면 いらないです(이라나이데스, 필요없습니다)로 답하시면 됩니다.

風邪(かぜ, 풍사, 가제)を(오) 引く(ひく, 히쿠) (가제오 히쿠, 감기 걸리다)에서의 かぜ(가제)는 감기라는 의미입니다. 찬바람을 맞으면 감기에 걸리게 됩니다.

날씨 문화
겨울(ふゆ) 바람 (2)

겨울이라 바람이 차갑고, 겨울의 특징은 '바람'과 '눈'이라고 할 수 있습니다. 기본적으로 ふ(후)는 바람의 속성을 가지고 있습니다. 일본어 글자 중에 바람은 ふ(후), へ(헤), ほ(호)입니다.모두 바람의 속성을 가지고 있습니다. ふ(후), ほ(호)는 팽창, へ(헤)는 수축의 바람입니다.

❖ 吹く(ふく, 후꾸): (바람이) 불다
❖ 船(ふね, 후네): (바람으로 가는) 배

❖ **冬(ふゆ, 후유): (바람이 부는) 겨울**

- ふ(후)는 바람, ゆ(유)는 ゆき(雪, 유끼, 눈)

❖ **へ(헤): (바람 빠지듯 나오는) 방귀**

- へを こく(헤오 고쿠): 방귀를 뀌다

❖ **へとへと(헤토헤토): (바람 빠지듯) 녹초가 되다**

❖ **へこむ(헤코무): (바람 빠지듯) 움푹 패다**

❖ **帆(ほ, 호): (바람을 맞는 천) 돛**

❖ **褒める(ほめる, 호메루): (바람에 날리듯) 칭찬하다, 찬양하다**

- 찬양의 양은 바람에 날릴 양(揚)

❖ **誇る(ほこる, 호코루): (바람에 날리듯) 자랑하다**

- ほ(호)는 동시에 '바깥'의 속성도 가지고 있음

후우~(ふ) 불고, 헤에~(へ) 불고, 호오~(ほ) 부는 '바람'으로 이해하면
됩니다.

- ほお(頬, 호오)는 볼, 뺨입니다

날씨 문화

미세먼지(ほこり, 호코리) 이야기 (3)

미세먼지로 마스크 착용이 해제되어도 벗을 수 없는 환경입니다. 오히려, 일본이 미세먼지 농도가 심하지 않은데 중국, 몽골의 미세먼지를 태백산맥과 동해의 수증기가 일본까지 도착하는 것을 막아준다고 합니다.

미세먼지는 微細(びさい) 埃(ほこり)(비사이 호코리)라는 표현보다는 PM 2.5(피에무 니텐고)라는 표현을 씁니다. PM2.5는 초미세먼지의 크기를 표시하는 단위이며 PM 2.5가 おおい(오오이, 많다) 또는 すくない(스쿠나이, 적다)라는 표현으로 사용합니다.

음식 문화

복어(ふぐ, 후구) 이야기

福岡(ふくおか, 후쿠오카)는 한자의 의미로 해석하면 복(福) 있는 동네,

복 있는 언덕(岡)의 의미입니다. 후쿠오카 등 큐슈에서는 ふぐ(후구, 복어)를 ふく(후쿠)로 표현합니다. 사전적으로는 ふぐ(후구)가 복어입니다만, 복이 더 들어 오라는 의미로 ふく(福, 후쿠)와 발음이 동일하게 후쿠(ふく, 복어)로 쓴다고 합니다.

복어는 소동파가 복어의 독성 때문에 죽음과도 바꿀만한 맛이라 표현했는데 사실은 복어회가 아니라 복어 수컷의 정소(이리)의 맛이 뛰어나다고 한 것에서 유래합니다.

일본에서 복어는 鉄砲(てっぽう, 뎃포, 철포) 라고도 부릅니다. 독성을 비유해서 철포에 맞아 죽을 수도 있다는 의미로 그렇게 부릅니다. 역시 죽음과도 바꿀 수 있는 맛이라는 표현인 듯합니다.

참고로, 無鉄砲(むてっぽう, 무뎃뽀, 무철포)라는 말을 우리 주변에서도 가끔 쓰는데 철포(대포)도 없이 전쟁에 나가는 무모한 짓을 말하며 막무가내로 행동한다는 의미입니다. 福岡(ふくおか, 후쿠오카)를 안다면 복어라는 단어가 ふぐ(후구, 河豚) 또는 ふく(후쿠)라는 것을 알 수 있습니다.

음식 문화

후쿠오카(ふくおか) 3대 명물은?

후쿠오카는 비행기 1시간 거리로 일본 내 다른 지역보다 우리나라와 매우 가까운 도시인 만큼 우리에게 친숙한 음식이 많은 곳입니다.

첫 번째 명물은 ホルモンなべ(호루몬 나베)를 얘기합니다. '곱창전골' 정도의 의미입니다. 호루몬(곱창)의 유래는 '버리다'를 의미하는 放る(ほうる, 호우루)와 '것'을 뜻하는 もん(몬)에서 나왔다고 합니다. 예전에는 고기만 먹고 곱창(내장)은 버리는 것(호우루몬)으로 여겨졌다는 것이 다수설입니다.

두 번째는 明太子(めんたいこ, 멘타이코)로서 명태알이라는 뜻이며 명란젓으로 통상 쓰입니다. 명란젓은 부산에서 전파되었다고도 합니다.

세 번째는 水炊き(みずだき, 미즈다키)입니다. 닭백숙 요리입니다. みず(미즈) 는 '물', たく(다쿠)는 '삶다'라는 뜻입니다. 글자 그대로 닭을 삶은 요리입니다(닭 사시미, 백숙, 튀김, 닭죽이 코스로 나오는 것이 정통요리입니다).

대부분의 후쿠오카 호텔 조식 메뉴에는 멘타이코나 미즈다키는 마련되어 있습니다(호르몬 메뉴는 없는 편).

외모 지상주의

못생긴 얼굴은 일본어로 ぶす(부스)

일본남성들이 미팅(合コン, 고우콘)하는 경우, 싫어하는 여성의 세 가지 타입을 흔히 ぶす(부스, 못생김), ぶで(부데, 뚱보), 貧乏(びんぼう, 빈보, 가난함)라고 해서 3B라고 합니다. でぶ(데부, 뚱보)가 원래 단어인데 반대로 ぶで(부데)로 읽어서 통상 3B라고 합니다. 우리나라에서도 떼부, 떼부하는 말을 하는데 일본어 표현입니다.

여성이 남성을 보는 시각도 크게 다르지 않고, 외모중시 풍조는 한국이나 일본이나 비슷한 것 같습니다. 이렇듯 성격적 컴플렉스도 많지만 외모와 관련된 컴플렉스가 의외로 많으며 이를 극복하려는 노력도 만만치 않습니다. 최근에는 얼굴 성형은 물론 비용부담에도 불구하고, 가슴 성형도 젊은 층의 관심사입니다. 가슴성형은 일본어로 豊胸(ほうきょう, 풍흉, 호우쿄우)라고 하는데 한자 의미대로 가슴을 풍만하게 하는 것입니다.

貧乳(ひんにゅう, 힌뉴)에서 巨乳(きょにゅう, 교뉴)로 확대수술을 의미하며 보통 겨드랑이 아랫부분이나 가슴 아랫부분을 절개하여 실리콘백을 삽입하는 수술입니다. 가슴은 おっぱい(옷빠이)나 むね(무네) 두 가지 다 비슷한 빈도로 자주 쓰는 표현이나, おっぱい(옷빠이)가 어감적으로 강해서 그런지 남성들 사이에서는 더 많이 사용되는 편입니다.

컴플렉스를 상업적으로 이용하는 것이 일본 성인영화 산업인데 대부분의 남성 배우는 상당히 못생긴 배우를 캐스팅합니다. 소위 キモマン(기모만, 못생기고 기분 나쁘게 생긴 남자)이라고 불리우며, キモい(기모이, 기분 나쁜)와 Man(맨)의 합성어입니다. きもい(기모이)는 きもち わるい(기모치 와루이, 기분 나쁜)의 축약형입니다.

성인영화(AV)의 주요 소비층이 40대에서 60대의 중년남성이기 때문에 대리만족의 소비 심리를 최대한 이용하는 것입니다. 얼굴에 난점(ほくろ, 호쿠로)같은 것은 피부과에 가서 레이져 치료하면 간단히 컴플렉스를 제거할 수 있지만, 우리 주위에는 치료가 불가능한 모반증 등이 얼굴에 생겨서 평생의 컴플렉스로 살아가는 경우나 질병에 가까운 여러 질환을 가지고 있는 경우도 많습니다.

자신의 내면과 외면의 컴플렉스를 극복해 나가듯이 상대방이 가지고 있는 콤플렉스도 이해하고 배려하는 마음이 필요해 보입니다.

언어 문화(어근)

일본어에도 어근이 있다?

'양다리를 걸치다'는 일본어로 ふたまた(二股, 후타마타)を かける(가 케루)라고 합니다. 'ふたまた(후타마타)'는 두 갈래로 갈라진 나무를 뜻하며 그 위에 걸쳤다는 의미에서 한사람이 이성 두사람과 동시에 교제하는 것을 의미합니다.

'浮気(うわき, 우와키)を する(스루) (바람을 피우다)'와는 뉘앙스는 조금 다르지만 비슷한 의미입니다. 어린 시절 새총을 만들때 갈라진 나무에 고무줄을 묶어서 만드는데 그 두 갈래로 갈라진 나무를 ふたまた (후타마타)라고 합니다

따라서, ふた(후타)는 두 개를 의미하는 어근이라고 할 수 있습니다. 본 저서에서 전반적으로 언어의 속성에 대해서 설명하는 것도 일본어는 어근이 있다고 하는 전제에서 출발합니다.

- ❖ ふたり(二人, 후타리): 두 사람
- ❖ ふたつ(二つ, 후타츠): 두 개
- ❖ ふたえ(二重, 후타에) まぶた(마부타): 쌍꺼풀
- ❖ ふたご(双子, 후타꼬): 쌍둥이
- ❖ ふたたび(二度, 후타다비): 재차

모두 둘을 의미하는 ふた(후타)가 붙어 생긴 말들입니다.

また(마타)는 두 갈래 나뭇가지라는 뜻도 있지만 '다리 가랑이'라는 뜻도 있습니다. 전철에서 다리를 벌리고 있다는 표현이 またを ひろげて すわる (마타오 히로게테 스와루). '다리를 벌리고 앉아있다'라는 의미입니다.

숙취(ふつかよい, 후츠카 요이) 해소 문화

숙취 해소법

술자리는 좋은데 다음날 숙취로 고생을 하게 됩니다. 일본어로 숙취는 二日酔い(ふつかよい, 후츠카 요이)라고 합니다. 글자 그대로 둘째 날(ふつか, 후츠카)까지도 취함(よい, 요이) 상태에 있다는 뜻입니다.

해장국이나 숙취해소음료를 찾기도 하는데 우리나라는 컨디션, 모닝케어, 여명808, 상쾌환 등이 익숙한 숙취해소 음료 브랜드입니다. 일본 역시 다양한 숙취해소 음료들이 나옵니다.

편의점에서 파는 것들 중에 鬱金(うこん, 우콘, 울금) 엑기스, 牛蒡(ご

ぼう, 고보우, 우엉)엑기스, すっぽん(숫뽕, 자라) 엑기스 등등이 있으며, ヘパリーゼ(헤파리제)라는 브랜드도 간 보호 역할을 하는 건강보조식 품입니다.

일본 여행 시 자주 사 오는 건강보조제 중의 하나이기도 하고, 소위 水商売(みずしょうばい, 미즈 쇼바이, 물장사)에 종사하는 사람들의 필수품 입니다. 우리나라도 술같은 것을 파는 영업을 물장사라고 말하기도 하 는데 일본 역시 みず しょうばい(미즈 쇼바이)라는 같은 표현을 씁니다.

다만, 다소 속어처럼 들리는 미즈 쇼바이보다는 夜職(よるしょく, 요루 쇼쿠)라는 표현을 자주 사용합니다. 글자대로 해석하면 '밤일'인데 밤 에 일하는 직업을 뜻하는 표현입니다.

도시락 문화

벤또(べんとう) 문화

한국은 도시락, 일본은 벤또(弁当, べんとう)로 불립니다. 어원은 고대 중국에서 음식물을 담을 때 사용하는 대나무 그릇인 '변두'에서 왔다 고 하며 한국은 도시락의 '도'가 '두'에서 기원한 말이고, 일본은 '변두'

에서 발음이 변화해서 '벤또'가 되었다고 합니다.

일본의 도시락 문화가 발달한 것은 기후적인 측면에서는 더운 날씨가 많아서 식은(차가운) 음식에 대한 거부감이 없고, 직장인들은 저렴하면서도 자신만의 점심시간을 갖고자 하는 실용적 이유도 있다고 합니다.

편의점에는 다양한 벤또가 준비되어 있고, 신칸센의 출발지라고 할 수 있는 도쿄역의 駅弁(えきべん, 에키벤) 가게는 항상 붐비고 있습니다. 여행이나 출장을 가는 경우 상비품이라 할 수 있는 도시락(벤또). 특히, 전철역이나 기차역에서 판매하는 벤또를 えきべん(에키벤)이라고 하는데 역(えき, 에키)을 붙인 단어입니다. 각 역마다의 えきべん(에키벤)을 소개하는 프로그램도 자주 방송됩니다.

グルメ 巡り(めぐり)(구루메 메구리, 맛집순례, 맛집탐방)를 하는 사람도 있습니다.

이렇듯 인기가 많은 벤또 산업의 성공유지 비결은 영양을 고려한 다양한 식재료뿐만 아니라, 깔끔하고 먹음직스럽게 보이려는 노력, 色どり(いろどり, 이로도리, 색맞춤, 배색)를 매우 중요시한다는 점입니다.

いろどり(이로도리)는 벤또뿐만 아니라, 일본식 전통 숙박업소인 여관(りょかん, 료깐)에서 나오는 고급음식중 하나인 懐石(かいせき, 가이세키) 요리부터 일반식당의 모든 메뉴가 いろどり(이로도리)를 기본으로 하고 있습니다.いろどり(이로도리)를 위해 요리위에 장식하는 꽃이나 나뭇잎(つまもの, 츠마모노)을 전문적으로 판매해 성공한 기업의 스토리도 있습니다.

つま(츠마)는 처(아내)라는 뜻이니 いろどり(이로도리) 장식도 아내만큼이나 요리에 중요한 것이라는 의미로 해석할 수 있습니다.

군대 문화

가야만 하는(いくべき, 이쿠베키) 군대

한국은 군대(軍隊, ぐんたい, 군따이), 일본은 자위대(自衛隊, じえいたい, 지에이따이)로 부르는 것은 일본은 헌법상 다른 나라를 침략할 수 없도록 명시되어 있기 때문에 자위 차원(모병제)의 군대임을 표시한 것입니다.

우리나라의 경우, 군대는 병역(兵役, へいえき, 헤이에끼)의 의무가 있기 때문에 일본인의 입장에서는 다소 신기한 문화로 여겨집니다. 義務(ぎむ, 기무, 의무)라는 점, 실제 銃(じゅう, 쥬, 총)을 쏘며 훈련한다는 점, 北朝鮮(きた ちょうせん, 기타 쵸센, 북조선)의 존재 등에 대해 매우 궁금해합니다.

일본어에서 '~해야만 한다(의무)'라는 표현은 다소 문어적 표현이나 활용도가 높은 표현으로 べき(베키, ~해야만 한다)를 사용합니다. べき (베끼)의 어원은 べし(可し, 베시)이며, 가하다, 당연히 해야(べし, 베시)한 다의 의미로, 어원적으로 의미를 파악하기는 힘드나, へ(헤)로 시작하는 단어가 적기도 하고, 가(可)히 그렇게 해야만 한다고 하는 의무(역할)를 부여한 것으로 보입니다.

- ❖ **へいえき(兵役)は 行く べきだ(いくべきだ, 헤이에끼와 이쿠 베끼다): 병역 은 가야만 한다**
- ❖ **たべる べきだ(다베루 베끼다): 먹어야만 한다(꼭 먹어야 될)**

과거에는 군 복무기간이 3년이였으나, 현재는 18개월(육군)로 단축, 우리나라 국방비는 연간 60조 원(일본 80조 원, 천조국이라 불리는 미국은 900조 원) 정도입니다.

언어 문화(바깥의 속성)

별이 갖고 싶다(ほしい, 호시이)

'별이 갖고 싶다'를 굳이 일본어로 표현하면 ほし(星)が 欲しい(ほし
い)(호시가 호시이, 별이 갖고 싶다)입니다.

- ほ(호)는 바깥의 속성이며, ほし(호시, 별)는 지구 밖에 있고 ほしい(욕심)은 바
  깥으로 드러나는 것입니다

욕심 욕(欲) 자를 쓰는 ほしい(호시이, 갖고 싶다)는 당연히 욕심을 부
리는 단어입니다. ほしい(호시이)가 단독으로 사용되면 '어떤 물건(구체
적인 것)을 갖고 싶다'라는 뜻이 됩니다. 대화중 이라면 내가 갖고 싶으
니까 해달라고 바라는 것입니다.

❖ **バッグが ほしい**(밧구가 호시이): 빽(Bag)이 갖고 싶다
❖ **とけい(時計)が ほしい**(도케이가 호시이): 시계가 갖고 싶다
❖ **おかね(金)が ほしい**(오카네가 호시이): 돈이 갖고 싶다

상대방에게 물건이 아니라 어떤 행동을 바라는 경우는 동사연용형
에 ~て ほしい(~테 호시이, 해줬으면 한다, 하기 바란다)를 사용합니다.

❖ **連絡先(れんらくさき) 交換(こうかん)して ほしい**(렌라쿠사키 고칸시테 호

시이): 연락처 교환해줬으면 해

❖ **キスして ほしい**(키스시테 호시이): **키스해 줬으면 해**

❖ **ぜひ きて ほしい**(제히 기테 호시이): **꼭 와줬으면 해**

에리히 프롬의 저서 '소유냐 존재냐'에 나오는 명제, 산에 핀 아름다운 꽃을 꺾어서 소유를 하느냐? 아름답게 피어있도록 존재하게 놔두느냐?

사람마다 어느 것을 지향하는지, 어느 것이 가치가 있는지는 영원히 계속되는 Argument(논쟁)입니다.

일본의 불교 문화

모르는 것이 약(しらぬが ほどけ, 사라누가 호도케)

'모르는 것이 약이다'라는 표현은 しらぬが 仏(ほとけ)(시라누가 호토케)(모르는게 부처님)입니다.

- しる(시루, 알다), ぬ(누, 부정조사), ほとけ(호토케, 부처님) 아마도 모르는 것이 부처님처럼 인자하고 조용한 모습을 유지할 것이다(모르면 부처님 마음처럼 편하다)라는 의미입니다

연인의 핸드폰 카톡 등 SNS 내용을 모두 알게 된다면 바람을 피거나, 양다리 연애를 하는 일부 연인들은 관계가 파탄이 날지 모르기 때문에 부도덕한 행위를 하지 않는 것이 당연하지만 아예 '모르는 게 약'이라는 표현이 가능한 상황이기도 합니다.

굳이 많은 사람 중에 부처님을 택한 것은 전통 신앙을 믿는 일본 문화, 신사와 절이 많은 일본에서는 익숙한 존재이기 때문일 것입니다. ほとけ(仏, 호토케)는 부처를 의미하는 Budda(붓타)와 仏家(ぶっけ, 붓케)에서 온 것으로 유래를 설명하는데 ほ(호)의 바깥이라는 속성도 간과해서는 안 됩니다.

- ❖ **ほか(外, 호카): 바깥**
- ❖ **はずれる(外れる, 하즈레루): (바깥으로) 벗어나다**
- ❖ **ほとけ(仏, 호토케): (밖에서 온, 인도) 부처님**
  - 바깥(ほ, 호) 땅(と, 토)에서 온 불가의 사람
  - 여기서 바깥 땅은 인도
- ❖ **はぐ(剥ぐ, 하구): (밖을, 겉을) 벗기다**
- ❖ **はだ(肌, 하다): (밖) 피부**

일본의 문화 특성 중 선조를 믿는 전통 신앙(49%)의 존재와 기독교(1%)보다는 현실적인 수양에 비중을 두는 불교(46%)가 많은 이유 중 하나로 지진 등 자연재해의 영향으로 분석하기도 합니다. 지진피해가 큰 콘크리트 건물보다는 목재 건물이 잔존하고, 신용카드보다는 현금 보관과 현금 사용을 선호하는 이유도 재해 발생과 시스템 붕괴 시는 현금이 가장 중요한 거래 수단이기 때문입니다.

ほとけ さま(호토케 사마, 부처님)를 자주 언급하는 것도 신사의 신(神様, かみさま, 가미 사마)과 절의 부처님(仏様, ほとけ さま, 호토케 사마)이 생활과 멀리 떨어져 있지 않기 때문입니다.

언어 문화(바깥의 속성)
삿포로와 호로(ほろ, 호로)의 연관성?

札幌(さっぽろ, 삿뽀로)는 北海道(ほっかいどう, 홋카이도) 의 도청 소재지가 있는 도시입니다. 한자어 찰 황은 의미 있는 단어가 아니며, 원주민 언어(삿뽀로, 넓은 평야)에 발음적으로 유사한 한자어를 각각 차용한 것뿐입니다.

굳이 한자의 의미를 찾는다면 札(찰, さっ, ふだ, 후다)은 표찰 찰이며 幌(황, ほろ, 호로)은 마차의 덮개(호로를 덮다)라는 의미를 가지고 있습니다.

- 花札(はなふだ, 하나후다): 화투

ほ(호)는 '바깥'의 속성을 가지고 있습니다. 대표적인 단어가 ほか
(外, 호카, 밖, 바깥)입니다.

❖ **ほろ(幌, 호로): (밖에 씌우는) 덮개**

❖ **ほか(外, 호카): 바깥, 밖**

❖ **ほお(頰, 호오): (얼굴 바깥에 있는)볼, 뺨**

  - ほおぼね(頰骨, 호오보네): 광대뼈(광대뼈가 밖으로 튀어나와 있다)

❖ **ほす(干す, 호스): (밖에서) 말리다**

  - ほ(호)는 바깥과 바람의 속성, 밖에서 바람으로 말리는 것(ほす, 호스)

  - ほしがき(干し柿, 호시가끼, 곶감)

❖ **ほうる(放る, 호우루): (밖에) 내버려 두다**

❖ **ほし(星, 호시): (밖에 보이는) 별**

❖ **ほたる(螢, 호타루): (밖에 보이는) 반딧불**

❖ **ほや(海鞘, 호야): (밖으로 돌기가 나온) 멍게**

기본적으로 ほか(호카)는 한글 '바깥'에서 유래 되었다는 설이 있으
며, 게다가 ほ(호)는 바깥의 속성을 가지고 있다는 점을 기억하면 단
어 이해가 쉽습니다.

ま(마)행

まみむめも(마미무메모)로
이해하는 일본 문화

ま(마)행 (まみむめも, 마미무메모)으로 시작하는 단어들은
말다, 눈(둥근 모양), 물의 속성을 가지고 있다.

전통문화

촘마게(상투)처럼 말다(まく, 마쿠)

ちょんまげ(丁髷, 촘마게)는 무사 계급에서 주로 하던 상투 머리 형태로 정수리 부분만 머리를 말아서 남겨놓고 주변은 짧게 깎거나, 삭발을 하는 것입니다.

근대 단발령으로 촘마게는 폐지되었으나, 지금은 스모 선수(力士, りきし, 리키시, 역사) 들의 머리 스타일이 촘마게 형태로 남아있고, 집에서 여자들이 고무줄로 정수리 머리만 묶어 놓은 것도 촘마게로 얘기하는 정도입니다.

丁(ちょん, 정, 촘)은 정수리를 의미하고, ま(마)는 말다의 속성, げ(게)는 髪の毛(かみの げ, 가미노 게, 머리털)을 의미하는 것으로 이해하면 됩니다. 정수리에 있는 머리를 말아 놓은 것이 촘마게(ちょんまげ) 중요한 것은 ま(마)는 말다(둥글게)의 속성을 가지고 있다는 것입니다.

❖ **まく(巻く, 마쿠): 말다**
  - のり まき(海苔巻き, 노리 마키): 김초밥
  - ふと まき(太巻き, 후토 마키): (두꺼운) 김초밥
  - うら まき(裏巻き, 우라 마키): 누드 김초밥
  - 우선, 모든 마키는 우리나라의 김밥(キンパ, 긴빠)과 비슷한 것으로 이해 해도

무방합니다(* 김밥말이)

❖ **まわす(回す, 마와스): (말아서) 돌리다**

- ふりまわす(振り回す, 후리마와스): 휘두르다

- はもの(하모노, 칼붙이)를(오, 을) ふりまわす (후리마와스, 휘두르다). 즉, '칼부림 하다'라는 뜻

- まとまる(纏まる, 마토마루): (둥글게) 하나로 뭉치다, 정리되다

작년 일본에서는 ちょんまげ 小僧(こそう) (촘마게 고소)라는 초등학생 유튜버 그룹의 인사법으로, ひきにく です(挽き肉です(히키니쿠 데스, 저민 고기입니다)라는 표현과 동작, 댄스가 인기를 얻은 적이 있습니다.

- ひきにく(히키니쿠)는 만두 속 만들 때 쓰는 갈거나 저민 고기로 멤버 중 한 명이 자기소개 할때 뜬금없이 ひきにくです(히키니쿠 데스)로 말한 것이 화제가 되었음

방범 문화

순경(おまわりさん, 오마와리상)과 파출소

일본에서 파출소를 의미하는 곳은 交番(こうばん, 교번, 고우반)입니

다. 일본 역시 파출소라는 용어를 쓰다가 90년대쯤 경찰법 개정 시 こうばん(고우반)으로 개정이 돼서 현재까지 사용하고 있습니다(파출소도 일부 사용).

역할은 우리나라의 경찰서 하부조직인 파출소와 같은 개념이고 2~3명이 근무하는 작은 단위의 こうばん(고우반)도 있습니다. 일본 여행 시 분실물 신고나 길 안내가 필요한 경우, 방문하는 곳이며, 24시간 교대(交代)로 당번을 서며 근무한다는 뜻입니다.

일본 여행 시 가끔 KB로 쓰여진 곳에 순경(お巡りさん, 오마와리상, 순찰 도는 사람. 즉, 순경)이 보인다면 Koban의 약자를 쓴 경우이며, PB로 쓰인 곳이라면 Police Box의 약자로 こうばん(고우반)을 의미합니다.

일례로 후쿠오카 여행 시 차량 렌트를 하는 경우, 국제선 3층 건물 밖(도로)에 '후쿠오카 공항 경찰서 국제선 연락 파출소' 앞에서 차량픽업서비스(공항근처 렌터카업체로 이동)를 받으며, 전화로 문의하는 경우 こうばん(고우반, 파출소) 또는 Police Box 앞으로 오라고 합니다.

우리나라에서 흔히 표현하는 CCTV(감시카메라)는 ぼうはん(防犯, 보우한, 방범) 카메라라고 표현합니다.

음식 문화

참치(まぐろ, 마구로) 이야기

참치는 일본어로 まぐろ(鮪, 마구로)입니다.まぐろ(마구로)는 目黒(めくろ, 메구로). 즉, 눈(め, 메)이 크고 몸통이 검은색(くろい, 쿠로이)이라는 특성에서 유래되었다고 합니다(검은색 몸통껍질 안쪽에 비늘이 밀집되어 붙어 있음).

- ま(마)는 눈의 속성

150kg 정도 사이즈의 참치의 눈 크기는 테니스공 정도의 사이즈이며, 온몸 대부분 색깔은 검은색입니다. 일부 참치 횟집에서는 이 눈알을 분쇄해서 소주를 붓고 걸쭉한 농도로 만들어서 속칭 '눈물주'로 부르며 마시기도 합니다.

참치는 다랑어(참다랑어 등)와 새치(황새치 등)를 모두 참치로 부르나, 실제로는 다른 종이며 여러 부위를 다양하게 먹을 수 있는 다랑어가 고급 어종에 속합니다(다랑어류는 고등어과이며, 새치류는 새치과입니다).

- 참다랑어: 本マグロ(ほんまぐろ, 혼마구로)

참치를 사시미로 주로 먹는 일본은 전 세계 참치 소비량의 90%를

차지하고 있습니다. 참치살은 부위에 따라 다양한 명칭이 있으며 지방질이 많은 뱃살이 인기가 많으며 大トロ(おおとろ, 오오토로), 中トロ(ちゅうとろ, 쥬토로)가 있으며, 붉은살 부분은 赤身(あかみ, 아카미)로 부릅니다(참치 외줄낚시로 유명한 오오마 참치가 2023년 경매 시 3억 5천만 원에 낙찰(212kg짜리).

　トロ(토로)는 とろける(도로케루, 녹다)에서 온 표현으로 뱃살은 지방질이 많기 때문에 입안에서 녹는다(とろける, 도로케루)는 의미에서 유래되었습니다. 참치는 아가미만 있고 부레가 없어 멈추는 순간 생명을 잃게 됩니다(아가미에 물을 계속 공급). 따라서, 평생 헤엄을 계속 쳐야만 생명 유지가 가능합니다.

전쟁과 역사 문화

전쟁과 마루타(まるた, 마루타)

　역사는 가장 그럴듯한(Plausible) 거짓말이라고 과장되게 이야기하는 경우는 아마도 전쟁에서 승리한 자, 후대사고의 기준으로 역사를 기록하기 때문입니다. 그러나, 전쟁으로 인한 희생자만큼은 거짓이 없는 슬픔의 역사 자체일 것입니다. 우크라이나 전쟁, 이스라엘 하마스간 전쟁 등 최근에 전쟁에 관한 뉴스가 자주 나와서 일본의 역사 속 전쟁에 관한 표현들을 한번쯤 되새기게 합니다.

- ❖ **戦(いくさ, 이쿠사): 전쟁**
- ❖ **侍(さむらい, 사무라이): 무사**
  - 한글 '싸울아비'에서 유래되었다는 설
- ❖ **忍者(にんじゃ, 닌자): 첩자(첩보 조직)**
  - 여자닌자는 クノイチ(쿠노 이치)라고 하며, 계집 女자를 분해하면 く(쿠), ノ(노), 一(일, 이치)가 들어있기 때문입니다
- ❖ **丸太(まるた, 마루타): 통나무(실험 대상)**
  - 제2차 세계대전 당시의 731부대의 생체 실험 대상을 가리키는 말로 부대가 목재 가공소에 있었기 때문에 잡혀오는 실험 대상 포로를 まるた(마루타, 통나무)라고 불렀음
  - まるたを たおす(마루타오 타오스): 통나무를 넘어뜨리다
  - 座席を 倒す(ざせきを たおす, 자세키오 타오스): 좌석을 넘어뜨리다(뒤로 젖히다)

최근, 우리나라도 KTX나 고속버스의 좌석 등받이를 뒤로 젖히는 것에 대해 뒷좌석 손님과 다툼이나 언쟁이 벌어지는 것이 이슈가 되고 있습니다.

일본 신칸센은 Gran class(일등석)를 신설해서 앞뒤 간격이 매우 넓은 좌석을 배치하여 席倒しても(せき たおしても, 세끼 타오시테모, 넘어뜨려도) 差し支え(さしつかえ, 사시츠카에, 지장)가 없도록 하고 있기는 하지만, 여전히 열차, 비행기, 고속버스 등에서의 좌석 뒤로 젖히기의 자유

와 매너사이의 논쟁은 지속될 것으로 보입니다.

언어 문화(전파성)

말이 짧다(みじかい, 미지카이)

말이 짧다는 말은 슬그머니 반말로 하거나 말을 놓는 경우에 사용되는 표현입니다. 짧다는 みじかい(미지카이)이며, 우리말의 모자라다에서 유래되었다는 설이 있습니다. 반대로 하면, 겸양어나 존경어인 경우는 말을 길게 표현하는 것이 통상적이라 볼 수 있습니다.

특히, 일본어는 외국어(영어)를 발음하는 경우나 겸양 또는 존경어는 발음이 기본적으로 길어지는 편입니다. 특히 일본어로 외국어(영어)를 발음하는 경우, 한글의 ㄱ이나 ㄹ받침의 발음이 없기 때문에 더욱 길게 느껴집니다.

예를 들어 '펩시콜라랑 맥도날드 햄버거를 먹었다(ペプシコ-ラと マクドナルドハンバ-ガ-を たべた, 페프씨코라 토 마쿠도나르도 함바가 오 다베타).'로 다소 장문으로 표현하게 되는 것입니다.

거래처에 PT자료를 설명하는 경우 説明(せつめい)します。(설명하겠습니다)를 겸양표현으로 せつめいさせて いただきます。(세스메이 사세테 이타다키마스)라고 사용합니다. (귀사가) 설명을 시켜서(させて) (저희가) 해주겠습니다(いただきます)라는 표현으로 우리말로는 해석이 어색하므로 불가피 겸양 표현의 공식으로 이해할 수 밖에는 없습니다.

せつめいさせて いただきます(세츠메이 사세테 이타다키마스)라고 해도 번역은 똑같이 '설명하겠습니다'입니다. 한편 いただく(이타다쿠)는 たべる(다베루, 먹다) 의 겸양 표현이여서 음식 먹기 전에 いただきます(이타다키마스, 잘 먹겠습니다)라고 습관적으로 얘기하고 밥을 먹습니다. 음식을 만들어준 사람, 재료를 제공해 준 사람들에 대한 감사의 표시를 하는 것이기 때문에 당연한 식문화이자 의무에 가깝습니다.

음식의 맛을 느끼는 미각은 네 가지가 있습니다.

- ❖ **しょっぱい(塩っぱい, 슛파이): 짜다**
- ❖ **すっぱい(酸っぱい, 슷빠이): 시다**
- ❖ **あまい(甘い, 아마이): 달다**
- ❖ **にがい(苦い, 니가이): 쓰다**

여기에 최근에는 うまみ(우마미, 감칠맛)가 추가되어 미각을 풍부하게 하고 있습니다. 참고로 매운맛(からい, 가라이)과 떫은 맛(しぶい, 시부이)은 통각(피부로 느끼는 감각)에 해당합니다.

언어 문화(물의 속성)

물(みず, 미즈) 이야기(1)

모국어가 아닌 언어를 유창하게 습득하는 것은 쉬운 일은 아닙니다. 다양한 방법이 제시되고 있는 현실이지만, 기존에는 없는 새로운 방법, 글자의 속성을 통해 단어를 이해하는 것은 무작정 단어를 암기하는 것보다는 효율적인 방법입니다.

예를 들어 さ(사)행 (さしすせそ, 사시스세소)과 ま(마)행 (まみむめも, 마미무메모)은 물(みず, 미즈)의 속성을 가지고 있습니다

❖ **みず(水, 미즈): 물**
  - み(미)는 물의 속성, ず(즈)도 물의 속성

❖ **むす(蒸す, 무스): (물로) 찌다**
  - む(무)는 물, す(스)도 물

❖ **しま(島, 시마): (물로 둘러싸인) 섬**
  - し(시)는 물, ま(마)도 물

❖ **しお(潮, 시오): 조수(밀물, 썰물)**
  - し(시)는 물, お(오)는 아래

❖ **のむ(飲む, 노무): (물, 술, 약을) 마시다**
  - の(노)는 느낌, む(무)는 물

❖ **しみる(染みる, 시미루): (물이) 스며들다**
  - し(시)는 물 또는 아래의 속성, み(미)는 물

❖ **さむい(寒い, 사무이): (물이)차갑다, 춥다**

　- さ(사)는 물, む(무)도 물

　みず(水, 미즈, 물)와 むす(蒸す, 무스, 물로 찌다)의 단어를 글자의 속성대로 번역하면, 모두 '물'인 것입니다. 단어를 기억하는 방법으로서는 나름 효율적입니다.

언어 문화(물의 속성)

물(みず, 미즈) 이야기 (2)

　일본어로 물은 みず(水, 미즈, 물)입니다. みず(미즈)를 어떻게 이해할 것인가?

　우선 み(미)는 한글 '물'과 마찬가지로 ㅁ(미음) 발음이라는 공통점과 す(스)에 탁음(점)이 붙어있는데 중국어 水(쉐이, 물 수)와의 발음적 유사점을 찾을 수 있습니다.

　酢(す, 스)가 식초라는 의미, 巣(す, 스)는 둥지라는 의미도 있기 때문에 す(스)와 중복되지 않기 위해 ず(즈)를 사용한 듯 하기도 합니다(점

은 "(탁음)이 아니라, 물방울 튀는 모습으로 봐도 됩니다).

간단히 말하면, ま, み, む, め, も(마미무메모)로 시작하는 단어들은 대체로 물의 속성과 가깝다는 점만 기억하면 됩니다(ㅁ 발음으로 시작하는 일본어 단어는 물의 속성이라는 점).

雨(あめ, 아메)는 비라는 뜻입니다. 雲(くも, 구름)가 짙어지면 あめ(아메, 비)가 내리는 것입니다.

飴(あめ, 아메)는 엿, 사탕이라는 뜻입니다(물과 엿기름을 넣고 장시간 고아서 만든 것입니다).

- ❖ **みぞれ(미조레): 진눈깨비**
- ❖ **みぞ(미조): (물 많은) 도랑**
- ❖ **港(みなと, 미나토): (바다 보이는) 항구**
- ❖ **岬(みさき, 미사키): (바다로 튀어나온 육지) 곶**
- ❖ **蒸す(むす, 무스): (물(수증기)로) 찌다**

위와 같이 み(미)로 시작하는 단어가 물과 매우 가깝다는 공통점을 알 수 있습니다.

霜(しも, 시모)는 서리, 霜降り(しもふり, 시모후리)도 서리가 내리다(상강)라는 뜻으로 서리를 의미합니다. 우리나라 절기 중 입동이 오기 전에 서리가 내리는 9월 말 경의 절기를 상강(霜降)이라고 합니다.

소고기의 마블링, 大卜ロ(おおとろ, 오오토로, 참치대뱃살)의 하얀 지방, 흰 생선을 살짝 데쳐서 하얗게 만드는 요리 방법도 しもふり(시모후리)라고 서리가 내린 것처럼 햐얗다는 의미입니다.

湯引き(ゆびき, 유비끼)도 생선표면을 뜨거운 물로 데치는 것, 炙り(あぶり, 아부리)는 토치로 살짝 익히는 것을 말합니다. 세계 최초의 생수 기업 에비앙(프랑스), 프랑스 3대 생수는 에비앙, 볼빅, 페리에입니다. 일본인이 선호하는 3대 생수는 산토리 天然水, いろはす(이로하스), 볼빅(프랑스 수입) 정도입니다(프랑스는 마그네슘 등 미네랄이 많은 경수(미끄러운 느낌)를 선호, 일본과 우리나라는 미네랄이 적은 연수를 선호, 단 볼빅은 연수에 가까움).

교통 문화

길(みち, 미치) 물어보기 (1)

일본 여행 시 렌트를 해서 カーナヒ(카나비, 카내비게이션)로 목적지를 찾아가는 경우도 있지만 기본적으로는 어느 지역, 장소를 가도 몇 번 정도는 길을 물어보는 경우가 많습니다. 결국, 상대방에게 내가 이곳 지리를 잘 몰라서 길(みち, 미찌)을 물어본다는 것을 우선 인식시키는 것이 중요하므로 みち(道, 미찌, 길)가 들어간 표현을 선제적으로 사용하는 것이 좋습니다.

- ❖ **みち おしえて ほしいんですけど**(미찌 오시에테 호시인데스케도): **길 가르쳐주었으면 합니다만**
  - 教える(おしえる, 오시에루): 가르치다

- ❖ **みち ききたいんですけど**(미찌 기키타인데스케도): **길 묻고싶습니다만**
  - 聞く(きく, 기쿠): 묻다

- ❖ **みち まよったんですけど**(미찌 마욧탄데스케도): **길 잃어버렸습니다만**
  - 迷う(まよう, 마요우): 길을 잃다

- ❖ **みち さがしてますけど**(미찌 사가시테마스케도): **길 찾고 있습니다만**
  - 探す(さがす, 사가스): 찾다

이렇듯 みち(미찌, 길)를 언급한 후에 えきは どこですか(에키와 도코데스까, 역은 어디입니까?). えきは どうやって いけますか(에키와 도우얏테 이케마스까, 역은 어떻게 갈 수 있습니까?)와 같은 질문(의문사)를 적절히 활용하면 됩니다.

- 駅(えき, 에끼): 역

みち(道, 미찌, 길)의 한자어 길 도(道)에 목숨 수(首)가 있는 것은 전쟁 시 적장의 목을 베고 새로운 길을 만든다는 조금 잔인한 유래가 있으나, みち(미찌)는 눈을 의미하는 み(미)와 흙을 의미하는 ち(찌)로 구성되어 눈으로 보이게 흙을 다져서 길을 만든다는 것으로 이해하면 됩니다.

- 見える 道(みえる みち, 미에루 미찌): 보이는 길

교통 문화

길(みち, 미치) 물어보기 (2)

길은 걸어 다니는 길부터 내가 가야 할 길같이 은유적인 표현에 이르기까지 다양한 방식으로 쓰이고 있습니다. 일본어로 길은 道(みち, 미치)입니다. 사람이나 자동차가 다니는 길이고, 자동차는 道路(どうろ, 도우로)라는 한자어를 주로 사용합니다. 조금 다른 의미로 거리는 街(まち, 마치)라고 합니다.

사람이 다니는 거리, 상점이 모여 있는 거리로 길하고는 뉘앙스가 다른 것입니다. 路地(ろじ, 로지)는 골목길을 표현할 때 쓰는 용어입니다. 裏路地(うらろじ, 우라로지)는 뒷골목을 말합니다. 통로(通路)는 つうろ(츠우로)로 발음하며 사람이 지나갈 수 있는 길이라는 한정된 공간의 의미가 내포되어 있습니다.

비행기 좌석을 통로 쪽으로 원할 때는 通路側(つうろがわ)でおねがいします, 츠로가와데 오네가이시마스, 통로 쪽으로 부탁합니다)라고 말하면 됩니다.(영어로 Aisle seat(아일시트))로 말해도 됩니다. 반대로 창가 쪽을 원할때는 窓側(まどがわ, 마도가와)로 표현하면 됩니다(영어로는 Window seat, 윈도우 시트).

교통 문화

길(みち, 미치) 물어보기 (3)

일본 여행 중 렌탈하고 운전 시 내비게이션 음성을 이해하고 운전하면 편리합니다. 물론 한국어 음성지원이 되기 때문에 걱정할 필요는 없지만, 자주 쓰이는 표현을 이해하면 유용합니다.

일본어로 자동차 내비게이션은 カ-ナビ(카 나비) 또는 그냥 ナビ(나비)라고 말합니다.

자주 나오는 표현

❖ **まえ(前, 마에): 앞**

- 300m前(まえ)です(300m 마에데스): 300미터 전입니다

❖ **みぎ(右, 미기)方向(ほうこう, 호우코우): 오른쪽 방향**

- 次は 右方向です(츠기와 미기 호우코우데스): 다음은 오른쪽 방향입니다

- 左方向(ひだり ほうこう, 히다리 호우코우): 왼쪽 방향

❖ **みちなり(道なり, 미치나리): 길가는 대로**

- みちなり(미치나리)는 직진이 몇 킬로미터 이상 지속되는 경우로 미치나리가
  들리면 계속 직진라는 의미입니다

❖ **渋滞(じゅうたい, 쥬타이, 삽체): 정체**

- 한자어는 삽체이고 발음은 쥬타이, 의미는 공사 중이거나 차량혼잡 등으로
  정체상태인 경우를 안내합니다

- 3km前 渋滞です(3キロまえ じゅうたいです, 마에 쥬타이데스)는 3킬로미터 앞
  정체 중이라는 의미입니다 우회전, 좌회전은 한자어 좌, 우와 꺾을 절 자를 사
  용합니다

❖ **右折(うせつ, 우세츠): 우회전**

❖ **左折(させつ, 사세츠): 좌회전**

몇 번만 내비게이션 안내 음성을 들으면 익숙해집니다.

일본 성문화

미나시(みなし, 간주) (1)

일본의 AV(Adult video , 성인 비디오) 산업이 연간 5조 원 규모의 시장이 형성되고 있는 것에 대해 개방적 성문화 등 몇 가지 요소로 일본의 AV 산업을 분석하는 것은 불가능합니다.

관련법을 위반하지 않는 범위 내 종류(類い, たぐい, 다구이)도 많고, 지금까지 정착되기까지의 법과 규제 사이 수십 년의 시간이 누적되었기 때문입니다.

한 가지 재미있는 해석은 みなし(見なし, 미나시)에 있다고 합니다. '간주하다'라는 뜻입니다. 예를 들어, AV 촬영 시, 일본은 성행위가 불법성만 없으면 그것을 촬영하는 것은 불법이 아니라고 간주하는 것입니다. 다만, 중요 부위 노출은 금지되며, ぼかし(보카시, 흐리게 함) 처리를 하면 유통이 가능합니다(소위 모자이크 처리).

일본 역시 최근에 AV에 종사하는 여배우들의 인권 실태에 대한 문제점도 제기되고 있고, 직접적인 성행위 금지에 대한 입법 얘기도 나오고 있지만 여전히 소수의 의견일 뿐입니다.

見なし残業(みなし ざんぎょう, 미나시 잔교)라고 해서 별도의 잔업수당

을 주지 않고 잔업까지 임금에 미리 포괄하여 임금을 산정하여 야근을 시키는 제도로 결국 임금이 많아 보이지만 과중한 업무를 수행하게 하는 부작용도 있습니다. 잔업은 아니고 잔업으로 간주하는 것입니다.

그래서, 일본의 소위 일부 불법성 업소가 합법은 아니고 합법으로 간주(みなし, 미나시)하는 형태의 업소들이 많은 이유로 판단됩니다.

일본의 성문화

미노가스(みのがす, 묵인) (2)

대다수의 나라가 안고 있는 사회문제이기도 하지만, 일본에서도 불법성을 안고 있는 풍속업소들이 다수 운영되고 있습니다.

풍속업소가 정착되기까지의 과정이 있고, 불법성에 대한 규제단속의 반복이 지속되고는 있으나, 소위 見なす(みなす, 미나스, 불법이 아닌 것으로 간주하다) 또는 みのがす(見逃す, 미노가스, 묵인하다)라는 표현으로 또는 과거부터 이어내려온 풍속(ふうぞく, 후우조쿠)이라는 이름으로 이해하며 사회적 문제의 하나로서 인식하는 정도입니다.

풍속업소는 현재의 상태를 기준으로도 다양한 찬반논쟁은 있으나, 아래와 같은 상태가 유지되고 있는 것으로 이야기되고 있습니다.

- ❖ **おもわない(思わない, 오모와나이): 판단하지 않는다**
- ❖ **きかない(聞かない, 기카나이): 묻지 않는다**
- ❖ **なじらない(詰らない, 나지라나이): 따지지 않는다**
- ❖ **わからない(分からない, 와카라나이): 알지 못한다**

언어 문화(시각)
보는(みる, 미루) 것의 다양성 (1)

見る(みる, 미루)는 '보다'라는 뜻입니다. 그러나, 어떻게 보는 것에 대해서는 다양한 표현이 존재합니다. 의태어, 의성어 활용은 상당히 어렵습니다. 어떻게 보는가에 대한 의태어는 실용회화에도 자주 사용되므로 의미를 정확하게 구별해야 합니다.

- ❖ **じっと みる(짓토 미루)는 '가만히 보다'라는 뜻입니다. じっと(짓토)는**
  눈을 움직이지 않고 한곳을 '가만히' 보는 것입니다. '쭉'이라는 뜻을
  가진 ずっと(줏토)와 같이 연상하면 기억이 쉽습니다

따라서, 뒤에 따라오는 동사가 みる(미루, 보다)보다는 みつめる(미츠메루, 응시하다)가 오는 경우가 많습니다.

❖ **じろじろ みる**(지로지로 미루, 빤히 훑어보다) 위아래로 빤히 훑어보는 경우에 해당합니다. 장례식장에 빨간 옷을 입고 간 경우에 시선을 받는 것처럼 기분 나쁘거나 불편한 분위기로 쳐다보는 경우에 해당합니다. じろじる(지로지로)는 '빤히', '뚫어지게'를 나타내는 의태어입니다

❖ **ちらっと**(치랏토)는 **ちらっと みる**(치랏토 미루, 힐끗 보다)처럼 잠깐 보거나 살짝 보이는 것을 말합니다. 따라서, みる(미루, 보다)보다는 남의 핸드폰을 살짝 보는 경우처럼 ぬすみみる(누스미 미루, 훔쳐보다)와 같은 동사가 나오는 경우가 많습니다. ちらっと(치랏토 또는 ちらりと(치라리토))는 ちょっと(쯧또, 조금)와 유사한 것으로 외우면 이해하기 쉽습니다

❖ **きょろきょる する**(교로쿄로 스루, 두리번거리다)는 주위를 두리번두리번 둘러보는 것이기 때문에 みる(미루, 보다)보다는 みまわす(미마와스, 주위를 둘러보다)같은 동사가 함께 쓰입니다

의태어는 비슷한 발음이지만 의미적으로 다르고, 헷갈리기(まぎらわしい, 마기라와시이) 때문에 잘 구별해서 활용해야 하는 이유입니다. ま(마)는 눈의 속성으로 눈으로 보는 것이 헷갈린다는 의미로 이해하면 됩니다.

언어 문화(시각)

みる(미루, 보다)로 10개 단어를 한꺼번에! (2)

みる(見る, 미루)는 보다라는 뜻이고 まみむめも(마미무메모). 즉, ま
(마)행은 '눈'과 '보다'라는 속성을 가지고 있습니다. 따라서, みる(見る,
미루). 즉, (눈으로)보다라는 단어를 기본적으로 알면 '보다'와 관련되는
많은 단어들을 쉽게 이해할 수 있습니다.

1. みる(見る, 미루): (눈으로) 보다

2. むく(向く, 무쿠): (눈으로) 향하다

3. まもる(守る, 마모루): (눈으로 보며) 지키다

4. むかえる(迎える, 무카에루): (눈으로) 마중하다

5. めくる(捲る, 메쿠루): (눈으로 보려고) 들추다

6. めでる(愛でる, 메데루): (눈으로 보고) 귀여워하다

7. みえる(見える, 미에루): (눈에) 보이다

8. みとめる(認める, 미토메루): (눈으로 보고) 인정하다

9. みおくる(見送る, 미오쿠루): (눈으로 보고) 배웅하다

   - '마중 나가다'는 でむかえる(데무까에루)이며, 공항으로 마중 나가다, 공항까
   지 배웅하다(みおくる, 미오쿠루)는 자주 쓰이는 표현입니다

10. めざす(目指す, 메자스): (눈으로 가리키며) 목표로 하다, 노리다

聞一知十(문일지십). 즉, 하나를 들으면 열을 안다. みる(見る, 미루, 보

다)를 알면 10개의 단어를 이해할 수 있습니다.

언어 문화(오감)

시각, 청각, 후각, 미각, 촉각

오감은 시각(눈), 청각(귀), 후각(코), 미각(입), 촉각(피부)입니다. 일본어도 어느 정도는 글자의 특성(행)에 따라 오감이 구분이 되서, 가벼운 마음으로 이해하면 좋습니다.

시각(ま, み, む, め, も, 마미무메모)

❖ みる(見る, 미루): 보다
❖ め(目, 메): 눈
❖ むく(向く, 무쿠): 향하다

청각(か, き, く, け, こ, 가기구게고)

❖ きく(聞く, 기쿠): 듣다
❖ かね(鐘, 가네): 종

❖ **こえ**(声, 고에): 목소리

　- **いびき**(鼾, 이비키, 코고는 소리), **ひびき**(響き, 히비끼, 음향), **さわぎ**(騒ぎ, 사와기, 시끄러움), **きいきい**(기이키이, 삐걱삐걱) 등도 소리와 연관되어 있습니다

후각(な, に, ぬ, ね, の, 나니누네노)

❖ **におい**(匂い, 니오이): 냄새
❖ **にら**(韮, 니라): 부추
❖ **ねぎ**(葱, 네기): 파

미각(あ, い, う, え, お, 아이우에오)

❖ **あじ**(味, 아지): 맛
❖ **おいしい**(美味しい, 오이시이): 맛있다
❖ **うまい**(旨い, 우마이): 맛있다

촉각(さ, し, す, せ, そ, 사시스세소)

❖ **さわる**(触る, 사와루): 만지다
❖ **する**(擦る, 스루): 문지르다
❖ **そる**(剃る, 소루): 면도하다

　鐘の響き(かねの ひびき, 가네노 히비끼, 종소리의 여운)는 청각으로부터 시작되는 것입니다.

자동차 문화

도요타의 3む(무)

도요타는 연간 천만 대의 자동차 판매량, 브랜드 가치 세계 1위의 일본 자동차 회사입니다. 그 뒤를 폭스바겐과 현대기아차가 추격을 하고 있습니다. 리콜 사태로 부침은 있었으나, 성공신화를 거둔 도요타의 경영철학의 하나로, 자동차 생산관리에서는 3む(무) 원칙이 있습니다.

❖ 無理(むり, 무리, 무리)하지 않는다
❖ 無駄(むだ, 무타, 쓸모없음, 낭비)하지 않는다
❖ 斑(むら, 무라, 얼룩)이 없다(품질이 균일하다)

외국인의 눈으로 볼때 無(무)라는 한자 모양은 쇼핑카트처럼 보인다고 하며, 한자어에 불 火(화)가 있어 모두 태워 없어진 상태로 설명하기도 합니다. 결국 む(無,무)가 들어간 단어는 없다는 의미로 인해 불가피 긍정적 의미보다는 부정적 의미일 수밖에 없습니다.

❖ 無理(むり, 무리)는 이치가 없이 무리하는 것이며 無駄(むだ, 무다)도 쓸모가 전혀 없다는 것을 강조하는 의미입니다
❖ むら(斑, 무라, 얼룩)는 む(무)의 둥근 속성으로 인한 (둥글게 생긴) 얼룩으로 이해하면 됩니다

- 群れ(むれ, 무레)는 (둥글게 모인) '무리'의 의미
- 村(むら, 무라)는 (둥글게 모여 사는) '마을' 의미

❖ **無性(むしょう, 무쇼우)의 뜻도 목적성이나 그럴 성질이나 이유가 없다는 한자어 의미로 '왠지 모르게', '괜히', '까닭없이'라는 뜻입니다**
- 今日(きょうは 無性(むしょうに ラ-メンが 食べたくなる(たべたくなる)(교우와 무쇼우니 라멘가 다베타쿠나루): 오늘은 왠지 라멘이 먹고 싶어진다

無駄(むだ, 무다)に, 無性(むしょう, 무쇼)に 모두 '괜히'라는 뜻의 부사로 사용할 수 있습니다.

음식 문화

계란후라이(めだま やき, 메다마 야키)

일본어로 계란말이는 卵焼き(たまご やき, 다마고 야키)입니다. 일본 すしやさん(스시야상, 초밥 가게)에 갔을 때 계란말이가 塩味(しお あじ, 시오 아지, 소금맛)이 아니고 단맛의 계란말이가 나와 당황한 경험을 한번쯤은 겪게 됩니다. 도쿄 등 관동지방에서는 단맛을 선호해 설탕이나 단맛 다시를 사용하기 때문입니다.

目玉焼き(めだま やき, 메다마 야키)는 흔히 먹는 계란후라이입니다. 目玉(めだま, 메다마)는 눈알이라는 뜻인데 노른자를 터뜨리지 않고 흰자 위에 있는 모습이 사람 눈알을 연상시켜서 めだま やき(메다마 야키)라고 합니다. 조금 고급호텔 조식 코너에는 계란후라이를 즉석에서 만들어주기도 합니다.

대부분의 호텔 조식에서는 스크램블 에그나 계란말이 또는 ゆで卵(ゆで だまご, 유데 다마고). 즉, 삶은 계란이 나옵니다. ゆでる는 삶는다는 뜻입니다.たまご(다마고)는 계란이라는 뜻입니다.

요리 메뉴 중에 親子どん(おやこどん, 오야코동)은 닭고기와 계란이 같이 올려진 덮밥입니다. おやこ(親子, 오야코)가 부모와 자식의 의미이므로 닭고기(부모)와 계란(자식)이 같이 나오는 것입니다. 玉(たま, 다마)는 구슬이라는 뜻이고, 당구공도 たま(다마), 골프공도 たま(다마)라는 표현을 자주 사용합니다.

골프 샷을 하고 공이 앞 팀에 맞을지도 모르는 상황에서 우리나라는 '볼'을 외치는데 일본은 원래 그런 경우에 사용하는 골프 용어인 Fore(포어, 앞)를 '퐈아~'하고 외칩니다.

공포심

빈데믹과 곤충(むし, 무시)

　전세계적으로 빈대가 출몰하여 피해를 주고 있고, 코로나 팬데믹에 빗대서 한국에서도 뉴스가 되고 있어 빈데믹(Bed Bug Pandemic)이라는 표현까지 등장한 적이 있습니다. 당시 한국을 방문하는 일본 관광객들도 호텔 등의 위생 상태를 물어보거나, 빈대에 대한 질문을 하는 등 관심을 보입니다.

　빈대는 とこ じらみ(도꼬 지라미)입니다. 床(とこ, 도꼬)는 마루를 의미하며, 마루 밑에서 주로 서식, 발견된다는 것에서 유래합니다. 수많은 곤충을 일본어로 외우는 것은 쉽지 않으나, 자주 얘기가 되는 곤충은 이해할 필요도 있습니다. 곤충의 총칭은 虫(むし, 무시)이며, む(무)나 み(미)의 둥근 속성을 연상해서 접근하는 것이 좋습니다.

　　- むしむし(무시무시, 푹푹 찐다). 즉, 더운 환경에 곤충(벌레)이 많이 생겨서 むし
　　　(무시)가 곤충이 되었다는 설도 있음

❖ **むし(虫, 무시): 곤충**
❖ **かめむし(亀虫, 가메무시): 노린재**
　　- 거북이(かめ, 가메) 등껍질 모양을 닮은 것에서 유래
❖ **こめの むし(米の虫, 고메노무시): 바구미**

- 쌀 저장고에 많이 생기는 벌레

- ❖ **せみ**(蟬, 세미): 매미

- ❖ **のみ**(蚤, 노미): 벼룩

- ❖ **しらみ**(虱, 시라미): 이

- ❖ **とこじらみ**(床虱, 도꼬지라미): 빈대

일본어나 한글이나 미(み)로 끝나는 곤충 이름이 공통적으로 보이는 것도 어원적 유사성을 짐작할 수 있습니다. 오히려, 빈대 공포 때문에 숙박업소에서 더욱 소독과 청결에 신경쓰는 것은 좋은 현상입니다. 지나친 공포감 조성도 주의해야 하지만, 해충의 번식력과 피해도 무시할 수 없기 때문에 위생과 살충예방에 주의를 기울이는 것도 필요한 시대입니다

귀차니즘

귀찮음(めんどう くささ, 멘도 쿠사사)

귀찮은 면보다 효율성을 추구하는 취지로 외래어(영어)에 대한 일본어 표현은 축약형이 많습니다. 귀찮다는 표현은 めんどう くさい(멘도 쿠사이, 귀찮은), 명사형은 めんどう くささ(멘도 쿠사사, 귀찮음)입니다.

❖ **コンビニ(콤비니): 편의점**

- Convenience store(일본 3대 편의점은 로손, 세븐일레븐, 패밀리마트)

❖ **スタバ(스타바): 스타벅스**

- Starbucks(스타바쿠스)

❖ **サーティワン(사티 완): 베스킨라빈스**

- Baskin-Robbins 31(바스킨로빈스 사티 완)

- 우리나라는 베라, 일본은 사티 완(31)

- 30세 전후의 커리어 우먼을 アラサー(아라사)라고 합니다(아라운도 사티, Around thirty, 패션 주도), 40세 전후는 アラフォ(아라풔)라고 합니다 (아라운도 풔티, Around forty, 소비트렌드 주도)

❖ **きんトレ(긴토레): 근력 트레이닝**

- 筋力(きんりょく(근력, 긴료쿠) Training)

건강 문화

속이 더부룩함(もたれ, 모타레)

Cabbage(캐비지, 양배추) in(인, 들어있는) キャベジン(캬베진)은 위 두 단어의 합성어이며, 양배추 성분이 들어있는 일본 위장약(위염)으로 일본 여행 시 관광객들이 자주 사 오는 아이템 중의 하나입니다(양배

추의 비타민U 성분이 위염 치료 효과).

캬베진 제품 표면에는 はきけ(吐き気, 하키케, 구역질), むかつき(무카츠키, 메스꺼움), もたれ(凭れ, 모타레, 더부룩함), のみすぎ(飲み過ぎ, 노미스기, 과음), たべすぎ(食べ過ぎ, 다베스기, 과식) 등에 효능이 있다고 쓰여 있습니다.

- もたれ(모타레)는 음식물이 잘 소화되지 않고 위에 오래 남아있어 더부 룩하고 체한 느낌을 주는 것으로 もつ(持つ, 모츠, 쥐고 있다, 가지고 있다)에서 나온 것(위가 음식물을 가지고 있다)으로 이해하면 됩니다

예전에는 지사제나 장염약으로 사용된 せいろ がん(正露丸, 세이로 간, 정로환)을 많이 사 오기도 했습니다. 세이로 간은 러일전쟁(1904년) 시 일본군 병사들의 집단 설사를 치료하기 위해 개발된 것으로 征(정복할 정) 露(러시아 로)의 의미(러시아를 정복하기 위한 약)였으나, 외교 문제로 正(바를 정)으로 바뀐 것입니다.

- 별개로 블라디(정복하다), 보스톡(동방)은 '동방을 정복하다'라는 의미입니다
- 정로환 성분 중 특이한 향이 나는 목초액(나무를 태워 연기를 냉각시켜 만든 액체)의 유해성 논란으로 우리나라 정로환의 경우, 몇 년 전부터 제품에 목초액은 사용하지 않음

이밖에 太田胃散(おおたいさん, 오타이산) 이라고 하는 소화제(제산제)도 한국인들이 많이 사 오는 아이템 중에 하나입니다. 위염(胃炎, いえ

ん, 이엔)이나 식도염(食道炎, しょくどえん, 쇼쿠도엔)은 맵고 짠 자극적인 음식과 술담배가 주요 원인이기 때문에 약보다는 섭생이지만, 胃もたれ(いもたれ, 이모타레, 위(속) 더부룩)는 사용 빈도가 매우 높으니 단어의 어원을 이해하면 좋습니다.

곱빼기(おおもり, 오모모리) 문화
음식의 양

곱빼기는 일본어로 大盛(おおもり, 오오모리)입니다. 大きい(おおきい, 오오키이, 크다, 많다)와 盛る(もる, 모루, 담다)의 합성어입니다. 여기서, 중요한 포인트는 盛る(もる, 모루)가 '쌓다', '담다'의 의미가 있지만, 일상생활에서는 그릇에 음식을 담는다(もる, 모루)는 표현이 압도적으로 많기 때문에 もる(모루)는 '담다'로 이해하는 것이 좋습니다.

- も(모)는 '둥글다'는 속성이며, 둥근 그릇에 둥글게 담는 것입니다

❖ 小盛(こもり, 고모리): 소량
❖ 並み盛(なみもり, 나미모리): 보통
❖ 大盛(おおもり, 오오모리): 곱빼기

❖ **盛り合わせ(もりあわせ, 모리아와세): 모듬**

- 合わせる(あわせる, 아와세루)는 '합하다'라는 뜻으로 여러 가지 음식을 합해 내어놓음

❖ **盛り上る(もりあがる, 모리아가루): 흥이나 분위기가 고조(쌓여 올라가다) 되다**

❖ **泡盛(あわもり, 아와모리): 沖縄(오키나와)의 전통 소주(증류주)**

프로야구 LG트윈스가 우승한 해에 あわもり(아와모리) 소주가 축하주에 쓰인다는 기사가 회자된 바 있습니다. 한국 프로야구단이 동절기에는 따뜻한 오키나와로 전지훈련을 많이 가기 때문에, 곳곳에 환영 현수막이 있고, 오키나와 식당에 가면 한국 프로 야구선수들에 대한 이야기를 자주 하기도 합니다

あわ(아와)는 泡(あわ, 거품) 또는 粟(あわ, 조)라는 뜻이 있어서, 술이 발효될 때 생기는 거품이라는 의미와 쌀 이외에 조(あわ, 아와)를 사용한 적이 있어서 あわもり(아와모리)가 되었다는 두 가지 설이 있습니다.

沖縄(오키나와)는 일본 가고시마와 대만 중간쯤에 위치해 있고, 특산물이 많은 섬으로 あわもり(아와모리)소주, うみ ぶどう(우미 부도, 포도같이 생긴 해조류), もずく(모즈쿠, 꼬시래기같이 생긴 해조류), ゴ-ヤ(고야, 여주) 등이 있습니다 盛る(もる, 모루)가 '담다'라는 의미를 이해하면 일본식당 방문해서 주문하는 경우 메뉴 이해에 도움이 될 것입니다.

음식 문화

떡(もち, 모찌) 이야기

떡은 もち(餅, 모찌)입니다. 떡을 찧다는 もち를 撞く(つく) (모찌오 츠꾸)
입니다. 焼き餅(やきもち, 야끼모치)는 구운 떡입니다만, 떡을 구우면 부
풀어 오르는 모습이 볼이 부풀어 화난 모습과 비슷하다고 해서 질투
의 의미로도 쓰이고 있습니다.

- やきもち(焼き餅) やいてる(야키모치 야이테루): 질투하다

も(모)는 '(둥글게) 말아쥔다'는 속성이 있습니다.

❖ **もつ(持つ, 모츠): 쥐다, 견디다**
  - からだが もたない(가라다가 모타나이): 몸이 견뎌내지 못한다
  - かけもち(가케모치): 겸직

❖ **もむ(揉む, 모무): 비비다**
  - もみくちゃ(모미쿠챠): 구겨지다
  - もみもみ(모미모미): 주물럭 주물럭
  - もちもち(모찌모찌): 쫄깃쫄깃
  - もちもちした もち(모찌모찌시타 모찌): 쫄깃한 떡
  - しこしこ(시꼬시꼬, 쫄깃쫄깃)도 もちもち(모찌모찌, 쫄깃쫄깃)와 같은 의미

음식 문화
콩나물(まめ もやし, 마메 모야시)과 음표

콩나물 대가리는 사전적으로 음표를 낮게 부르는 말입니다. 일본어 글자 중에 콩나물 대가리와 모양이 가장 비슷한 글자는 ま(마)와 も(모)입니다. ま(마)행 (まみむめも,마미무메모)은 둥근 속성을 가지고 있습니다).

연상해서, まめ(豆, 마메)는 콩이고, 萌やし(もやし, 모야시)는 녹두를 발아시킨 숙주를 의미합니다. 콩나물은 콩을 발아시킨 まめ もやし(마메 모야시)입니다. 콩이나 녹두나 둥근 모양입니다.

일본에서는 もやし(모야시)나 まめ もやし(마메 모야시)나 재료 자체를 의미하고, 대부분 もやし(모야시, 숙주)를 요리에 활용하고 있으나, 최근 한국의 콩나물이 식재료로 확산되고 있고, まめもやし ナムル(마메모야시 나무루, 콩나물)로 이자카야에서 お通し(おとおし, 오토시, 기본 안주)로 나오기도 합니다(숙주는 조선시대 집현전 학자 신숙주가 정치적 배신을 한 인물이어서, 숙주나물이 쉽게 쉬거나, 변질되기 때문에 빗대어 숙주나물로 불리게 된 유래가 있습니다).

콩나물 대가리(음표)와 비슷하게 생긴 ま(마), も(모)를 기억하면, まめ もやし(마메모야시, 콩나물), もやし(모야시, 숙주)는 이해하기 쉽습니다.

언어 문화(시각의 속성)

눈(め, 메)이 보배

눈은 め(目, 메)입니다. め(메)는 글자 자체로 눈 모양과 가장 비슷한 글자이고, 인체에서 시각을 담당하는 중요한 기관이기 때문에 활용도가 높은 단어입니다.

❖ **つり目**(つりめ, 츠리메)는 **つり**(츠리, 낚시)하는 것처럼 눈꼬리가 올라간 모양, **垂れ目**(たれめ, 타레메)는 **たれる**(타레루, 늘어지다)라는 의미에서 눈꼬리가 내려간 모양. **め**(메)는 주사위의 눈, 저울의 눈이나 눈대중이라는 의미로도 쓰입니다

❖ **出鱈目**(でたらめ, 데타라메, 엉터리 같은)는 한자어(출설목)만 보면 튀어나온 대구 눈이라는 해석이지만 실제는 **でる**(데루, 나오다)와 **め**(메, 주사위 눈)에서 유래되어 주사위 눈은 어떤 게 나올지 모르기 때문에 논리를 세우는 것은 말이 안된다(엉터리다)는 의미에서 유래되었습니다

❖ **魚の目**(うおの め, 우오노 메)는 고기의 눈이 아니라, 발바닥 같은 곳에 나는 티눈이라는 뜻입니다

중국 레스토랑에서 '(면의 양을) 적게 주세요'라고 말할 때 少な目(すくなめ, 스쿠나메, 적은 양)で(데, 으로)라고 표현합니다. すくない(스쿠나이, 적은)와 め(메, 눈대중으로 보는 것)가 합쳐진 것입니다.

전성기(もてき, 모테키) 문화

누구나 전성기를 가지고 있다

누구에게나 인생의 전성기가 있습니다. 리즈 시절이라는 말도 있습니다(리즈라는 말은 잉글랜드축구팀 리즈유나이티드 소속 선수가 다른 팀으로 이적한 후 실력이 하락하자, 그 선수의 리즈 시절을 언급하면서 쓰게 된 말입니다). 전성기와 같은 의미로 자주 쓰이는 일본어 표현이 もて期(もてき, 모떼키, 전성기)입니다.

もてる(모떼루, 인기가 있다)는 持つ(もつ, 모츠, 가지다)의 수동형인 가질 수 있다(もてる, 모떼루)와 もている(모떼이루, 가지고 있다)라는 말에서 유래가 되었습니다.

따라서, もてる(모떼루)는 무엇인가 매력이나 장점을 가지고 있는 것으로, 특히 '이성에게 인기가 있다'라는 의미로 사용되는 표현입니다.

もてる(모떼루, 인기 있다) 時期(じき, 지키, 시기) 에서 もて期(もてき, 모떼키)가 된 것이며, 인기가 있는 시절, 기간을 의미하며, 전성기라고 일컫고 있습니다

- ❖ **もてる(모떼루) 男子(だんし, 단시): 인기 있는 남자**
- ❖ **もてない(모떼나이) 男子(だんし, 단시): 인기 없는 남자**

❖ **私の もてきは 今(いま)だ(와타시노 모떼키와 이마다): 나의 전성기는 지금이다**

や(야)행

やゆよ(야유요)로
이해하는 일본 문화

や(야)행 (やゆよ, 야유요)으로 시작하는 단어들은 어둠, 밤, 불과 부드러움,
여유로움, 쉼(집)의 속성을 가지고 있다.

야끼니쿠(やきにく) 문화

や(야)는 불과 밤의 속성

焼き肉(야키니쿠)는 やく(야쿠, 굽다)의 명사형 やき(燒き, 야키, 구이)와 にく(肉, 니쿠, 고기)가 합쳐져서 고기를 구워먹는 방식을 총칭하는 것으로 쓰입니다.

생선과 쌀을 주식으로 하는 일본 식문화에 한국의 불고기 식문화가 전파됐다는 것이 다수설입니다.

やき(야키)가 들어가 있으면 일단 굽는 음식입니다.

❖ **串焼き(구시야키, くしやき): 꼬치구이**
   - くし(구시)는 '꼬챙이'라는 뜻입니다. 일본에서 串(구시)가 쓰여진 간판이나 등불이 보이면 꼬치구이 메뉴에 술 한잔 하는 가게입니다. 도리(とり, 닭), 부타(ぶた, 돼지), 레바(レバ-, 간), 규탄(ギュウタン, 우설) 등)
   - レバ-(레바)는 영어 Liver(간), タン(탄)은 영어 Tongue(혀)에서 나온 말입니다

❖ **お好み焼き(오코노미야키): 일본식 부침개(このみ(코노미)는 '좋아하는 것'을 의미하며 좋아하는 재료(고기, 해물, 야채 등)를 밀가루 반죽에 부쳐내는 것)**

❖ **たい焼き(다이야키): 일본식 붕어빵(たい(다이)는 '붕어'가 아니라 '도미'입니다. 굳이 번역하면 '도미빵'입니다. 일본에서는 사이즈는 조금 더**

크지만 개당 2,000원 정도에 파니까 우리나라 붕어빵이 더 싼거 같습니다

❖ たこ焼き(다코야키): 문어빵(たこ(다코)는 문어라는 뜻이고 문어채 썬 것을 조금 넣고 구워내는 것입니다. 일본인들은 '올드보이'의 산낙지(まだこ, 마다코) 먹는 장면에 쇼킹해하며, 한국 가면 한번 체험해 보고 싶은 먹거리 중 하나라고 합니다)

❖ 焼きそば(야키소바): 볶음소바(소바는 간장소스에 찍어 먹는 것이 보통이나, 겨울에는 다시 국물에 또는 볶음소바로도 많이 먹습니다)

표지판 문화

화살표(やじるし, 야지루시)

화살표는 일본어로 矢印(やじるし, 야지루시)입니다. 矢(や, 야, 화살)와 印(しるし, 인, 시루시, 표)의 합성어입니다.

일본어 글자중 し(시)는 화살표와 가장 비슷한 모양이며, 아랫방향으로 표시되어 속성으로도 아래 또는 아랫방향을 의미합니다.

❖ した(下, 시타): 아래

❖ **敷く(しく, 시꾸): (아래에) 깔다**

❖ **尻(しり, 시리): (아랫부분) 엉덩이**

    - しっぽ(싯뽀)는 꼬리(아래 끝)를 의미

❖ **沈む(しずむ, 시즈무): (아래로) 가라앉다**

❖ **染みる(しみる, 시미루): (아래로) 스미다**

象印(ぞう じるし, 조우 지루시, 코끼리표) 밥솥은 당시(8, 90년대) 국산에 비해 밥이 타지 않고 보온기능까지 되는 밥솥으로 유명했고, 일본여행 필수품이자 일제 과소비로 사회 문제까지 된 그 코끼리표 밥솥입니다.

    - ぞう(조우)는 코끼리입니다(지금은 쿠쿠의 압력밥솥이 국내 시장점유율 1위로 중국이
      나 일본에서도 인기가 높음)

無印良品(むじるし りょうひん, 무지루시 료힌, 무인양품)점은 사람이 없는 점포가 아니고, 상표가 없는 물건(No brand)을 판다는 의미입니다. 발음이 길어서 통상 무지(むじ)라고 줄여서 말하기도 합니다.

し(시)는 아래방향 화살표(やじるし, 야지루시)로 기억하면 단어 이해에 도움이 됩니다.

길거리 음식 문화

포장마차?

    길거리 음식 등을 파는 포장마차를 屋台(やたい, 야타이)라고 합니다. 일본의 야타이에서는 오뎅, 라멘, 야키니쿠, 야키도리 등 간단한 먹거리와 맥주 등 술을 같이 팔고 있습니다. 후쿠오카 나카스 강변의 야타이는 명소로 꼽히며 합법적으로 허가를 받고 장사를 합니다.

    한국의 포장마차는 대부분 불법 노점상 형태로 운영되어 철거와 설치를 반복하는 경우가 많으며, 일부 전철역 주변에서 오뎅, 떡볶이, 순대, 튀김 등의 길거리 음식을 팔고 있기도 합니다. 외국인들의 눈으로 보면 독특한 한국문화로 여겨지기도 합니다.

    특히, 매운 오뎅 같은 메뉴는 2~30대 외국인들이 먹어보고 싶어 하는 메뉴 중 하나입니다. 닭똥집이나 간, 삼겹살 구이 등 우리나라에만 있을 것 같은 메뉴도 일본에서도 팔고 있어서 문화적 인접성을 느낄 수 있습니다.

    삼겹살은 豚ばら(ぶたばら, 부타바라) 또는 ばら肉(ばらにく, 바라니쿠)라고 하는데 '바라'는 장미라는 뜻으로 장미꽃잎처럼 겹쳐 있어서 그렇다는 설도 있습니다.

닭똥집은 すなずり(砂ずり, 스나즈리)라고 하는데 모래주머니가 있는 부위(모이와 함께 섭취한 모래를 비벼서(すり, 스리, 소화) 정도로 해석됩니다.

간을 일본어로는 肝(きも, 기모)라고 하는데, 이자카야나 야타이에서는 영어로 Liver(간)를 일본식으로 발음해서 レバ-(레바)라고 많이 부릅니다.

대박 문화

대박은 위험한(やばい, 야바이) 것이다

대박이라는 표현은 남녀노소를 불문할 정도로 일상적으로 많이 쓰는 말이 되었습니다. 그냥 '대단하다'라는 말 정도로는 확 와닿지 않는다(パッと しない, 팟토 시나이)는 느낌이 있기 때문입니다. 일본어로는 やばい(야바이)가 가장 '대박'에 근접한 표현으로 자주 사용됩니다. やばい(야바이)는 원래 '위험하다'라는 뜻인데 조금 안 좋은 의미로도 쓰입니다.

늦잠(朝寝坊, あさ ねぼう, 아사 네보우)을 자서 회사에 지각하는 것이 뻔할 때 やばい(야바이)는 '큰일났다'라는 표현입니다.

당연히 놀라거나 했을 때, 상대를 칭찬할 때도 '대박'이라는 의미로 일상 회화에서 자주 사용됩니다. 최근에는 えぐい(에구이, 아리다)라는 단어가 대박이라는 표현으로 자주 사용됩니다. えぐい(에구이)는 원래 상처가 '아리다'거나 '잔혹하다(콜드게임패 당했을 때)'는 의미로 쓰이는데 '대박'이라는 표현까지 확장되었습니다.

형용사는 화자의 감정이 표현되기 때문에 적절히 사용하면 대화를 풍부하게 할 수 있습니다.

❖ **すごい(凄い, 스고이): 대단하다**
❖ **えらい(偉い, 에라이): 훌륭하다**
❖ **ひどい(酷い, 히도이): 심하다**
❖ **やばい(야바이): 대박**
❖ **えぐい(에구이): 대박**
❖ **ものすごい(모노 스고이): 대단하다**
❖ **めっちゃ(目茶, 멧챠): 엄청나다**

마지막의 めっちゃ(멧챠)는 目茶(めちゃ, 메챠)에서 나온 말로 '눈(目)으로 만든 차'는 세상에 없는 가당치도 않다는 의미에서 '엄청', '정말로', '대단히'라는 뜻으로 엄청나게 사용되는 말입니다

- めっちゃ かわいい(멧챠 가와이)： 엄청 귀엽다

언어 문화(여성성)

부드러움(やわらかい, 야와라카이) (1)

やゆよ(야유요)는 야들야들하고 부드러운 단어들이 모여있습니다.이전에 설명한 や(야) (やわらかい, 야와라카이, 부드러운)의 속성을 ゆ(유)와 よ(요) 등 세 자매 모두 가지고 있는 것입니다.

❖ **やわらかい(柔らかい, 야와라카이): 부드러운**
  - 한자는 부드러울 유

❖ **ゆれる(揺れる, 유레루): (부드럽게) 흔들리다**
  - 한자는 흔들릴 요

❖ **ゆずる(譲る, 유즈루): (너그럽게) 양보하다**
  - 한자는 양보할 양

❖ **ゆるす(許す, 유루스): (너그럽게) 허가하다, 용서하다**
  - 한자는 허가할 허

❖ **ゆるい(緩い, 유루이): (부드럽게) 느슨하다**
  - 한자는 느슨할 완

❖ **よれる(縒れる, 요레루): (부드럽게) 구기다**

일본은 わ(和, 와, 조화)의 정신을 중시하고 좁은 공간 속에서 구겨지더라도 불평 없이 균형 있게 자리 잡는 것이 わ(和, 와)의 사상이기 때문에 わ(와)는 일본을 의미하는 것으로 정착되었습니다.

❖ **わしょく**(和食, 와쇼쿠): 일식

❖ **わご**(和語, 와고): (순수) 일본어

❖ **わがし**(和菓子, 와가시): 화과자

❖ **わぎゅう**(和牛, 와규): 일본 소고기

やわらかい(柔らかい, 야와라카이, 부드러운)로 대표되는 や(야)행 (やゆ よ, 야유요)의 부드러운 속성을 이해하면 단어의 의미가 보입니다.

언어 문화(여성성)

부드러움(やわらかい, 야와라카이) (2)

一石二鳥(いっせき にちょう, 잇세끼 니쵸우), 일석이조, 하나의 돌멩이 로 두 마리의 새를 잡는다는 뜻입니다. 일석이조에 가장 적합한 일본 어 단어는 柔らかい(やわらかい, 야와라카이, 부드럽다)라는 단어입니다. 하나의 단어만 외워도 서너 개의 단어를 외울 수 있습니다.

や(야)는 밤과 여성의 부드러움을 가지는 속성이고, 반대로 か(카)는 금속(칼)과 남성의 강함(딱딱함)을 가지는 속성입니다. 그래서 やわらか い(야와라카이, 부드러운)의 반대말은 固い(かたい, 카타이, 딱딱한)입니다.

단어를 확장성 있게 외우는 방법으로 설명하면 やわらかい(야와라카이, 부드러운)라는 단어만 이해하면 여러 개의 단어를 이해하게 됩니다. やわらかい(야와라카이) 안에는 부드러움(や,야)과 딱딱함(か,카)이 함께 공존하고 있습니다.

- 야들야들함(やわらかい, 야와라카이)과 딱딱함(かたい, かたい)

❖ 藁(わら, 와라): 볏집(나무보다는 부드러운)
❖ 笑い(わらい, 와라이): 웃음(미소가 부드러운)
❖ 鰆(さわら, 사와라): 삼치(살이 부드러운)
  - 삼치회는 가장 부드러운 생선회(さしみ, 사시미) 중의 하나입니다

かい(貝, 가이)는 조개(껍질이 딱딱한)입니다. 여러 가지 조개(아사리, 시지미, 하마구리 등)의 이름이 있지만 かい(가이)는 조개류를 총칭하는데 굴을 조개(かい, 가이)라 하기에는 종류가 너무 다르기에 별도로 발음(가)과 속성(딱딱한)이 비슷한 牡蠣(かき, 가키, 굴)로 명명한 것으로 보입니다.조개(가이, かい)와 굴(가키, かき)은 형제로 이해하면 됩니다.

이렇듯 やわらかい(야와라카이, 부드러운) 안에는 부드러움과 딱딱함의 두 가지 속성이 함께 들어 있는 것으로 이해해도 무방합니다. 문제는 一石二鳥(일석이조) 안에 있는 단어 중 いし(石, 이시, 돌)라는 단어입니다. 분명히 딱딱한 성질임에도 か(가)를 활용하지 않은 것은 か(가)의 금속의 속성보다는 약하고(흙이 퇴적된 것), 만일, かし(가시)로 썼다면, 한자어이기는 하지만 菓子(かし, 가시, 과자)라는 단어와의 혼선을

방지한 것으로 이해해야 할 듯합니다.

생선 종류 중에는 특이하게 石(いし)를 붙인 생선 이름이 꽤 됩니다. 石鯛(いしだい, 이시다이, 돌돔)는 어렸을 때는 줄무늬(しま, 시마)가 명확해서 しまだい(시마다이, 줄돔)라고 하지만 커서는 줄무늬가 거의 없어지고, 돌돔의 이(이빨)가 낚싯줄을 끊어먹을 만큼 돌처럼 강하다고 해서 いしだい(이시다이, 돌돔)로 불리고 있습니다.

石鰈(いしがれい, 이시 가레이, 돌가자미)는 표면에 돌 모양의 반점이 나 있다고 해서 이시가레이로 불리고, 희소가치로 인해 비싼 횟감 중의 하나이며, 경상도쪽에서는 이시가리로 불리고 있는데 이시 가레이가 정확한 표현입니다.

石持(いしもち, 이시모찌, 조기). 즉, 머리에 돌(いし, 이시)을 가지고(もち, 모치) 있어서 붙여진 이름입니다. もち(持ち, 모치)는 もつ(모츠, 가지다)의 명사형. 원래 조기는 머리에 마름모꼴 모양이 있고 그 안에 돌 같은 단단한 뼛조각이 있어 いしもち(이시 모치)가 되었고 조기로 불리웁니다.

일본인 중에도 いしもち(이시 모치, 조기)를 아는 사람은 가끔 있어도 보리굴비를 아는 사람은 거의 없는 듯합니다.

상상 문화

풍부한(ゆたかな, 유타카나) 상상력

林檎(りんご, 링고, 사과)하면 상상할 수 있는 것은?

❖ **白雪姫(しらゆき ひめ, 시라유키 히메)**: 백설공주

❖ **万有引力(ばんゆう いんりょく, 반유 인료쿠)**: 만유인력(뉴튼)

❖ **青森県(あおもりけん, 아오모리켄)**: 일본 최대사과 산지(후지 사과 등)

❖ **アダムとイブ(아다므토 이브)**: 아담과 이브

     - 선악과(논란은 있지만 사과로 전제)

❖ **アップル(앗프루)**: 스티브 잡스의 스마트폰 회사

     - 스티브 잡스는 에디슨과 함께 상상력과 창의성으로 대표되는 인물입니다

풍부한 상상력은 창의성의 기본입니다. 풍부한 상상력은 豊かな(ゆたかな, 유타카나, 풍부한) 想像力(そうぞうりょく, 소우조우료쿠, 상상력)입니다.

や(야)행 (や, ゆ, よ, 야유요)은 여유로움과 풍요로움의 속성이 있습니다.

❖ **安い(やすい, 야스이)**: 편안한

❖ **安らぎ(やすらぎ, 야스라기)**: 평온한

❖ **豊かな(ゆたかな, 유타카나)**: 풍부한

물질적 풍요와 정신적 풍요가 함께 공존하지만 스마트폰은 豊かな 想像力(ゆたかな そうぞうりょく, 유타카나 소우조우료쿠, 풍부한 상상력)의 결정판인 것은 확실합니다.

음식 문화

삶은(ゆでる, 유데루) 계란

삶은? 계란입니다 류의 아재 개그가 나오는 것은 삶과 삶다의 발음이 똑같기 때문입니다. 삶은 계란은 ゆで たまご(茹で 玉子, 유데 다마고)입니다. 茹でる(ゆでる, 유데루)는 삶는다는 뜻입니다. や(야)행인 ゆ(유)는 밤과 불의 속성을 가지고 있습니다. 불이 없으면 밤은 어둠 외에는 존재할 수 없기에 밤과 불은 일맥상통합니다.

❖ **ゆでる(茹でる, 유데루): (불에 끓인 물로) 삶다**
❖ **ゆがく(湯がく, 유가쿠): (불에 끓인 물로) 데치다**
❖ **ゆびく(湯引く, 유비쿠): (불에 끓인 물로) 데치다**
  - 생선껍질을 살짝 데쳐내는 것을 ゆびき(유비키)라고 합니다

❖ **やく(焼く, 야쿠): (불에) 굽다**

　- 目玉焼き(めたまやき, 메다마 야키)는 계란후라이이며 目玉(めだま, 메다마, 눈알)
　와 비슷한 모양이기 때문입니다

　- 焼き肉(やきにく, 야키니쿠), 焼き鳥(やきとり, 야키토리), 焼きそば(やきそば, 야키
　소바)는 일본요리의 메뉴처럼 자주 사용되는 표현입니다

❖ **おゆ(お湯, 오유): (불) 뜨거운 물, 따뜻한 물**

❖ **やせる(痩せる, 야세루): (지방을 태워) 살 빼다**

　- 脂肪燃焼(しぼう ねんしょう, 시보 넨쇼): 지방 연소

❖ **わく(沸く, 와쿠): (불) 끓이다**

　- や(야)행과 인접한 わ(와)도 불의 속성이 일부 있는 것으로 이해하면 됩니다

❖ **よる(夜, 요루): (불이 필요한) 밤**

や(야), ゆ(유), よ(요)는 어둠의 속성이며, 밤과 불을 연상하면 됩니다.

세대 차이

유도리(ゆとり, 유토리)의 유래

‘유도리가 있다’는 말은 ‘융통성이 있다’는 말로 가끔 쓰입니다만 정
확한 일본어는 ゆとり(유토리, 여유)이며, ‘융통성이 있다’는 融通が きく

(ゆうずうが きく, 유우즈가 기쿠)라는 표현을 주로 씁니다. '유토리가 있다'는 글자 그대로 '여유가 있다'라는 뜻입니다.

예로써, ゆとり世代(せだい) (유토리 세다이). 즉, '여유 세대'라는 표현처럼 '여유'본래의 의미대로 쓰이고 있습니다. 일본 역시 세대의 특성을 구분하는 용어가 있으며, 전후 세대인 50대 후반, 60대 이상을 団塊(たんかい, 단카이) 세대로 부르며, 권위주의, 상명하복, 一生懸命(いっしょうけんめい, 잇쇼우켄메이)라는 말처럼 목숨 걸고 일하는 세대입니다.

단괴(단카이)는 글자 그대로 암석 덩어리입니다. 바위처럼 생각이 변하지 않고, 고집스러운 이미지인 것입니다.

이러한 주입식 교육 세대에 비해 창의성, 자율성을 강조하는 교육을 받은 세대가 30, 40대 정도의 유토리(ゆとり) 세대입니다. 유토리 세대는 생활의 여유를 즐기며, 여행(Yolo족)을 좋아하고 소소하고 확실한 행복(소확행)주의자이며, 일면 개인주의적 성향이 강한 세대입니다.

여기에 유토리 교육조차 받지 않은 극강 유토리 세대를 悟り(さとり, 사토리) 사토리 세대라고 합니다. さとる(사토루) 는 '깨닫다'라는 뜻입니다. 경제적 부를 달성할 수 없는 현실적 한계를 깨닫고, 집 사는 것도 싫고 여행도 싫고 차도 싫고 스스로의 현실에 자족하는 세대입니다. 소위 N포 세대에 가깝기도 합니다. 세대 차이를 어느 정도 이해하려면 이러한 세대가 탄생하게 된 사회적 배경을 판단하는 것이 중요하고, 모바일 세대로 불리는 20대 MZ 세대의 등장으로 さとり(사토리),

ゆとり(유토리), たんかい(단카이)는 한단계 더 구세대가 되어가고 있습니다.

주말 문화

요일(ようび, 요우비)

일본어 요일 표현은 다음과 같습니다.

월요일(月曜日, げつようび, 게츠 요우비)

화요일(火曜日, かようび, 가 요우비)

수요일(水曜日, すいようび, 스이 요우비)

목요일(木曜日, もくようび, 모쿠 요우비)

금요일(金曜日, きんようび, 긴 요우비)

토요일(土曜日, どようび, 도 요우비)

일요일(日曜日, にちようび, 니치 요우비)

❖ **今日 なに曜日 ですか**(교우와 나니요비 데스까): 오늘은 무슨 요일입니까?

❖ **今日は 日曜日です**(교우와 니찌요우비데스): 오늘은 일요일입니다 라고

표현합니다

일상 회화에서는 뒤에 요일(ようび, 요우비)는 말하지 않고 げつ(게츠, 월), か(가, 화)식으로 간단하게 말하는 경우가 많습니다. 'げつ(月)は やくそく(約束)が あります。(게츠와 야소쿠가 아리마스, 월요일은 약속이 있습니다)'라고 간단히 표현합니다.

한국인이 좋아하는 일본 여행지는 오사카, 도쿄, 후쿠오카 순이고, 일본인이 좋아하는 여행지는 후쿠오카, 도쿄, 오키나와 순이라고 합니다.

여성 문화

여성과 밤(よる, 요루)

남자와 여자를 표현하는 일본어 단어는 은근히 복잡합니다. 예를 들어 여자라는 표현도 쉽게 보이기는 하지만 구별을 정확히 해야 하고 단어도 생각보다 많습니다.

- 남자(おとこ, 오토코, 男), 男子(だんし, 단시), 男性(だんせい, 단세이)도 아래 (여자)와 유사하게 활용됩니다

❖ **おんな**(女, 온나): 여자, 계집

❖ **おんなの こ**(女の子, 온나노 코): 여자아이, 여자

❖ **おんなの ひと**(女の人, 온나노 히토): 여자

❖ **おんなの かた**(女の方, 온나노 카타): 여자분

❖ **じょし**(女子, 죠시): 여자

❖ **じょせい**(女性, 죠세이): 여성

한글 의미와 뉘앙스가 비슷하므로 적절하게 사용하면 되며, おんな(온나)는 한글의 '언니'에서 유래되었다는 설이 있어서 발음적으로는 외우기 쉽습니다.

다만, 여성성과 부드러움, 어둠(밤)을 상징하는 よ(요)라는 글자에 주목할 필요가 있습니다. 여자와 남자는 음양으로도 해석하고, 여자는 남자와 함께 동반자적 위치에서 남자 바로 옆에서 반쪽을 항상 차지하고 있듯이 よ(요)는 항상 바로 옆이나 가까운 곳에 위치해 있습니다.

- きっても 切り離せない 関係(きりはなせない かんけい, 깃테모 기리하나 세나이 간케이): 뗄레야 뗄 수 없는 관계

❖ **よる**(夜, 요루): (어둠) 밤

❖ **よる**(寄る, 요루): (바로 옆) 들르다, 접근하다

❖ **よる**(因る, 요루): (바로 옆) 원인이 되다, ~의 하다

❖ **よりそう**(寄り添う, 요리소우): (바로 옆) 다가와 붙다

❖ **よこ**(横, 요코): (바로 옆) 옆

- 단어 기억력을 위해서는 '바로 옆'을 '여자 옆'으로 바꾸어도 무방합니다

언어도 인간이 만든 것이기에 일본어 글자에도 음양(월일) 오행(화수목금토)을 비롯하여, 강약과 속성이 존재한다는 원리를 이해하면 단어를 이해하기가 쉽습니다.

마사지 문화

옆(よこ, 옆)으로 눕다

의외로 일상 회화에서 일본어로 '눕다'라든지 '엎드리다'라든지의 표현을 쓰는 경우는 많지 않아서 표현하기 어려운 경우가 있습니다. 간단히 '눕다'라는 표현은 横に なる(よこに なる, 요코니 나루). 즉. 옆으로 되는 거니까 '눕다'라는 표현이 됩니다. 다만, 마사지 샵에서는 '눕다'라는 표현보다는 仰向け(あおむけ, 아오무케). 즉, '위를 향하다'라는 표현을 사용합니다. 아오무케라는 말이 들리면 천정 보고 누우라는 얘기입니다.

青空市場(あおぞら いちば)는 あおい そら(아오이소라, 파란 하늘)가 보이는 いちば(시장)은 재래시장이나 노천시장을 뜻합니다. あおむけ(아

오무케)를 '파란하늘 쪽을 보다'라는 의미로 외우는 사람도 있습니다.

반대로 '엎드린 자세로 하라'는 표현은 うつ伏せ(うつぶせ, 우츠부세)로 '엎드리다'라는 뜻입니다. 또는 した向け(したむけ, 시타무케). 즉, '아래를 향하다'라는 표현을 사용하기도 합니다. 얼굴을 아래쪽으로 향하라는 의미입니다.

❖ **圧(あつ, 아츠): 압력**
❖ **痛い(いたい, 이타이): 아프다**
❖ **くすぐったい(구스굿타이): 간지럽다**

도쿄(수도) 중심 문화
옆구리(よこばら, 요코바라)가 허전하다

옆구리는 横腹(よこばら, 요코바라)입니다. よこ(요코, 옆)와 はら(하라, 배)가 합쳐진 표현입니다. 공교롭게도 옆구리와 요코바라의 발음이 비슷합니다.

일본의 수도 도쿄(東京, とうきょう)는 정치, 경제, 행정의 중심입니다.

도쿄를 중심으로 지도상 동쪽 인근(옆)에는 치바현이 있습니다.치바현은 도쿄 디즈니랜드 마이하마(舞浜, まいはま) 역이 있는 곳입니다.

서울랜드는 과천시에 있지만, 서울랜드로 부르는 이유랑 같습니다.

남쪽 인근에는 가나가와현이 위치하고 미항이자 차이나타운으로 유명한 요코하마(横浜, よこはま)가 대표적인 도시입니다. よこ(요코, 옆)와 はま(하마, 해안가)가 합쳐져서, 옆에 있는 해안가정도의 뜻입니다. 북쪽 인근에는 사이타마현이 위치하는데 도쿄에 비해 시골스러운 풍경이 있기 때문에 80년대부터 사이타마 출신은 조금 촌스럽다는 말이 유행해서 埼玉(さいたま, 사이타마)를 반대로 발음한 ださい(다사이)는 촌스럽다는 의미로 실생활에서 사용되고 있습니다.

서쪽 인근은 야마나시(山梨県, やまなし)현이 있습니다. 후지산 북부 지역으로 やま(야마, 산)와 なし(나시, 배)의 의미대로 후지산을 연상할 수 있습니다(야마나시는 돌배의 의미도 있고, 실제로 배, 복숭아, 포도 산지입니다).

よ(요)는 어둠의 속성과 함께 옆이라는 방향적 속성이 있다는 점을 이해하는 것이 좋습니다,

❖ **横(よこ, 요코): 옆**
❖ **寄せる(よせる, 요세루): (옆으로) 부치다**
  - 골프 경기 시 그린 위에서 홀컵 옆으로 공을 부치다(よせる, 요세루)

❖ **避ける(よける, 요케루): (옆으로) 피하다**

❖ **嫁(よめ, 요메): (남편 옆에는) 아내, 처**

익숙한 지명에서 유래된 단어와 의미는 일단 이해만 하면 일본어 표현 시 유용하게 활용할 수 있습니다.

ら(라)행

らりるれろ(라리루레로)로
이해하는 일본 문화

ら(라)행 (らりるれろ, 라리루레로)으로 시작하는 단어들은
사람의 속성을 가지고 있다.

언어 문화(사람의 속성)

수동적인 사람 ら(라)

일본어 글자 ら(라)는 사람의 속성을 가지고 있습니다.

❖ **彼ら(かれら, 가레라): 그들**
❖ **お前ら(おまえら, 오마에라): 너희들**
  - 사람 명사 뒤에 붙어 ~들과 같은 복수형태를 만들고 있음

ら(라)로 시작하는 단어가 많지 않기 때문에 공통적인 속성을 쉽게 이해하기 힘들지만, 오히려 동사의 수동형(受け身形, うけみけい, 우케미케이)을 만들 때 れる(레루, 5단 동사), られる(라레루, 1단 동사)를 쓰기 때문에 수동적인 사람의 속성을 가진 ら행(らりるれろ, 라리루레로)으로 이해하는 것이 좋습니다.

대표적인 수동형 표현으로 褒める(ほめる, 호메루, 칭찬하다)가 있습니다. 수동형은 ほめられる(호메라레루, 칭찬받다)입니다. 수동형 중에 가장 많이 쓰이는 중요한 표현은 言う(いう, 유, 말하다)입니다.수동형은 いわれる(이와레루, 얘기되다)이지만, 번역이 어색하므로 '(그런 말을) 듣다' 또는 '(그렇게) 불리다'라고 번역하는 것이 가장 좋은 방법입니다.

 - 聞く(기쿠, 듣다)는 소리(말 포함)나 음악 등을 직접 들을 때 사용합니다

❖ **よく いわれる**(요쿠 이와레루): 자주 (그런 말을) 듣다.

❖ **いつも いわれる**(이츠모 이와레루): 항상 (그런 말을) 듣다.

❖ **トマと いわれる**(토마토 이와레루): 토마라고 불린다.

직장인이 기본적으로 준수해야 하는 3대 원칙을 菠薐草(ほうれんそう, 호우렌소우, 시금치) 라는 단어를 통해 흔하게 (그런 말을) 듣습니다(いわれる, 이와레루, 듣다).

- **報告**(ほう こく, 호우 코쿠): 보고
- **連絡**(れん らく, 렌 라쿠): 연락
- **相談**(そう だん, 소우단): 상담

맨 앞 음절을 따면 ほうれんそう(호우렌소우, 시금치)가 되는 것입니다.

언어 문화(가정형)

라면 라(ら)?

물론 먹는 라면이 아니고, 가정형(~라면)을 학습하기 위한 방법입니다. らりるれろ(라리루레로). 즉, ら(라)행은 일부 한자어 표현을 제외하

고, 첫 글자로 시작하여 단어를 만드는 경우가 거의 없습니다.

따라서, ら(라)행은 사람의 동작 행위에 대해 뒤에서 보조하는 기능을 수행하며 대표적으로 가정형(라면), 가능형(할 수 있다), 수동형(~되어지다)의 기능을 수행합니다.

특히 ら(라)는 사람의 속성을 기본으로 ~라면, ~한다면과 같은 가정형 의미를 가지고 있습니다.

❖ **なら(나라): ~라면**(한정 가정)

❖ **ほくなら(보쿠나라): 나라면**

❖ **おなじ こと なら(오나지 고토 나라): 이왕이면**

❖ **たら(타라): ~다면, ~라면**(불확실한 가정)

❖ **でしたら(데시타라): ~이라면**
- です(데스, 입니다)의 가정형

❖ **であったら(데앗타라): ~이라면**
- である(데아루, ~이다)의 가정형

❖ **だったら(닷타라): 그렇다면**
- だ(다, ~다)의 가정형

❖ **もしかしたら(모시카시타라): 어쩌면**
- もしかしたら いかないかも しれない(모시카시테 이카나이카모 시레나이): 어쩌면 못갈지도 모르겠다

일본어는 미래 표현의 동사나 조동사(will, shall)가 따로 없습니다.

따라서 우선 라면 ら(라)가 가정형 표현을 의미한다는 것과 함께 확실한 가정을 표현하는 ば(바)와 と(토)를 기억하면 됩니다.

❖ **行けば**(いけば, 이케바): 가면
❖ **行くと**(いくと, 이쿠토): 가면

もしかしたら(모시카시타라, 어쩌면)는 회화에서 자주 사용하는 표현이므로 기억하고 있어야 합니다.

라멘 문화
라멘(らめん) 공화국

삿포로역 에스타몰에는 라멘 가게들이 밀집한 ら-めん共和国(きょうわこく)(라멘 교와코쿠, 라멘 공화국) 구역 내에 라멘 점포(8개)들이 모여 있습니다.

도쿄역에는 ら-めん ストリト(라멘 스토리토/라면 스트리트) 구역 내에 라멘 점포(8개)들이 모여 있습니다.

후쿠오카 캐널시티에는 ら-めん スタジアム(라멘 스타지아무)(라멘 스타디움) 구역 내에 라멘 점포(8개)들이 한꺼번에 모여 있습니다.

> - 한국인들이 많이 찾는 이치란 본점은 후쿠오카 나카스 가와바타역에서 50여 미터 떨어진 지점에 있습니다
> - いつも(이츠모, 항상) 行列(きょうれつ, 교레츠, 행렬) (항상 손님대기줄이 많음)

라멘의 맛은 스프에 있고, 스프의 맛은 크게 두 가지로 나뉩니다. 하나는 진한 맛으로 돈골(돼지뼈), 계골(닭뼈)을 넣고 끓인 걸쭉할 정도의 스프를 말합니다(돈코쯔라멘, 미소라멘). 걸쭉하고 진한 맛을 위해 背脂(せあぶら, 세아부라, 돼지 등 지방)을 갈아 토핑하는 경우도 있습니다.

❖ **濃い(こい, 고이): 진한**
❖ **こく(고쿠): 감칠맛, 깊은 맛**
❖ **こってり(곳테리): 걸쭉한**
  - こ(고)는 단단한 성질

다른 하나는 깔끔하고 산뜻한 맛의 스프로 간장 베이스의 쇼유라멘이나 アゴだし(날치로 국물 낸 것), 멸치, 다시마 등을 베이스로 한 시오(しお, 소금)라멘 등이 있습니다.

❖ **あっさり(앗싸리): 산뜻한**
❖ **薄い(うすい, 우스이): 산뜻하다, 연하다**
  - あ(아), う(우)는 맑은 성질

중국요리인 납면(拉麵, 손으로 때려 만든 면)에서 유래된 라멘이 일본에서 인기 메뉴로 자리 잡은 것은 우리나라의 짜장면이 인기 메뉴인 것과 같은 논리이며, 쌀은 밥, そば(소바, 메밀)와 小麦粉(こむぎこ, 고무기코, 밀가루)는 면 요리로 발전한 것입니다.

식객촌(음식점) 브랜드도 허영만 화백의 만화 '식객'에 나오는 전국의 맛집을 푸드 테마로 운영 중에 있는 것과 같이 일본도 라멘 푸드파크나 라멘 거리가 곳곳에 있습니다.

료칸(りょかん) 문화

전통문화의 보존

료칸(旅館, りょかん, 여관)은 일본의 전통 숙박 시설입니다. 우리나라에서 여관은 지금은 찾아보기도 드물고 여인숙(오봉에 노란 물 주전자)보다는 좋으나 모텔보다는 좋지 않은 숙박시설 정도를 수십 년간 유지하다가 거의 없어지고 지금은 호텔, 모텔이 숙박업소의 주류를 이루고 있습니다.

일본의 りょかん(료칸)은 전통 숙박시설이기는 하지만, 과거 우리나라에 있었던 여관 정도의 이미지와는 다르며, 호텔 이상의 숙박료와 会席(かいせき, 가이세키) 요리를 제공하는 고급숙박시설의 이미지가 있습니다. 가이세키는 모임 행사(会)에 참석(席)한 사람들에게 그 지역의 특산물을 활용하여 요리(코스)를 제공한 것에서 유래되었습니다.

전체 료칸 중에 25%를 차지하는 온천 여관(温泉旅館, おんせんりょかん, 온센료칸)이 당연히 인기가 있습니다. 화산지역이 많은 일본의 지리적 특성을 활용하여 자연 속(산과 호수)에서 온천과 여관(숙박) 시설을 동시에 마련하여 힐링을 하는 장소로 인식되고 있습니다.

비싸고 좋은 료칸일수록 おもてなし(오모테나시, 환대, 접대)라는 일본 서비스 정신을 기본으로 여기고 있으며, 일본 전통문화 개념으로 자주 인용되는 わびさび(와비사비, 자연스러움과 한적함의 정취)를 느낄 수 있는 것이 료칸입니다. 이러한 연유로 료칸은 시내나 도심보다는 시골과 자연분위기가 물씬 나는 지역(후쿠오카라면 유후인, 사가현 등)에서 많이 운영되고 있습니다.

또한 료칸의 단독 객실 내에 露天風呂(ろてん ぶろ, 로텐 부로, 노천탕)가 부속(つき, 츠키)되어 있는 료칸이 최고급 료칸 시설에 해당합니다. 가이세키 요리를 먹고 료칸 주변의 정원이나 산책로를 산책한 후 노천탕에서 별을 보면서 온천욕(휴식)을 취하는 것은 일본 내에서도 최고의 힐링(癒し, いやし, 이야시)으로 여겨지고 있습니다.

회사의 창립기념일 등에 단체로 료칸을 임대(貸し切り, かしきり, 가시

키리)하여 사원들에게 온천여행을 제공하는 특별포상을 하는 경우도 있고, 유력 정치인들이 료칸에서 중요한 모임을 하는 경우도 있고, 당연히 연인들의 데이트 장소로도 인기가 높은 곳이 료칸입니다.

객실도 洋室(ようしつ, 요우시츠, 양실, 침대방), 和室(わしつ, 와시츠, 화실, 다다미방) 등 다양한 형태 중에서 선택할 수도 있습니다. 도심에 위치한 편의성이나 쇼핑 등 장점이 많은 호텔도 좋지만, 1~2박 정도는 일본의 전통문화를 체험하는 것도 좋은 방법이고, 골프 역시 자연과 함께 스포츠를 즐기는 좋은 방법입니다.

わ(와)행

わんを(와응오)로 이해하는
일본 문화

わ(와)행 (わんを, 와응오)으로 시작하는 단어들은
사람, 생각, 밤(어둠), 불, 부드러움, 밝음(젊음)의 속성을 가지고 있다.

SNS 문화

웃음 표시(ㅋㅋㅋ? www?)

ㅋㅋㅋ에 해당하는 일본어는 (笑) 정도입니다. 기본적으로 笑う(わら
い, 웃다, 와라우)에서 한자(웃을 소)만 따서 쓰고 있습니다. 괄호를 친 것
은 좀 더 성의를 보이는 것입니다. 글자 이외에 絵文字(えもじ, 에모지,
그림문자)나 顔文字(かおもじ, 가오모지, 얼굴 표정 문자, ^^)를 쓰는 것은 친
한 사이에서 본인의 감정을 표시하여 친근하고 자연스러운 대화가 이
루어지게 합니다.

(笑), 笑(소), わらう(와라우), わら(와라) 등 ㅋㅋㅋ에 해당하는 표현이
지만, 조금씩 뉘앙스가 다른 것입니다. 마치, ㅋ와 ㅋㅋㅋ와 ㅋㅋㅋㅋ
ㅋ가 감정의 경중이 다른 것과 같습니다.

わらう(와라우)는 영어 그대로 Warau(와라우)이기 때문에 w나
www나 wwwww도 ㅋㅋㅋ의 의미로 쓰이고 있습니다. 더 나아가
wwwwww가 그린 위에 풀이 난 것처럼 보인다고 해서 草를 쓰기도
합니다(풀 초).

草(くさ, 구사)는 풀이라는 뜻입니다. 카카오톡이 SNS의 중심된 이유
중의 하나가 단순 메시지 전송에서 1의 표시가 있고 없음에 따라, 상
대방이 내 문자를 확인했다는 기능이 SNS의 획기적 변화를 가져온

것으로 보입니다.

이에 덧붙여서 다양한 えもじ(에모지, 그림문자)가 확장되면서 단문으로도 대화의 내용과 감정이 풍부해짐으로써 문자로서도 실제 대화하고 있는 것처럼 변화를 가져온 것입니다.

일본어로는 상대방이 내 문자를 읽은 것을 既読(きどく, 기도쿠, 기독)라고 하는데. 즉, '이미 읽었다'라는 뜻입니다. 읽지 않았다는 既読スルー(기도쿠 스루). 즉, 읽음을 Through(쓰루, 통과해버린, 무시)했다는 의미입니다.

시간이 지나도 안 봤다면 거의 무시했다는 의미인데 무시하다는 しかと する(시카토 스루, 무시하다)입니다. しか(시카)는 사슴인데 화투패(장(10)땡 화투패) 그림에 사슴이 먼산을 보고 고개 돌리고 있는 모습에서 '무시하다'라는 말이 유래되었습니다.

와리깡(わりかん) 문화
계산은 각자 부담

割り勘(わりかん, 와리깡)은 계산을 나눠서(각자 부담) 하는 것입니다. 勘定(かんじょう, 간죠, 계산)을 割る(わる, 와루, 나누다)하는 것입니다.

와리깡 논쟁은 일본에서도 여전히 지속 중입니다. 친구들끼리는 대체로 와리깡으로 밥값을 계산하는 것이 일반적이지만 데이트하는 경우 1엔 단위까지 나눠서 비용을 와리깡하는 것, 밥값, 찻값 등등 한쪽이 전부 다 내는 것, 주차비, 호텔비 와리깡하는 것 등 여러 가지 경우에 대한 소소한 논쟁은 계속되고 있습니다.

앙케이트 조사에 따르면, 데이트 시 88%의 여성이 와리깡을 한 경험이 있다고 답변했습니다. 상대방을 위해 돈을 내서 사주는 것을 奢る(おごる, 오고루, 사주다)라고 합니다.

- か(행)의 돈의 속성이 ご(고)에 담긴 것으로 보면 됩니다

데이트할 때 쓰이는 표현들

❖ **割り勘**(わりかん, 와리깡): 각자 계산
❖ **奢る**(おごる, 오고루): 사주다, 한턱내다

❖ **紐(ひも, 히모): 끈, 얻어먹기만 하는 사람**

- 공교롭게 계산할 때 신발끈(ひも, 히모) 매는 사람이 히모에 가까운데 최근에는 대부분 양식 테이블 배치로 신발끈 매는 모습은 거의 사라지는 모습입니다.

❖ **金蔓(かねづる, 가네즈루): 돈줄**

- つる(蔓, 츠루)는 덩굴, 연줄의 의미

❖ **けちる(게치루): 인색하다, 쩨쩨하다**

❖ **デ-トだい(데토 다이): 데이트 비용**

❖ **ラブホ(라브호): 러브호텔**

❖ **休憩(きゅうけい, 규케이): 휴게, 대실**

- 라브호에서 숙박 아닌 시간 단위로 계산, 머무는 경우: きゅうけい(규케이, 휴게)

❖ **足(あし)が ない(아시가 나이): (집에갈) 교통편이 없다**

❖ **金欠(きんけつ, 긴케츠): 돈이 쪼들림**

- 貧血(ひんけつ, 힌케츠, 빈혈)와 발음이 비슷해서 돈이 부족하다는 의미의 속어로 쓰임

남녀 사이는 여러 가지 조건과 상황이 다르기 때문에 어떻게 데이트 비용을 부담하는 것이 맞는지 정답은 없기 때문에 おごり(오고리, 사주기), おごられ(오고라레, 대접받기) 논쟁은 계속될 것 같습니다.

욕설(わるくち, 와루구치)도 문화?

같은 발음, 다른 의미

欠席(けっせき, 겟세끼)는 '결석'이라는 뜻인데 한국어로 욕설과 비슷하게 들릴 수 있습니다. しばしば(시바시바)도 '종종'이라는 뜻인데 역시 욕설로 들릴 수 있습니다. ちょっと(춋토)역시 '조금'이라는 뜻인데 한국과 일본에서의 사용의미는 다르나, 욕설과 발음이 비슷해서 회자되는 단어들입니다.

'ちょっと 待って ください'(춋토 맛테 구다사이)는 '조금 기다려 주세요'라는 뜻으로 일상 회화에서 자주 쓰이는 표현입니다.

おっぱい(옷빠이)도 욕설은 아니지만 '가슴'이라는 뜻으로 우리말의 '오빠'와 발음이 비슷해서 주의해야 할 발음으로 보입니다. むね(무네)도 '가슴'을 의미하는 단어로 자주 사용되는 단어입니다. 일상 회화에서 여성이 'わたしは Dある(와타시와 디아루)'라고 말한다면 '나는 D컵 정도 된다'라는 의미입니다.

ある(아루)는 '있다'라는 의미의 동사지만, 가슴 사이즈에 한해서는 '된다'라는 의미로 사용됩니다. 상황에 맞게 정확한 발음과 용어를 구사해야 합니다.